SUPPLÉMENT

AUX

VOYAGES

IMAGINAIRES, [Tome 37]

CONTENANT *un Recueil de* Naufrages *véritables, pour faire suite aux* Naufrages apocriphes *qui sont dans la première division, & qui forment les Tomes X, XI & XII de la Collection.*

TOME PREMIER.

HISTOIRE DES NAUFRAGES,
OU
RECUEIL

DES Relations les plus intéressantes des Naufrages, Hivernemens, Délaissemens, Incendies, Famines, & autres Evènemens funestes sur Mer; qui ont été publiées depuis le quinzième siècle jusqu'à présent.

Par M. D...., Avocat.

―――――

...... *Dispersi jactamur gurgite vasto.* Æn. III.

―――――

TOME PREMIER.

A PARIS,

Chez CUCHET, Libraire, rue & hôtel Serpente.

―――――

M. DCC. LXXXIX.
Avec Approbation, & Privilège du Roi.

AVERTISSEMENT
DE L'ÉDITEUR.

Ce Recueil est le fruit de plus de vingt années de travail, de lecture & de recherches dans différentes bibliotheques, & singulièrement dans une des plus complettes en livres de Descriptions de pays lointains, de Voyages & de Courses maritimes, possédée par l'Auteur.

Avant que d'entreprendre cet Ouvrage, il étoit déterminé à donner au Public les Relations, qui devoient le composer, par ordre Chronologique & dans l'état où elles avoient paru d'abord, ou avoient été insérées, soit dans des Recueils manuscrits, soit dans des Collections imprimées; mais un Homme de lettres qu'il a consulté lui a fait à ce sujet des Observations judicieuses; il y a eu égard & a changé son Plan.

Les Relations des Naufrages, Hivernemens & autres Evénemens funestes arrivés pendant le cours des Voyages entrepris depuis près de deux siecles, dans le Nord pour la pêche de la Baleine, ou pour la recherche du passage aux Indes orientales seront classées à part, & formeront la première Partie de la Collection. Ces Relations placées à la date de l'événement, parmi toutes celles du Recueil général, y auroient figuré d'une manière trop disparate avec les autres, & désagréable pour le Lecteur. Presque tous ces Evénemens funestes arrivés dans la Mer septentrionale ont été produits, à la vérité, par les mêmes causes; froid excessif, neige abondante, glaces continues, brouillards épais; mais les ressoures employées par les malheureux Navigateurs ont varié suivant les divers obstacles qui s'opposoient à leur subsistance & ensuite à leur retour.

Les Relations des autres Evénemens d'infortune, qui ont eu lieu dans les différentes parties du Globe, rempliront la seconde Partie du Recueil. Cette Partie, plus considérable que la première, aura encore sur elle l'avantage de présenter au Lecteur des exemples de l'industrie humaine plus multipliés, & moins uniformes, & aussi plus de motifs d'encouragement pour les malheureux. C'est cette seconde Partie qui composera les tomes second & troisième.

Plusieurs des Relations de ce Recueil se trouvoient brutes, incomplettes ou écrites dans un style antique: l'Auteur a eu l'attention de les refondre, de sorte qu'elles sont devenues autant d'histoires isolées entre elles, finies & sans une liaison directe avec les autres. Par ses recherches multipliées, il est encore parvenu à satisfaire le Lecteur sur

AVERTISSEMENT

tous les objets qui pouvoient exciter sa curiosité, soit par des détails plus étendus, ou des supplémens, soit en indiquant le motif du voyage & le retour des Naufragés, soit enfin par des notes instructives, ou descriptions de pays, tels que le Groenland, le Brésil, les Isles Maldives, les Hottentots, le Cap de Bonne-Espérance, les Marattes, &c. &c.

Le nombre des Relations qui devoient entrer dans ce Recueil, étoit illimité dans le premier plan de l'Auteur, mais il s'est déterminé par plusieurs motifs à le réduire à quarante environ, pour le moment. 1°. *Il en a rejetté plusieurs qui n'offroient que des détails invraisemblables, dégoûtans, sans objet d'instruction ou d'intérêt pour le Lecteur délicat: telle est la Relation du naufrage du Vaisseau Hollandois* Le Ter Schelling, *sur la côte de Bengale, en* 1661, *dont on ne peut achever la lecture.* 2°. *Il a banni de* sa Collection toutes celles qui portoient un cararactère romanesque, ou contraire à la vérité, ou qu'il a reconnu pour avoir été calquées sur les véritables, dont les noms des personnages avoient été changés ; ce qui se remarque particulièrement dans l'Histoire du prétendu Naufrage de mademoiselle Adeline, comtesse de Saint-Farget, dans une des parties du royaume d'Alger, en 1782 ; cette Histoire, qui a été imprimée en 1785, étant la même que celle de mademoiselle de BOURK, que l'on trouvera dans notre troisième Volume. 3°. Il en a laissé à l'écart quelqu'unes, intéressantes, à la vérité, mais qui par leur étendue auroient formé seules des volumes entiers. On peut s'en convaincre par la Relation des Naufrage & Aventures de Fernand Mendez Pinto, dans les mers de l'Inde, vers le milieu du seizième siecle ; par le Supplément du Voyage de l'Amiral Anson, ou Relation du Naufrage

AVERTISSEMENT DE L'ÉDITEUR.

du vaisseau Le Wager *sur la côte occidentale des* Patagons, *en* 1741; *& par la Relation du Naufrage de* Pierre Viaud, *imprimée en* 1770.

Si le Public éclairé & sensible daigne accueillir l'Ouvrage dans l'état borné où il est, l'Auteur se livrera à de nouvelles recherches, pour y joindre quelques Volumes auxquels il tâchera de conserver le même degré d'intérêt.

N. B. Pour ne point détourner l'attention des Lecteurs, & pour soutenir l'intérêt des situations & des scènes que ces différens tableaux leur présentent, on a renvoyé à la fin de chaque Relation les Notes & Descriptions des principaux endroits qui y sont désignés.

PRÉFACE.

L'Homme ne voit jamais avec indifférence son semblable accablé par le malheur, ou exposé à un grand danger, même dans l'empire de la fiction : à la représentation d'une Tragédie, à la lecture d'un Roman, la compassion, l'attendrissement lui arrachent des larmes & le pénetrent du plus vif intérêt.

C'est dans la vue d'inspirer la générosité & la bienfaisance, ces doux épanchemens des cœurs vertueux, & qui les attachent si fortement à l'humanité, qu'on a formé le plan de ce Recueil d'infortunes sur mer ; il offre aux ames sensibles une galerie de tableaux touchans, variés, & d'autant plus intéressans que la vérité en est la base ; il n'en est aucun qui ne puisse

PRÉFACE.

être pour les malheuteux un motif de consolation; & ce Recueil, s'il acquiert plus d'étendue, seroit un jour le Code des ressources de l'esprit humain pour ceux qui pourroient essuyer des infortunes du même genre.

L'Historien présente, à la vérité, à ses Lecteurs les plus grands événemens; la destinée des empires, les révolutions des gouvernemens, la promulgation des loix, les usages & les mœurs des peuples; mais presque toujours il raconte sur la foi d'autrui, & ne parle point en témoin. Le Navigateur, au contraire, plus vrai, plus simple dans sa marche, & avec moins de prétention, n'expose à nos yeux que ce qu'il a vu, que ce qui lui est personnel. Nous éprouvons, en le lisant, une sorte d'intérêt & de curiosité qui nous identifie avec lui; qui nous attache à ses pas: nous ne

PRÉFACE.

le perdons point de vue ; le moindre incident nous fait partager ses craintes & son espérance. Est-il dans le danger? nous invoquons avec lui la Providence. Lui tend-elle une main secourable? trouve-t-il des ressources contre la misère, contre la mort? est-il sauvé? des larmes de joie coulent sur notre visage ; nous abordons au port avec lui, la situation délicieuse qu'il éprouve est aussi la nôtre ; nous la prolongeons, & c'est à regret que nous la voyons cesser.

Quelques-unes des Relations détachées de ce Recueil, & communiquées à des amis, ont déja fait éprouver, à la lecture, ces émotions subites, ces larmes d'attendrissement..... Eh! qui pourroit être assez peu sensible pour les refuser à la peinture touchante des efforts de l'industrie humaine luttant contre les atteintes mortelles du froid & de la faim, dans les contrées inhabitables qui avoisinent le Pôle arctique; contre la fureur terrible des ours seules créatures vivantes qui peuplent ces affreux climats, où les rayons du soleil d'été ne se prolongent qu'obliquement pendant quelques mois, & se réfléchissent languissamment sur les glaces éternelles qui surchargent cette portion du Globe.

A la vue d'Eléonore Garcie *Sala*, femme d'Emmanuel *Sofa*, seigneur Portugais, errante avec son mari dans le pays des *Caffres*, & s'enterrant toute vive dans le sable, par pudeur.

A l'action héroïque de la femme de dom *Britto*, gouverneur de *Pointe-de-Galle*, qui, lors de l'assaut donné à cette forteresse, sauve la vie de son mari, au péril de la sienne, & préserve la garnison & les habitans du carnage.

PRÉFACE.

A l'exhortation pathétique de M. *Bosfordée*, missionnaire Lazariste, se dévouant à la mort pour le salut de jeunes imprudens François.

A la généreuse résolution de mademoiselle *de Bourk*, Provençale, âgée seulement de neuf ans, déterminée à se laisser plutôt égorger par des Africains mahométans, que d'abjurer sa religion.

Aux ferventes prières, & à la résignation de deux jeunes demoiselles & de l'aumônier du vaisseau François, *le Prince*, en proie aux flammes à deux cens lieues de terre.

Au réveil affreux de Mde. *Denoyer*, Créole Françoise, lorsqu'on assassinoit son mari; abandonnée ensuite par ses meurtriers à la dérive en pleine mer.

PRÉFACE.

Des larmes d'attendrissement ! Quelle récompense plus flatteuse !..... Puissions-nous l'obtenir de nos Lecteurs ? puissions-nous apprendre qu'un seul être insensible se soit déterminé, après la lecture de ce Recueil, à augmenter le nombre des hommes vertueux & bienfaisans, ces heureux débiteurs de l'humanité souffrante !

N.º 1.

NAUFRAGE

D'un Vaiſſeau Hollandois, & Hiverne-
nement de l'Equipage ſur la Côte Orientale de la Nouvelle-Zemble, en 1596
& 1597 (*).

~~~~~~~~

De tous les voyages entrepris par les Anglois
& les Hollandois dans la mer ſeptentrionale, pour

(*) Cette relation nous a été tranſmiſe par *Girard le
Veer*, dans ſa *vraie Deſcription des trois Voyages de Mer
faits par le Nord, vers les royaumes de Catay & de China*.
Amſterdam 1600, *in-fol.* par de *Conſtantin*, Editeur du
Tome I.   A

chercher un paffage à la Chine, au Japon & aux Indes orientales, les uns par le nord-ouest, les autres par le nord-est, il n'en est point de plus célebre que celui qui fut fait en 1596 par les Hollandois, fous la conduite de *Jacques Heemskerke, Guillaume Barenſz & Jean Corneliſz Ryp.*

L'habileté & l'expérience des chefs, l'affreuſe miſère où furent réduits Heemskerke & ſon équipage pendant leur hivernement ſur les côtes de la Nouvelle-Zemble; enfin leur heureux retour en Hollande, offrent à la curioſité du lecteur une peinture intéreſſante.

Nous ne ferons ici qu'une ſimple mention des deux premiers voyages par le nord-eſt, projetés auſſi en Hollande, & exécutés dans les années 1584 & 1595, par Guillaume Barenſz, un des chefs du troiſième; mais nous rapporterons les événemens principaux de celui fait en 1596, au riſque d'eſſuyer le reproche de nous écarter un peu de notre objet.

Les deux premiers voyages entrepris, comme

Recueil des Voyages entrepris pour l'Etabliſſement de la Compagnie Hollandoiſe dans les Indes orientales, Rouen 1725, *in*-12, premier vol. & par l'Abbé *Prévoſt*, dans le quinzième vol. de l'*Hiſtoire Générale des Voyages*, Paris, 1759, *in*-4°.

nous venons de le dire, par Barenfz, pour trouver par le nord-eſt un paſſage aux Indes orientales, n'avoient abouti qu'à quelques découvertes. A ſon retour, ce célebre navigateur donna des aſſurances ſi poſitives, qu'on trouveroit le paſſage deſiré par le détroit de Naſſau, que les chefs de l'entrepriſe s'échauffèrent plus qu'auparavant à la faire réuſſir. Ils délibérèrent auſſitôt ſur les moyens de faire une troiſième tentative, ſe flattant qu'ils ſeroient encore autoriſés par une commiſſion. Cependant après pluſieurs délibérations, les états généraux rejettèrent leur requête. Ils ſe contentèrent de faire publier que ſi quelques villes, quelques ſociétés, ou même quelques particuliers vouloient faire les frais du voyage, loin de s'y oppoſer, ils donneroient une récompenſe conſidérable en cas de réuſſite ; & la ſomme fut fixée.

Le conſeil de ville d'Amſterdam, dont l'ardeur n'avoit fait qu'augmenter, profita auſſitôt de cette permiſſion pour faire équiper deux vaiſſeaux. Les équipages furent engagés à des conditions avantageuſes ; mais, autant qu'il fut poſſible, on évita de prendre des gêns mariés, dans la crainte qu'un excès d'affection pour leurs femmes ou leurs enfans ne les fît trop penſer au retour. Heemskerke fut choiſi pour capitaine du premier vaiſſeau, & Barenfz pour premier pilote. Jean Cornelisz Ryp fut établi capitaine du fecond. Les deux vaiffeaux fe trouvèrent prêts au commencement du mois de Mai 1596.

Ils partirent le 18 du Vlie, port de la Hollande feptentrionale, & dès le 30 ils fe trouvèrent par la hauteur de foixante-neuf degrés vingt-quatre minutes. L'auteur du Journal obferve que non-feulement ils n'eurent point de nuit le premier de Juin, mais que le jour fuivant à dix heures & demie du matin, ils virent un fpectacle fort étrange. Le foleil avoit de chaque côté un parhélie (1), & ces trois foleils étoient traverfés par un arc-en-ciel. En mêmetems, on voyoit deux autres arcs-en-ciel, l'un qui traverfoit le difque du vrai foleil, dont la plus baffe partie étoit élevée de vingt-huit degrés fur l'horifon. A midi, l'obfervation de la hauteur, faite avec l'aftrolable, donna foixante-onze degrés.

Le 5 de Juin, on fut fi furpris de voir déja des glaces, qu'on les prit d'abord pour des cignes. C'étoit de véritables bancs de glace, qui s'étoient détachés & qui flottoient au hafard. Le 7, on fe trouva par les foixante-quatorze degrés, navigant le long des glaces, que le mouvement du vaiffeau écartoit en avant comme fi l'on eût couru entre deux terres, & l'eau étoit auffi verte que de l'herbe. On fe crut proche du Groenland. A mefure qu'on avançoit, la glace devenoit plus épaiffe.

Le 9, on découvrit par les soixante-quatorze degrés trente minutes, une île qui parut longue d'environ cinq lieues. Quelques aventuriers descendirent à terre le 11, & trouvèrent quantité d'œufs de mouettes. Ensuite ils montèrent au sommet d'une montagne fort escarpée, d'où ils ne descendirent qu'avec une frayeur égale au danger, à la vue des pointes de rochers qu'ils avoient au-dessous d'eux, & sur lesquelles ils ne pouvoient tomber sans se briser mille fois le corps. Ils furent obligés de se coucher sur le ventre pour se laisser couler dans cette posture. Barenſz, qui les voyoit du rivage où il étoit resté, douta long-tems de leur vie ; il leur fit des reproches d'autant plus amers que le fruit de leur témérité s'étoit réduit à voir des précipices & des lieux déserts. Un ours blanc qu'ils tuèrent après un combat de deux heures, fit donner à l'île le nom de *Baeren-Eilandt*, c'est-à-dire, île des ours. Il fut écorché, & sa peau n'avoit pas moins de douze pieds.

Le 17 & le 18, on continua de trouver beaucoup de glaces, au travers desquelles il fallut passer pour arriver à la pointe du sud de l'île ; mais on fit d'inutiles efforts pour la doubler.

Le 19, on découvrit une autre terre où l'observation de la hauteur donna quatre-vingt degrés onze minutes. Le pays dont on avoit la vue étoit vaste :

on rangea la côte vers l'ouest, & l'on trouva une fort bonne rade, dont un vent de nord-est qui soufflait de terre avec violence ne permit pas d'approcher. La baye du côté de la mer s'étendoit nord & sud.

Le 21, on jetta l'ancre à vue de terre, sur dix-huit brasses d'eau. Pendant que l'équipage de Barensz étoit allé prendre du lest à la côte occidentale, un ours blanc entra dans l'eau & nagea vers son bâtiment. Aussitôt l'équipage abandonnant son travail, se jetta dans la chaloupe & dans deux canaux pour aller droit à l'animal. Il prit alors le large & nagea plus d'une lieue. On le suivit. La plupart des armes dont on le frappa se brisèrent sur son corps. Enfin il lança ses pattes avec tant de force contre l'étrave d'un des canots, que s'il eût pris de même ce petit bâtiment par le milieu, il l'auroit coulé à fond; mais il fut tué dans ce moment & porté à bord. Sa peau avoit treize pieds de long (2).

Une lieue plus loin sur la côte, on trouva un fort bon port, de seize, douze & dix pieds de profondeur. Plus loin, on eut la vue de deux îles qui s'étendoient à l'est. Du côté opposé, c'est-à-dire, vers l'ouest, on découvrit un grand golfe qui avoit au centre une île remplie d'oies sauvages & de leurs nids. Heemskerke & Barensz ne doutèrent point que ces oies ne fussent les mêmes qu'on voit venir tous les ans en fort grand nombre dans les Provinces-Unies, sur-tout dans le Zuiderfée, dans la Nord-Hollande & dans la Frife, sans qu'on eût pu s'imaginer jusqu'alors où elles faisoient leur ponte.

Heemskerke & Barensz se crurent sur les côtes du Groenland, mais l'éditeur du Journal fait observer, d'après les connoissances qui ont succédé, que le pays où ces deux navigateurs se trouvoient, est une île située entre le Groenland & la Nouvelle-Zemble; il ajoute qu'elle s'étend depuis le soixantième degré jusqu'au-delà du quatre-vingtième, nord-ouest de l'île aux ours.

Le 23 de Juin, une partie des équipages étant descendue pour observer la variation de l'aiguille, on fut encore alarmé par la vue d'un grand ours blanc qui nageoit vers les vaisseaux ; mais les cris dont on fit aussitôt retentir les côtes lui firent prendre une autre route. La variation se trouva de seize degrés. On rangea la côte par les soixante-dix-neuf degrés, & l'on découvrit un autre golfe.

Le 28, on doubla un cap de la côte occidentale; mais le 29, on fut obligé de s'éloigner de la côte pour se garantir des glaces. On revint ainsi par les soixante-seize degrés cinquante minutes, & le premier de Juillet on eut encore la vue de l'île

A iv

aux ours. Là, Cornelisz & les autres officiers de son vaisseau se rendirent sur celui de Barensz. Dans un conseil, où l'on ne put s'accorder sur la route, il fut réglé que chacun prendroit celle qui seroit conforme à ses lumières.

Cornelisz, suivant des préventions dont il n'étoit jamais sorti, retourna par les quatre-vingt degrés, dans l'opinion qu'il pourroit passer à l'est des terres qui s'y trouvent, & mettre ensuite le cap au nord.

Barensz, au contraire, fut déterminé par les glaces à courir la bande du sud. Le 11, il se crut par l'estime sud & nord avec Candinous ou Candnoes, pointe orientale de la mer blanche, qui lui demeuroit au sud; & portant au sud, ensuite au sud-quart-sud-est, par la hauteur de soixante-douze degrés, il jugea qu'il ne pouvoit être loin de la terre de Willougby. Le 17, s'étant trouvé par les soixante-quatorze dégrés quarante minutes, il reconnut, à midi la Nouvelle-Zemble, vers la baie de Saint-Louis. Le 18, il doubla le cap de l'île de l'Amirauté, & le 19, il vit l'île des croix, sous laquelle il mouilla le 20, parce que les glaces fermoient le passage. Huit de ses matelots descendirent à terre, dans le seul dessein de visiter les croix, & s'assirent au pied de la première pour s'y reposer. En allant vers la seconde ils apperçurent deux ours levés contre la croix même, sur leurs pattes de derrière, qui sembloient les observer. Ils ne pensèrent qu'à fuir, à l'exception de l'un d'eux qui les arrêta, en menaçant d'enfoncer dans le corps du premier qui prendroit la fuite, une gaffe qu'il avoit en main. L'expérience lui avoit appris qu'il falloit demeurer en troupe, pour effrayer les ours par des cris. En effet, lorsqu'ils se furent mis à crier ensemble, ces animaux s'éloignèrent.

Le 21 de Juillet, Barensz se trouva par les soixante-seize degrés quinze minutes, où la variation de l'aiguille fut d'environ vingt-six degrés. Le 6 d'Août il doubla le cap de Nassau, & le 7 il se vit sous le cap de Troost qu'il cherchoit depuis long-tems.

Une brume des plus noires l'obligea d'amarer son vaisseau à un banc de glace de cinquante-deux brasses d'épaisseur mesurée, c'est-à-dire, qu'elle en avoit trente-six de profondeur dans l'eau, & seize au-dessus. Le lendemain, tandis qu'il étoit à se promener sur le pont, toujours amarré au même banc, il entendit un animal souffler, & bientôt il vit un ours à la nage qui cherchoit à s'élancer dans le navire. Il cria : Tout le monde, haut ! L'équipage fut à peine sur le pont, qu'on vit l'ours appuyant déja ses griffes sur le bâtiment, & faisant ses efforts pour y monter. Des cris perçans qui furent poussés tout à la fois, semblèrent effrayer l'animal ; il se retira, mais ce fut pour revenir fièrement par derrière le banc de glace. On avoit eu le tems d'étendre sur les hauts du navire la voile de la chaloupe, & les plus hardis étoient proche du virevant avec leurs fusils. L'ours fut blessé, & la neige qui tomboit en abondance ne permit point de le suivre pour s'assurer de sa mort.

Cependant les glaces s'étant séparées le jour suivant, & les glaçons commençant à flotter, on admira la pésanteur du grand banc, que les autres heurtoient sans pouvoir l'ébranler. Mais dans la crainte de demeurer pris au milieu de tant de masses, Barensz se hâta de quitter ce parage. Le péril étoit déja pressant, puisqu'en faisant voile le vaisseau faisoit craquer la glace bien loin autour de lui. Enfin l'on s'approcha d'un autre banc, où l'on porta vîte une ancre pour s'y amarrer jusqu'au soir. Après midi, pendant le premier quart, les glaces recommencèrent à se rompre, avec un bruit si terrible, que l'auteur n'entreprend pas de l'exprimer. Le vaisseau avoit le cap au courant, qui charioit des glaçons, il fallut filer du cable pour se retirer. On compta plus de quatre cens gros bancs de glaces, qui étoient enfoncés plus de dix brasses dans l'eau & qui n'avoient que deux brasses de hauteur au-dessus. Comme le seul parti étoit de s'amarrer de banc en banc, on en vit un dont le haut s'élevoit en pointe avec l'apparence d'un clocher; & s'y étant avancé on lui trouva trente-deux brasses de hauteur, vingt dans l'eau & douze au-dessus. Le 11, on s'approcha d'un autre qui avoit dix-huit brasses de profondeur & dix au-dessus de l'eau. Le 12, Barensz crut devoir employer toute sorte d'efforts pour s'avancer vers la côte. Non-seulement il craignoit d'être emporté par les glaces, mais il jugea que lorsqu'il seroit une fois sur quatre ou cinq brasses d'eau, les plus gros bancs ne pourroient l'approcher. L'endroit vers lequel il s'avança offroit une grande chûte d'eaux qui descendoient des montagnes. Il ne put aller fort loin, & se voyant obligé d'amarrer encore aux bancs, il nomma ce lieu le petit cap des glaces. Le 13, on vit partir de la pointe orientale un ours blanc qui venoit vers le navire. Quelques coups de fusil lui cassèrent une jambe, mais sa blessure ne l'ayant point empêché de retourner à terre, plusieurs matelots descendirent dans la chaloupe, le suivirent & le tuèrent.

Le 15, on s'approcha de l'île d'Orange, où le vaisseau se trouva pris presqu'aussitôt dans des glaces, avec le plus grand danger d'y périr. Il se dégagea heureusement en s'avançant vers la terre. Mais pendant que l'équipage étoit occupé de ce travail, le bruit réveilla un ours qui dormoit à peu de distance. Il courut d'abord vers le vaisseau, & le travail fut abandonné pour se défendre. L'ours reçut quelques coups de fusil, qui le firent fuir de l'autre côté de l'île où il se plaça sur un banc de glace. Il y fut suivi, & la vue de la chaloupe le fit sauter dans l'eau, pour gagner le bord de l'île à la nage. On lui coupa le passage, & d'un coup de hache sur la tête on lui fit une profonde blessure. Le matelot qui l'avoit frappé voulut redoubler le coup, mais chaque fois qu'il levoit sa hache, l'animal plongeoit assez adroitement pour l'éviter, & ce ne fut pas sans peine qu'on parvint à le tuer.

Le 16, dix hommes eurent le courage de se mettre dans la chaloupe pour traverser les glaçons vers la Nouvelle-Zemble. Ils montèrent en chemin sur les plus hautes glaces qui formoient une petite montagne, & là ils prirent hauteur, dans la vue de s'assurer de leur position. Ils trouvèrent que le continent leur demeuroit au sud-sud-est, ensuite une autre observation le leur fit juger au sud. Dans le même tems ils virent les eaux ouvertes au sud-est, & ne doutant plus alors du succès de l'entreprise, ils revinrent avec une extrême impatience pour en informer Barensz. On appareilla le 18, & l'on mit même à la voile; mais après beaucoup de vains efforts on fut obligé de revenir au lieu d'où l'on étoit parti. Cependant, le 12, on doubla le cap du desir, & l'espoir se ranima. Mais on donna bientôt dans des glaces qui forcèrent encore de reculer. Le 21, on trouva le moyen de pénétrer assez loin dans le port des glaces, & l'on passa tranquillement la nuit sur les ancres. Le lendemain, lorsqu'il en fallut sortir on rencontra un grand banc de glace auquel on fut contraint d'amarrer. Quelques matelots montèrent dessus, & firent un récit fort singulier de sa figure. Il étoit couvert de terre au sommet, & l'on y trouva près de quarante œufs. Sa couleur n'étoit pas non-plus celle de la glace, c'étoit un vrai bleu céleste. Sa hauteur étoit de dix-huit brasses sous l'eau & de dix au-dessus.

Le 25, vers les trois heures après midi, la marée recommençant à charier des glaçons, on se crut par le sud de la Nouvelle-Zemble, vers l'ouest du Weigats. Comme on avoit passé la Nouvelle-Zemble, & qu'on ne trouvoit aucun passage ouvert, l'espérance de pénétrer plus loin sembloit absolument évanouie, & Barensz pensoit à retourner en Hollande, lorsqu'arrivant à la baie des courans, le vaisseau fut arrêté par une si forte glace qu'on le vit forcé de reculer. Le 26, étant entré dans le port des glaces, on y demeura pris au milieu des glaçons qui flottoient de toutes parts. Trois hommes qui se mirent dessus pour faire des ouvertures faillirent d'être emportés, & ne durent leur salut qu'à l'assistance du Ciel. Cependant on s'avança le soir du même jour, à l'ouest du port des glaces; mais les glaçons s'étant rejoints pendant la nuit avec un redoublement d'épaisseur, on comprit que le sort le plus favorable auquel on pût s'attendre, étoit d'hiverner dans cette région d'horreur. C'est ici que commence la peinture d'une situation sans exemple.

Le 27, les glaçons recommencèrent à flotter; & le vent qui tourna au sud-est les pressoit avec tant de violence contre l'avant du vaisseau, qu'ils lui donnoient en longueur un mouvement de libration fort dangereux. Dans ce péril qui ne faisoit qu'augmenter, on mit la chaloupe en mer comme une ressource pour l'extrémité. Les glaçons s'écartèrent un peu le 28; mais tandis qu'on observoit les dommages que le vaisseau avoit soufferts le jour précédent, il s'ouvrit par le haut, avec un si grand bruit que tout le monde se crut prêt à périr. Vers le soir, on remarqua que les glaçons s'entassoient les uns sur les autres; & le 26, il s'en étoit accumulé de si grands morceaux, qu'on employa inutilement les crocs & d'autres instrumens pour les rompre. Il ne resta plus le moindre espoir de se dégager.

Le 30, ces amoncellemens redoublèrent autour du vaisseau, la neige qui tomboit en abondance haussoit encore ces redoutables remparts. Tout craquoit horriblement à bord & dans le cercle des glaçons qui l'environnoient. On s'attendit à le voir créver bientôt & se séparer en pièces. Comme les glaçons s'étoient beaucoup plus entassés sous le vaisseau du côté du courant que de l'autre, il étoit demeuré fort penché; mais ensuite ils s'amoncelèrent aussi de l'autre côté, de sorte que le bâtiment se trouva droit & monté sur ces bancs de glace, comme si l'on eût pris plaisir à l'élever avec des machines.

Le 31, de nouveaux glaçons qui passèrent sur les autres à l'avant, élevèrent tellement la proue, que l'étrave se trouvoit de quatre ou cinq pieds plus haut que le reste, tandis que l'arrière étoit enfoncé dans les glaces comme dans un creux. On se flattoit que cet incident pourroit servir à conserver le gouvernail, & que les glaçons cesseroient de le frapper; mais il n'en fut pas moins rompu. Cependant on ne douta point que ce malheur même n'eût contribué à sauver le corps du vaisseau; car si la carcasse eût été exposée comme la proue aux glaçons qui flottoient sans cesse, ils auroient enlevé tout le bâtiment, & n'auroient pu manquer à la fin de le renverser. Peut-être même auroit-il coulé bas d'eau, ce qu'on redoutoit beaucoup. Dans cette crainte on avoit déja mis le canot & la chaloupe sur la glace pour s'y retirer; & quatre heures s'étoient passées dans l'attente de ce qui pouvoit suivre, lorsque les glaces se séparèrent & furent emportées par le courant. On rendit graces au Ciel d'un événement dont on se crut redevable à sa protection, & tous les efforts furent employés à réparer le gouvernail & la barre. Ensuite on prit le parti de les démonter, pour éviter le même risque si l'on se trouvoit encore assiégé des glaçons.

Le premier de Septembre, ils recommencèrent à s'entasser, & le corps du vaisseau se trouva élevé de plusieurs pieds, sans être encore offensé. On fit les préparatifs pour traîner à terre le canot & la chaloupe. Le 2, de nouveaux glaçons élevèrent encore le vaisseau, le firent craquer horriblement, & l'ouvrirent même en tant d'endroits qu'on prit enfin la résolution de traîner le canot en terre, avec treize tonneaux de biscuit & deux tonneaux de vin.

Le 3, on fut assiégé par quantité de glaçons qui se joignirent à ceux dont on étoit déja serré. Alors le safran de l'étambord se sépara, mais le doublage

se

se soutint encore. Bientôt le cable qui étoit mouillé au vent se rompit ; un autre cable neuf, qu'on avoit amarré à la glace, eut le même sort. La quantité, la violence & la grandeur des glaçons, dont quelques-uns étoient de la hauteur des montagnes à sel d'Espagne, firent admirer que le corps du bâtiment leur résistât. Le 5, au soir, ils le pressèrent tellement, qu'il demeura penché sur un côté, & qu'il fut considérablement endommagé, quoique sans s'ouvrir encore. Mais, dans l'opinion qu'il ne pouvoit résister long-tems, on se hâta de porter à terre une vieille voile de misène, de la poudre, du plomb, des fusils, des mousquets & d'autres armes, pour dresser une tente proche du canot. On y porta aussi du biscuit & des liqueurs fortes, avec des instrumens de charpentier pour radouber la chaloupe.

Le 7, quelques matelots ayant fait environ deux lieues dans le pays, virent une rivière d'eau douce, & quantité de bois que les flots avoient jettés sur les bords. Ils virent aussi des traces de rennes & d'orignaux, autant du moins qu'ils purent les reconnoître aux vestiges des pieds. Ces informations furent d'autant plus agréables, que non-seulement le navire étoit à la veille de manquer d'eau, mais que dans l'impossibilité de le dégager des glaces avant l'hiver qui s'approchoit, on avoit tenu conseil sur les secours qu'on pourroit tirer d'un pays où l'on ne voyoit point d'eau ni d'arbres. Après avoir vérifié le rapport des matelots, tout le monde se promit d'autres secours du Ciel, qui leur fournissoit déja les moyens de se bâtir une retraite, de se chauffer, & de ne pas périr de froid & de soif: ainsi chacun paroissant confirmé dans la résolution d'hiverner, avec l'espérance de retourner au printems dans sa patrie, on ne pensa plus qu'à bâtir une grande hutte (*), où l'on pût être à couvert du froid & de l'insulte des ours. Il se trouvoit effectivement, sur le bord de la rivière, des arbres entiers, descendus apparemment de Tartarie ou de Moscovie. On commença par faire un traîneau pour les voiturer.

Le 15, pendant qu'on travailloit ardemment, un matelot vit trois ours d'inégale grandeur, dont le plus petit demeura derrière un banc de glace, & les autres continuèrent d'avancer. Pendant que l'équipage se disposoit à tirer, l'un des deux grands ours alla porter le nez dans un lieu où l'on avoit

---

(*) La hutte des Hollandois étoit située dans la partie septentrionale de la Nouvelle-Zemble, vers les cent douze degrés, vingt-cinq minutes de longitude, & par les soixante-seize de latitude.

mis de la viande, & prefqu'auffitôt il reçut dans la tête un coup de moufquet qui le fit tomber mort. L'autre fembla marquer de la fuprife ; il regarda fixement fon compagnon, qu'il voyoit étendu fans mouvement ; il le flaira, & comme s'il eût reconnu le péril, il retourna fur fes traces. On le fuivit de vue. Après avoir fait quelques pas en avant, il revint, & s'éleva fur fes pattes de derrière pour obferver mieux les matelots. Un coup qu'ils lui tirèrent dans le ventre le fit retomber fur fes pieds. Alors il prit la fuite avec de grands cris. Barenfz fit ouvrir l'ours mort, lui fit ôter les entrailles, & le fit mettre fur fes quatre jambes, pour le laiffer geler dans cette pofture & le porter en Hollande fi l'on parvenoit à dégager le vaiffeau.

La nuit du 16, l'eau de la mer, qui n'avoit point encore perdu fon mouvement entre les glaçons, fe trouva gelée de deux doigts, & la nuit fuivante, l'épaiffeur augmenta du double. Le 21, le froid devint fi vif, qu'on fut obligé de tranfporter la cuifine à fond de cale, parce que tout y geloit.

Le 23, on eut le malheur de perdre le charpentier, qui fut enterré dans une fente de la montagne, proche d'une chute d'eau; en vain s'étoiton efforcé d'ouvrir la terre pour lui faire une foffe. Les folivaux qui avoient été traînés fur la glace ou sur la neige, furent posés le 25, & l'édifice prit forme.

Tout l'équipage ne consistoit plus qu'en seize hommes, dont plusieurs ne jouissoient pas d'une bonne santé. Le 27, il gela si fort, que si quelqu'un mettoit un clou dans sa bouche, comme il arrive souvent dans le travail, il ne pouvoit l'en tirer sans emporter la peau. Le 30, la neige qui étoit tombée toute la nuit se trouva d'une hauteur qui ne permit point de sortir de la hutte pour aller chercher du bois. On fit un grand feu le long de l'édifice, pour dégeler la terre, dans le dessein d'élever une sorte de rempart qui eût servi de clôture; mais la terre se trouva si gelée, que l'ardeur du feu ne put l'amollir; & la crainte de manquer de bois fit abandonner cette entreprise.

Le 2 d'Octobre, on eut la satisfaction de voir la hutte achevée; l'on y planta, suivant l'expression du Journal, un Mai de neige gelée, pour servir de fanal à ceux qui auroient le malheur de s'égarer; mais le souvenir des ours arrêtoit les plus hardis. Le 5, on fut étonné de voir la mer ouverte, aussi loin que la vue pouvoit s'étendre, sans que les glaces où le vaisseau étoit pris eussent commencé à se fondre. Il sembloit, dit Girard le Veer, qu'on eût bâti exprès un mur de glace d'environ trois pieds de haut pour l'entourer; & l'on reconnut que l'espace d'eau qu'il occupoit étoit gelé jusqu'au fond, c'est-à-dire, de trois brasses & demie.

Le même jour on dépeça la chambre de l'avant, pour employer les planches à couvrir la hutte ; cette couverture qui reçut la forme d'un toit à deux égoûts, fut achevée le soir. Le jour suivant, la chambre de pouppe fut aussi dépecée pour revêtir le tour de la hutte.

Le vent qui avoit soufflé avec violence pendant la nuit du 7 au 8, continua tout le jour, & fut suivi d'une neige si épaisse qu'on n'auroit pu en sortir sans s'exposer au danger d'en être étouffé. D'ailleurs il étoit absolument impossible de soutenir audehors la rigueur du froid. Le 9, l'air s'étant assez adouci pour laisser la liberté de sortir, un matelot rencontra un ours qu'il n'apperçut qu'à peu de distance, & dans sa première frayeur il se mit à courir vers le vaisseau. L'ours le poursuivit, & n'auroit pas tardé à le joindre s'il n'eût été arrêté par la vue du dernier ours qu'on avoit tué, & qu'on vouloit faire geler à l'air. Il demeura quelques momens à le regarder, ce qui donna le tems au matelot d'arriver à bord. La terreur dont il étoit pénétré ne lui laissa de force en arrivant que pour crier : Un ours ! un ours ! Tous ses compagnons jettèrent aussitôt de grands cris, & montèrent armés sur le pont ; mais sortant d'une épaisse fumée qu'ils avoient eu peine à supporter dans le vaiffeau, ils ne pouvoient trouver tout d'un coup l'ufage de leurs yeux. Ils ne virent point l'ours, qui auroit pu les dévorer dans cet état s'il n'eût été chaffé par leurs cris.

Heemskerke profita d'un tems ferein qui continua le 10, pour leur faire porter au rivage le vin & les autres provifions. Le 12, une partie de l'équipage alla paffer la nuit dans la hutte, où le froid fut d'autant plus rigoureux, que la cheminée n'étant pas encore faite on n'y pouvoit allumer du feu fans une fumée infupportable. Le 13, on chargea fur un traîneau deux tonneaux de bierre-joppe de Dantzick, pour les tranfporter à la hutte; mais au départ il s'éleva un orage fi terrible, que les matelots forcés de rentrer à bord laiſsèrent leur charge dehors fur le traîneau. Le lendemain, ils trouvèrent le fond d'un tonneau crévé par la force du froid, & la bierre gelée en forme de colle-forte. Le tonneau fut porté dans la hutte & mis près du feu pour dégeler; mais la bierre, loin de reprendre fon goût en fondant, n'eut plus que celui de l'eau. Les deux jours fuivans, on fut menacé de plufieurs ours dont on ne fe délivra qu'à force de cris.

Le 20, lorfqu'on retourna au vaiffeau pour tranfporter toute la bierre qui reftoit, on trouva que la gelée avoit fait fendre une partie des tonneaux, fans excepter ceux qui avoient des cercles de fer, dont plusieurs s'étoient rompus. Tout le reste de l'équipage passa dans la hutte, avec la précaution d'y traîner la chaloupe du vaisseau & l'ancre de toue, pour des besoins plus pressans encore dont il n'est pas surprenant qu'ils se crussent menacés. Le soleil dont la vue étoit leur unique bien commençant à les abandonner, ils firent jusqu'au 25 des efforts extraordinaires pour transporter sur leurs traîneaux tous les vivres & les agrêts.

Ils étoient encore occupés de ce pénible travail, lorsque Barensz levant les yeux vit derrière le vaisseau trois ours qui s'avançoient vers les matelots. Il fit de grands cris dont ils comprirent le sens & qu'ils secondèrent aussitôt ; mais les trois monstres que leur nombre rendoit apparemment plus hardis, n'en parurent pas effrayés. Alors tous les matelots cherchèrent à se défendre. Il se trouva heureusement sur un traîneau deux hallebardes; Barensz prit l'une & Girard le Veer l'autre. Les matelots coururent au vaisseau, mais en passant sur la glace un d'entr'eux tomba dans une fente. Cet accident fit trembler pour lui, on ne douta point qu'il ne fût le premier dévoré. Cependant les ours suivirent ceux qui couroient au vaisseau ; d'un autre côté, Barensz & le Veer en firent le tour pour entrer par derrière. En arrivant ils eurent la joie d'y

B iv

voir tous leurs gens, à l'exception de celui qui se tenoit caché dans sa fente. Mais les furieux animaux se présentant pour monter après eux, ne purent être arrêtés d'abord que par des pieces de bois & divers uftenfiles qu'on se hâta de leur lancer à la tête, & fur lesquels ils se précipitoient chaque fois comme un chien court après la pierre qu'on lui jette. Il n'y avoit point à bord d'autres armes que les deux hallebardes; on voulut battre un fufil, allumer du feu, tenter de brûler quelques poignées de poudre, & dans la confufion ou la crainte, rien de ce qu'on avoit entrepris ne pouvoit s'exécuter. Cependant les ours revenant à l'affaut avec la même furie, on commençoit à manquer d'uftenfiles & de bois pour les amufer. Enfin les Hollandois ne durent leur confervation qu'au plus heureux des hafards. Barenfz à l'extrémité confultant son défefpoir plus que fa prudence, jetta fa hallebarde qui donna fortement fur le mufle du plus grand ours; l'animal en fut apparemment si bleffé qu'il fit retraite avec un grand cri, & les deux autres qui étoient beaucoup moins grands le fuivirent auffitôt, quoique d'un pas affez lent.

Le 27, on tua un renard blanc qu'on fit rôtir, & dont le goût approchoit beaucoup de celui du lapin. Les deux jours fuivans furent donnés à divers foins néceffaires dans le genre de vie auquel on fe voyoit condamné, tels que de placer & de monter l'horloge, de préparer pour la nuit une lampe où l'on devoit brûler, au lieu d'huile, la graiffe d'un des ours qu'on avoit tués, d'apporter fur des traîneaux quantité d'herbes marines, pour en garnir les voiles dont on avoit couvert la hutte, afin que le froid y pénétrât moins par les fentes.

Le premier de Novembre au foir, on vit paroître la lune à l'eft, & le foleil montoit encore affez haut fur l'horifon pour fe faire voir. Le 2, il fe leva au fud-fud-eft & fe coucha près du fud-fud-oueft, mais fon globe ne fe montra point entier fur l'horifon. Le 3, il fe leva au fud-quart-de-fud-eft, un peu plus vers le fud, & fe coucha au fud-quart-de-fud-oueft, un peu plus auffi vers le fud; on ne vit, ce jour-là, que la partie fupérieure de fon globe à l'horifon, quoique l'endroit de la terre où l'on prit hauteur fût auffi haut que la hune du vaiffeau, dont on étoit affez proche. Le 4, on ceffa de voir le foleil, quoique le tems fût calme & ferein.

Dans les premiers jours de Novembre, le Chirurgien confeilla le bain à tout l'équipage; il le prépara dans un tonneau vuide; tous fe baignèrent les uns après les autres, ce qui leur rendit une nouvelle vigueur.

Si le foleil avoit quitté l'horifon, la lune y étoit

venue prendre fa place, & lorfqu'elle fut à fon plus haut période elle paroiffoit jour & nuit fans fe coucher. Le 6, fut un jour fi fombre qu'on ne put le diftinguer de la nuit, d'autant plus que l'horloge qu'on auroit pu confulter s'arrêta. Auffi tout le monde demeura-t-il long-tems au lit, fans pouvoir s'imaginer que la nuit fût paffée ; & lorfqu'on prit le parti de fe lever, perfonne ne put diftinguer fi ce qu'on voyoit de lumière étoit celle de la lune ou celle du jour. Le Journalifte n'ajoute point comment on fit cette diftinction.

Enfin, de mille maux préfens & de ceux qu'on envifageoit dans l'avenir, le défaut des vivres étant le plus terrible, on fit le 8 un état du bifcuit qui reftoit, & les rations furent réglées à quatre livres & cinq onces pour huit jours, au lieu qu'auparavant pareille ration n'étoit que pour cinq ou fix jours au plus. La provifion de poiffon fec & de viande étoit encore affez abondante, mais on commençoit à manquer de vin, & ce qui reftoit de bierre étoit fans force. On prenoit quelques renards qui venoient alors fe montrer au lieu des ours, qui s'étoient retirés avec le foleil & ne reparurent qu'à fon retour. Barenfz fit difpofer un cerceau avec un rets, dans lequel un renard ne pouvoit entrer fans fe trouver pris, & l'on pouvoit tirer auffitôt le piege & l'animal dans la hutte. Enfuite, il en vint un fi grand nombre, que pour en prendre plusieurs à la fois on fit des trappes de planches fort épaisses qu'on chargea de pierres pour les rendre encore plus pésantes, & l'on en attrapa ainsi quelques-uns.

Le 12, on prit le parti de régler la distribution du vin à deux petits verres par jour, & l'unique boisson qu'on eût d'ailleurs étoit de l'eau de neige fondue. Le 18, Barensz fit distribuer à tout le monde une pièce de gros drap, pour en faire l'usage que chacun pourroit imaginer contre le froid. Les chemises & les linceuls n'étoient pas plus ménagés; mais on tomba dans une autre difficulté lorsqu'il fut question de les laver. On n'avoit pas plutôt tiré le linge de l'eau bouillante, que la gelée le roidissant il étoit impossible de le tordre; il demeuroit même gelé près du feu, du moins par le côté du dehors, & c'étoit une occupation fort pénible que de le tourner sans cesse ou de le replonger continuellement dans l'eau bouillante pour le faire dégeler. Le 22, il ne restoit que dix-sept fromages qui furent partagés. Le 26, & les deux jours suivans, il tomba une si grande quantité de neige que la hutte en étant tout-à-fait couverte, il fut impossible d'en sortir; mais l'air s'étant éclairci le 29, on se servit de pelles pour creuser dans la neige, & l'on y fit un trou par lequel chacun sortit en rampant. Les trappes se trouvoient aussi couvertes;

elles furent dégagées, & dès le même jour on y prit quelques renards ; chasse d'autant plus précieuse, qu'avec la chair de ces animaux qu'on mangeoit avidement, elle fournissoit des peaux pour faire des bonnets fort utiles contre la rigueur du froid.

Le premier de Décembre, la hutte se trouvant ensevelie pour la seconde fois dans les neiges, on eut à souffrir une si terrible fumée, que l'horreur de cette situation étant redoublée par les ténèbres, il fallut demeurer au lit pendant trois jours, sans autre soulagement que des pierres qu'on faisoit chauffer & qu'on se donnoit tour-à-tour dans les lits. Le 3, on entendit craquer les glaces de la mer, avec un bruit qui jetta tout le monde dans la plus affreuse consternation ; chacun s'imagina que les hautes montagnes de glace qu'il avoit vues pendant l'été, se détachoient ou s'amonceloient les unes sur les autres pour tomber sur la hutte. En même-tems, comme la fumée avoit obligé de diminuer le feu depuis deux ou trois jours, il gela si fort en-dedans, que le plancher & les murs étoient revêtus de deux doigts de glace, & qu'il s'en trouvoit jusques dans les lits. Le mouvement de l'horloge même demeura suspendu, quoiqu'on en eût augmenté le poids ; ce qui mit Barensz dans la nécessité de préparer lui-même le sable de douze heures, que les matelots nomment l'ampoullette, pour conferver la connoiffance des tems.

Le 6, la gelée fut fi forte & le froid fi vif, que les plus robuftes ne pouvant le fupporter, ils fe regardoient tous languiffamment & d'un œil de pitié, dans l'opinion que le mal ne pouvoit augmenter fans éteindre leur vie. Le plus grand feu n'étoit plus capable de les réchauffer; tout étoit gelé, jufqu'au vin de Xérès, dont on connoît la chaleur; il falloit le faire dégeler aux jours de diftribution, & le refte du tems on étoit réduit à l'eau de neige fondue, qui faifoit craindre un furcroît de défaftre par les maladies qu'elle pourroit caufer. Le 7, un accident plus horrible encore faillit d'emporter à la fois tous les miférables Hollandois. Après avoir tenu confeil fur les moyens de réfifter au froid, on réfolut d'aller prendre à bord du vaiffeau le charbon de terre qu'on y avoit laiffé, parce que le feu en eft ardent & de longue durée. On fit vers le foir un grand feu de cette matière, qui rendit effectivement beaucoup de chaleur à tout le monde; & perfonne ne faifant attention aux fuites, on prit foin de boucher foigneufement les fenêtres pour s'affurer une nuit chaude & tranquille. Bientôt ils fe trouvèrent tous attaqués d'étourdiffemens & de vertiges, qui leur ôtoient en même-tems le pouvoir de fe remuer & la force de fe plaindre. Quelques-uns néanmoins se traînèrent jusqu'à la porte & l'ouvrirent, mais le premier qui voulut sortir tomba sans connoissance sur la neige. Le Veer, qui étoit proche de la porte, ayant ouï la chûte, alla chercher du vinaigre qu'il jetta au visage du matelot, ce qui le fit revenir. Aussitôt que la porte fut ouverte, le froid qu'ils avoient regardé jusqu'alors comme leur plus grand mal, servit à les rétablir ; mais ils demeurèrent persuadés qu'un quart-d'heure plus tard ils auroient péri tous, sans pouvoir se donner mutuellement le moindre secours.

Depuis le 9 jusqu'au 12, le tems fut clair & le Ciel brillant d'étoiles ; cependant l'excès du froid fut tel, qu'on désespère de pouvoir l'exprimer. » Dans la hutte même, dit le Journaliste, le cuir » des souliers gela aux pieds, & sa dureté ne per- » mit plus de s'en servir. Les Hollandois se firent » des chaussures du dessus des peaux de moutons » qu'ils avoient apportées, avec trois ou quatre » paires de chaussons l'une sur l'autre. Leurs ha- » bits étoient tout blancs de verglas. S'ils demeu- » roient quelque tems dehors, il s'élevoit sur leurs » levres, au visage, & aux oreilles, des pustules » qui geloient aussi ».

Le 14, l'observation de la hauteur leur donna soixante-seize degrés. Le 18, quelques-uns allèrent au vaisseau, dans la seule vue de le visiter. Depuis

DES NAUFRAGES. 31

dix-huit jours qu'ils ne s'étoient pas éloignés de la hutte, la glace s'étoit élevée d'un pouce. Quoique le jour eût peu de clarté ; ou plutôt qu'il n'y eût point alors de jour, on ne laiſſa pas de voir d'aſſez loin, & l'on découvroit dans la mer quantité d'endroits ouverts. Les Hollandois ne doutèrent point que ce changement ne fût arrivé lorſque le craquement des glaces s'étoit fait entendre. Le 25, ils entendirent des renards autour de la hutte, ſans en trouver un ſeul dans les trappes. » Le feu, obſerve » encore le Journaliſte, ſembloit manquer de cha- » leur, ou du moins elle ne ſe communiquoit point » aux objets les plus proches ; il falloit brûler ſes bas » pour en ſentir un peu aux jambes & aux pieds, » & l'on n'auroit pas même ſenti la brûlure des » bas, ſi l'odorat n'en eût été frappé. Telle fut la » fin de Décembre, & ce fut au milieu de ces ſouf- » frances que le malheureux reſte de l'équipage entra » dans l'année 1597 ».

Le commencement n'en fut pas moins rude, ce qui n'empêcha pas les matelots de célébrer la fête des Rois pour charmer leurs peines.

L'ordonnance du feſtin de ces malheureux, abandonnés du reſte de l'univers dans une contrée auſſi affreuſe, ne ſera pas indifférente au Lecteur. En voici le détail qui nous a été conſervé par l'auteur du Journal :

Deux livres de farine qui reſtoient furent employées à faire des beignets qu'on fit cuire à l'huile; ils furent mangés avec autant de délices que le mets le plus friand. Ce repas fut accompagné d'une libation de tout le vin qu'ils avoient volontairement épargné juſques-là. Enfin les Rois furent fêtés comme ſi chaque matelot eût été chez lui ſans inquiétude.

Les billets furent tirés, & le ſort favoriſa un canonier, » qui ſe trouva ainſi, remarque le Veer, » roi de la Nouvelle-Zemble, c'eſt-à-dire, d'un pays » qui a peut-être deux cens lieues de long entre » deux mers ». C'eſt ainſi qu'au milieu des peines & des douleurs, il reſte toujours un goût naturel pour les plaiſirs des ſens.

Le 10 de Janvier, on trouva que l'eau étoit montée de près d'un pied dans le vaiſſeau, & qu'elle s'y étoit convertie en glace. Le 12, la hauteur priſe de l'étoile nommée l'œil du taureau, s'accorda ſi bien avec les premières obſervations du ſoleil, qu'on ſe crut confirmé dans la ſuppoſition des ſoixante-ſeize degrès, mais plutôt au-deſſus que plus bas. Le 13, d'un tems clair & calme, on obſerva que la lumière du jour commençoit à croître; en jettant une boule on la voyoit courir, ce qu'on n'avoit pas vu juſqu'alors. Depuis ce jour on ſortit plus librement pour s'exercer le corps, & ſur-tout les jambes que la plupart avoient engourdies. Bientôt on on crut remarquer aussi dans l'air une rougeur qu'on prit pour une espece d'aurore avant-courière du soleil; d'un autre côté le froid diminua si sensiblement pendant le jour, que lorsqu'il y avoit du bon feu dans la hutte, on voyoit tomber des cloisons de gros morceaux de glace qui dégeloient sur le plancher ou dans les lits; mais pendant la nuit il geloit toujours avec la même force. On fut obligé de diminuer encore la ration de biscuit & de vin, parce que la chasse des renards devenoit moins abondante; avertissement d'ailleurs assez fâcheux, car la retraite de ces animaux annonçoit le retour prochain des ours.

Le 24, Heemskerke & le Veer, accompagnés d'un matelot, prirent occasion d'un tems fort clair pour aller se promener sur le rivage méridional. Au moment qu'ils y pensoient le moins, le Veer apperçut un côté du globe solaire. Ils se hâtèrent de porter cette agréable nouvelle à la hutte; mais Barensz, dont on connoissoit l'habileté, n'en voulut rien croire, parce que, suivant toutes ses supputations, il s'en falloit de quinze jours que le soleil pût se faire voir par cette hauteur. Les autres soutenoient ce qu'ils avoient vu (*). La contestation fut

---

(*) Cette découverte excita de grandes discussions envive & donna lieu à des gageures. Le 25 & le 26, un brouillard épais qui ne permettoit de rien voir confirma Barenfz dans fon opinion. Mais l'air s'étant éclairci le 27, tout l'équipage enfemble vit fur l'horifon l'aftre du jour dans toute fa fphère, ce qui ne laiffa aucun doute qu'on en eût pu voir une partie le 24.

Le 31 fut un fort beau jour, où l'on jouit agréablement de la clarté du foleil. Il fut fuivi de fept jours d'orage pendant lefquels il fit un brouillard très-épais, & il tomba une neige fi abondante que la hutte paroiffoit environnée de hauts remparts. Les Hollandois ne fe donnèrent plus la peine, comme

---

tre les Aftronomes. L'Atlas de Blaeu renferme à ce fujet une longue differtation. Mais M. Caffini le père, de l'Académie des Sciences de Paris, paroît avoir mieux réfolu la difficulté. Après avoir décrit un Parhélie qu'il avoit obfervé, il ajoute que la fameufe obfervation des Hollandois, à la Nouvelle-Zemble, qui virent le foleil fur l'horifon, quatorze jours plutôt qu'ils ne devoient l'appercevoir felon les regles de l'aftronomie, peut bien s'expliquer par ce phénomène. Il penfe que ce que ces navigateurs prirent pour le foleil, n'étoit autre chofe qu'un parhélie, pareil à celui dont ils avoient déja été témoins le premier de Juin 1596, & tel que celui qu'il décrit lui-même. *Voyez les Mémoires de l'Académie des Sciences, année* 1693, pag. 167 & 169.

auparavant, de dégager leur porte, ils prirent le parti, lorsqu'ils étoient nécessités de sortir, de passer par la cheminée. Le 8 de Février, on vit le soleil se lever au sud-sud-est & se coucher au sud-sud-ouest, c'est-à-dire, par rapport au cadran de plomb qu'on avoit posé près de la hutte, au midi de ce terrain; car la différence d'avec les compas ordinaires étoit au moins de deux rhumbs.

Environ deux mois & demi qu'on avoit passés sans voir d'ours, les avoient fait oublier, lorsque le 13, dans le tems que tout le monde s'occupoit à nettoyer les trappes, on en vit paroître un fort grand qui venoit droit à la hutte. Un matelot l'ayant couché en joue, lui donna dans la poitrine un coup qui lui passa au travers du corps. Il ne laissa pas de s'éloigner d'environ trente pas, & ceux qui coururent à lui après l'avoir vu tomber, le trouvèrent encore vivant, il leva même la tête, comme pour chercher des yeux celui qui l'avoit blessé. L'expérience qu'on avoit de la force de ces animaux, fit prendre le parti de lui tirer quelques-autres coups. On lui fendit le ventre, & l'on en tira plus de cent livres de lard ou de graisse qu'on fit fondre pour les lampes: il y avoit long-tems que, faute de matière, on n'avoit plus la consolation d'être éclairé pendant la nuit.

Le reste de Février, Mars & les quinze premiers

jours d'Avril, furent des alternatives continuelles de beau & de mauvais tems, de brouillards & de gelée, de crainte à la vue des ours & de plaisir après les avoir tués. Le 6 d'Avril, il en descendit un par les degrés qu'on avoit faits à la neige, jusqu'à la porte même de la hutte. Elle étoit ouverte, mais Heemskerke qui apperçut heureusement le monstre, se hâta de la fermer, & se mit derrière pour la soutenir. L'ours s'en retourna. Cependant il revint deux heures après, & monta sur la hutte où il fit un bruit dont tout le monde fut effrayé ; ses efforts pour renverser la cheminée étoient si grands, qu'on le crut plus d'une fois maître du passage ; il déchira la voile dont elle étoit entourée ; enfin il ne s'éloigna qu'après avoir fait un ravage extraordinaire.

La rigueur du tems ayant cessé le 15 d'Avril, tous les Hollandois allèrent visiter leur vaisseau, & leur joie fut extrême de le trouver dans l'état où ils l'avoient laissé. Du rivage ils considérèrent avec admiration les morceaux de glace qui couvroient la mer, & qui sembloient offrir la perspective d'une grande ville, c'est-à-dire, des maisons entremêlées de tours, de clochers, de bastions & de remparts. Le lendemain étant retournés à bord, ils observèrent dans l'éloignement que l'eau étoit ouverte ; quelques-uns eurent la hardiesse de monter sur les bancs de glace & de passer de l'un à l'autre jusqu'à l'eau, dont il y avoit cinq ou six mois qu'ils n'avoient approché. En y arrivant, ils virent un petit oiseau qui plongea auffitôt, ce qui acheva de leur faire juger que l'eau étoit plus ouverte qu'elle ne l'avoit été depuis leur féjour dans la Nouvelle-Zemble.

Le premier de Mai, leur viande, qui commençoit auffi à dégeler & dont ils firent cuire une partie, se trouva auffi bonne que jamais ; elle n'avoit que le feul défaut de ne pouvoir se garder lorsqu'elle étoit cuite. Le 2, un grand vent du sud-ouest nettoya la haute mer & n'y laissa plus de gros glaçons. Alors tout le monde parla de s'embarquer & de retourner en Hollande par le plus court chemin. Le 3, tout le reste des glaces fut emporté, à l'exception de celles qui entouroient le vaisseau. Mais après de si belles apparences, quelle fut la douleur commune de s'appercevoir, dès le jour suivant, que le vaisseau, qui n'étoit au 15 de Mars qu'à soixante-dix pas de l'eau ouverte, s'en trouvoit à plus de cinq cents ! Le 7 & le 8, il tomba tant de neige, que dans l'impoffibilité de sortir de la hutte, quelques matelots défespérés proposèrent de parler nettement aux officiers, & de leur déclarer que tout l'équipage étoit réfolu de quitter ce funeste lieu. Les meilleurs vivres, tels que la viande

& le gruau, commençoient à manquer, dans un tems où l'on avoit plus besoin de force que jamais pour supporter le travail. A peine restoit-il du lard pour trois semaines, à deux onces par tête pour chaque jour. Cependant personne n'eut la hardiesse de s'expliquer avec Heemskerke, parce qu'il avoit déclaré lui-même qu'on ne se remettroit en mer que vers la fin de Juin. On s'ouvrit seulement à Barensz à qui l'on connoissoit beaucoup de bonté, & qui se contenta de demander aux plus ardens quelques jours de délai. Heemskerke avec lequel il conféra le 15, promit que si le vaisseau n'étoit pas dégagé à la fin du mois, on s'efforceroit alors de mettre la chaloupe & la scute (*) en état de partir. Ce tems parut long, parce qu'on prévoyoit qu'il en faudroit beaucoup pour radouber & pour équiper ces deux petits bâtimens.

Le 21, Heemskerke voyant les glaces ramenées par un vent de nord-est, permit de travailler à l'équipement. La chaloupe qui n'étoit pas sortie de la hutte, ne fut pas difficile à tirer, mais la scute, qui étoit enfoncée dans la neige, coûta tant d'efforts à dix hommes, affoiblis comme ils étoient par un

---

(*) Petite barque qui sert pour la pêche du hareng.

genre de vie si triste, qu'ils furent obligés d'interrompre plusieurs fois leur travail. Heemskerke leur disoit, pour les exhorter, que s'ils ne vouloient se faire bourgeois de la Nouvelle-Zemble, & s'y assurer leur sépulture, il falloit rétablir cette scute, dont l'espérance de leur retour dépendoit.

Pendant qu'ils s'y employoient avec ardeur, ils virent paroître un ours effroyable. Ils rentrèrent aussitôt dans la hutte, & les plus habiles tireurs se distribuant aux trois portes, l'attendirent avec leurs fusils ; un autre monta sur la cheminée avec le sien. L'ours marcha fièrement vers la hutte, & s'avança jusqu'à la pente des degrés d'une des portes, où il ne fut pas apperçu du matelot qui s'y étoit mis en garde ; mais d'autres l'avertissant par leurs cris, il tourna la tête, & malgré sa première frayeur il perça l'ours d'une grosse balle. Ceux qui virent sa situation tremblèrent pour lui ; car lorsqu'il avoit tiré son coup, le monstre étoit si proche qu'ils l'avoient cru prêt à le déchirer ; & si l'amorce n'eût pas pris feu, comme il arrivoit souvent dans un climat si rude, il étoit infailliblement dévoré ; peut-être cet affreux animal seroit-il même entré dans la hutte, où il auroit fait un étrange carnage. Mais la blessure qu'il avoit reçue ne lui permit pas de fuir bien loin, & lorsqu'il se fut arrêté on acheva aisément de le tuer. On lui trouva dans le ventre des morceaux entiers de chien marin, avec la peau & le poil. D'autres ours qui parurent les jours fuivans eurent le même fort. Il fembloit que ces animaux fentiffent que leur proie étoit prête à s'échapper, & qu'ils redoublaffent leurs efforts pour s'en faifir.

Le 30, tous ceux qui étoient propres au radoub des deux bâtimens s'y employèrent avec ardeur, & les autres raccommodèrent les voiles, ou firent dans la hutte ce qui étoit néceffaire pour leur départ. Les travailleurs du dehors étoient au plus fort de l'ouvrage, lorfqu'un ours vint hardiment à eux. Tous prirent la fuite vers la hutte; l'ours les fuivit, mais une falve de trois coups de fufil qui portèrent tous, l'un de deffus la cheminée & les autres de deux des portes, l'étendit mort fur la neige. Cette vénaifon leur coûta cher, car ayant coupé l'animal en pieces, & en ayant fait cuire le foie qu'ils mangèrent avec plaifir, ils en furent tous malades; trois entr'autres parurent morts pendant quelques heures. Cependant ils en furent quittes pour faire peau neuve depuis la tête jufqu'aux pieds. Leur rétabliffement donna prefqu'autant de joie au refte de la troupe qu'à eux-mêmes; trois hommes de moins les auroient mis hors d'état de travailler utilement à leur départ.

Le 3 de Juin, tous étant rétablis, le travail fut repris & continué sans interruption.

La chaloupe & la scute se trouvèrent radoubées le 7 de Juin. On avoit coupé à la scute une partie de l'arrière, & l'on y avoit fait une petite arcasse, à laquelle on ajouta quelques bordages des deux côtés pour donner plus de fond au bâtiment & pour le mettre en étant de tenir mieux la mer. Le jour suivant, une violente tempête du sud-ouest, accompagnée de grêle, de neige & sur-tout de pluie, obligea tout le monde à se retirer dans la hutte, où l'on ne trouva plus rien de sec, parce qu'on en avoit ôté les planches pour le radoub; mais cette incommodité n'affligea personne, lorsqu'on eut remarqué que les eaux recommençoient à s'ouvrir. Cependant il falloit traîner au rivage les deux bâtimens, les agrêts, les marchandises & le reste des provisions; la neige s'amollissoit & rendoit le chemin fort difficile. On fut obligé de quitter les souliers de peau pour reprendre ceux de cuir, en quelqu'état qu'ils fussent encore.

Le 12, on prit des haches, des piques & des bêches; & l'on entreprit d'ouvrir une route jusqu'à la mer, & ce travail fut très-pénible. Il étoit question, non-seulement d'écarter les neiges à demi-fondues, mais de ranger les glaces, de creuser & d'applanir. L'espérance auroit soutenu le courage, si l'on eût été quitte pour la peine ; mais on fe voyoit fouvent interrompu par de grands ours maigres & décharnés qui venoient de la haute mer fur des glaçons, & qui obligeoient de fe partager entre le combat & le travail. Cependant tous ces obftacles furent furmontés, & le 13 on fe vit en état de mettre à l'eau les deux bâtimens. Heemskerke, fatisfait du tems & d'un vent frais du fud-oueft, dit alors qu'il étoit réfolu de s'embarquer. Cette déclaration fut reçue avidement, & l'on ne penfa plus qu'à mettre les bâtimens à l'eau.

Barenfz, dont la fanté s'étoit affoiblie depuis long-tems, rappela toutes fes forces pour compofer un mémoire, qui contenoit les circonftances de leur voyage, de leur arrivée dans la Nouvelle-Zemble, du féjour qu'ils y avoient fait, & de leur départ. Il mit ce papier dans une boîte qu'il fufpendit à la cheminée de la hutte, pour fervir d'inftruction à ceux qui pourroient aborder après eux dans le même lieu, & leur apprendre par quelle aventure ils y trouveroient les reftes d'une miférable maifon, qui avoit été habitée neuf à dix mois. D'un autre côté, comme le voyage qu'on alloit entreprendre avec deux petits bâtimens fans couverte, faifoit prévoir d'horribles dangers, Heemskerke écrivit deux lettres, qui furent fignées de tout l'équipage, & dépofées, l'une dans la chaloupe & l'autre dans la fcute. Il y faifoit le récit de tout ce que les Hollandois avoient fouffert en attendant l'ouverture des eaux & dans l'efpérance que leur vaiffeau fe dégageroit des glaces ; mais que le Ciel n'ayant point exaucé leurs vœux , & fe trouvant à la veille de manquer de vivres, fans compter l'incertitude de la belle faifon qui pafferoit vraifemblablement fort vîte , ils avoient été forcés d'abandonner leur navire & d'entreprendre un voyage qui les expofoit à toutes fortes de difgraces. Il ajoutoit qu'ils avoient jugé à propos de dreffer ce double mémoire, afin que fi leurs deux bâtimens étoient féparés par la tempête, par le naufrage de l'un ou par quelqu'autre accident de mer , on pût trouver fur l'autre toutes les ciconftances de leur malheureufe hiftoire , & la confirmation du témoignage de ceux qui auroient furvécu.

Après ces triftes précautions , on tira vers la mer les deux petits bâtimens & les traîneaux chargés de marchandifes & de provifions ; c'étoient fix paquets de draps de laine , un coffre plein de toiles, deux paquets de velours, deux petites caiffes remplies d'argent, deux tonneaux d'uftenfiles & d'agrêts, treize tonneaux de bifcuit, un de fromage , un de lard, deux d'huile, fix de vin, deux de vinaigre, & les hardes de l'équipage. Tout cet appareil étalé fur le rivage paroiſſoit difficile à ranger dans un auſſi petit eſpace que celui des deux bords ; mais rien n'eſt impoſſible à l'induſtrie ſoutenue par la néceſſité. L'embarquement fut achevé le même jour.

Enfin, le 14 de Juin 1597, à ſix heures du matin on mit à la voile par un vent d'oueſt. Les deux bâtimens arrivèrent avant le ſoir au cap des îles, où les glaces étoient encore ſi fortes qu'ils y demeurent pris. Ce malheur arrivé dès le premier jour conſterna les Hollandois. Quatre d'entr'eux deſcendirent à terre, & n'y virent que des rochers d'où ils firent tomber quelques oiſeaux à coups de pierre. Ils ſe croyoient menacés de ne pouvoir ſortir de ce triſte lieu, mais le 15, les glaces s'étant un peu écartées, ils doublèrent le cap de Fleſſingue, & s'avancèrent juſqu'au cap du Deſir. Le 16, ils ſe trouvèrent à l'île d'Orange, où quelques-uns deſcendirent auſſi, & firent du feu de quelques pieces de bois qu'ils y trouvèrent. Leur beſoin le plus preſſant étant celui d'eau douce, ils firent fondre de la neige dont ils remplirent deux petits tonneaux. Heemskerke accompagné de deux matelots, paſſa ſur la glace dans une autre île où il prit quelques oiſeaux ; mais à ſon retour il tomba dans un trou qui s'étoit fait à la glace, & dont il ne ſeroit pas ſorti ſans l'aſſiſtance du

Ciel, parce qu'il y avoit un courant fort rapide.

On remit à la voile & l'on arriva au cap des Glaces, où les deux bâtimens n'eurent pas autant de peine qu'on le craignoit à se joindre. Heemskerke, qui n'étoit pas sur le même bord que Barensz, s'informa de sa santé, & Barensz, quoique fort mal, répondit qu'il étoit mieux. Ensuite apprenant qu'on étoit au cap des Glaces, il souhaita d'être élevé par ses matelots, pour se procurer, ajouta-t-il, la satisfaction de voir encore une fois ce cap. On ignore si c'étoit le pressentiment de sa fin; mais il eut le tems de se satisfaire, car les deux bâtimens furent aussitôt pris des glaces & demeurèrent immobiles dans leur situation. Le 17 au matin, ils essuyèrent le choc d'un grand nombre de glaçons, avec une violence qui fit croire leur perte certaine. Ensuite ils se trouvèrent si serrés entre deux bancs de glaces flottantes, que les équipages des deux bords se dirent le dernier adieu. Cependant ayant repris courage, ils s'efforcèrent de se rapprocher des glaces fermes pour s'y amarrer, dans l'espoir d'y être moins exposés aux glaçons errans. Ils s'en approchèrent, mais il restoit l'embarras d'y amarrer une corde; tout le monde paroissoit effrayé du péril. Dans cette extrémité, le Veer qui étoit le plus agile, prit le bout de la corde, & fautant légèrement de glaçon en glaçon, il arriva heureusement à la glace ferme où il attacha la corde autour d'une hauteur de glace. Tous les autres fortirent alors des bâtimens & commencèrent par tranfporter avec eux les malades dans leurs draps ; enfuite débarquant ce qui étoit à bord, & tirant les bâtimens mêmes fur la glace, ils fe virent garantis d'un naufrage qu'ils avoient cru prefqu'inévitable.

Le 18, ils employèrent une partie du jour à réparer leurs bâtimens qui avoient beaucoup fouffert ; leur bonheur leur fit trouver du bois pour faire fondre du goudron dont ils calfatèrent les coûtures. Enfin ils allèrent chercher à terre quelques rafraîchiffemens pour les malades, mais ils ne rapportèrent qu'un petit nombre d'oifeaux.

Le 19, ils fe trouvèrent encore pris plus étroitement dans les glaces ; & de toutes parts ne voyant rien d'ouvert, ils craignirent de n'avoir prolongé leur vie que pour la finir miférablement dans ce jour ; toutes les circonftances fembloient propres à les confirmer dans cette trifte idée. Leur fituation ne changea point jufqu'au foir, & ne fit qu'empirer la nuit fuivante.

Le 20, à heuf heures du matin, le Veer paffa de la fcute dans la chaloupe, pour apprendre à Barenfz, que Nicolas Andriff, un des meilleurs matelots, tiroit à fa fin. La mienne, répondit tranquillement Barenfz, n'eft pas éloignée non-plus. Ses gens qui le voyoient attentif à confidérer une carte marine que le Veer avoit tracée, de toutes les côtes qu'ils avoient parcourues, ne purent s'imaginer qu'il fût fi mal. Mais bientôt quittant la carte, il dit à le Veer que les forces lui manquoient ; après quoi les yeux lui tournèrent, & fans ajouter un mot il expira, fi fubitement, qu'Heemskerke qui arrivoit alors dans la fcute, n'eut pas le tems de lui dire adieu ; prefqu'au même inftant Andriff mourut auffi. La mort de Barenfz jetta une profonde confternation fur les deux bords ; il avoit été comme l'ame des trois voyages, & tout le monde avoit autant de confiance à fa probité qu'à fes lumières.

Le 21 n'ayant point amené de changement que dans les circonftances, ce fut un jour lugubre qu'on paffa dans le regret de cette perte & dans l'attente du même fort. On ne comptoit plus que treize hommes fur les deux bâtimens.

Le vent fouffla du fud-eft le 22, & dans l'éloignement on vit beaucoup d'eaux ouvertes. Mais il falloit traîner les bâtimens plus de cinquante pas fur la glace, les mettre à l'eau pour quelques momens, enfuite les traîner encore plus de trente pas, avant que fe trouver dans un lieu ouvert & tout-à-fait navigable. Après ce travail, on mit à la voile avec de meilleures espérances qui se soutinrent jusqu'à midi, & ce fut pour retomber alors entre de nouvelles glaces. Mais bientôt elles se séparèrent, en laissant un passage tel que celui d'une écluse ouverte. On rangea pendant quelques momens la côte avec des efforts continuels pour écarter les glaçons; vers le soir les deux bâtimens se trouvèrent pris.

Le 28, les eaux s'étant r'ouvertes d'elles-mêmes, ils arrivèrent, sur les neuf heures du matin au cap de Troost où les glaces les reprirent. L'observation de la hauteur donna soixante-seize degrés trente-neuf minutes. On n'avoit point à se plaindre de la lumière du soleil, qui étoit assez brillante; mais il manquoit de chaleur pour fondre la neige, & le plus pressant besoin des Hollandois étoit la soif. Ils ne furent dégagés des glaces que le 24 à midi. Les deux bâtimens prirent le large à force de rames, & firent bonne route jusqu'au cap de Nassau qu'on découvrit à la distance de trois lieues. Quelques matelots allèrent à terre, & trouvèrent un peu de bois qui servit à faire fondre la neige; ce soulagement, joint aux alimens chauds qu'on prit avec le secours du feu, rendit un peu de force aux plus foibles.

Le 25, il s'éleva une furieuse tempête du sud,

qui

qui dura deux jours presqu'entiers, & pendant laquelle, les glaces où les bâtimens étoient amarrés s'étant rompues, ils dérivèrent au large, sans qu'il fût possible de les ramener vers la glace ferme. Ils se virent cent fois dans un horrible danger, & pour comble de malheur ils se séparèrent. Cependant un vent de nord-ouest qui se leva le second jour, ramena le calme & favorisa leur route vers la glace ferme. La scute y arriva la première, & le Veer qui la commandoit, ayant fait une lieue le long des glaces sans voir paroître la chaloupe, crut Heemskerke & tous ses gens ensevelis dans les flots. La brume étoit fort épaisse & menaçoit de redoubler vers le soir. Le Veer fit tirer inutilement plusieurs coups; enfin les autres y répondirent, & ce signal leur servit à se rejoindre.

Ils s'avancèrent ensemble le 27, à une lieue de la côte occidentale du cap de Nassau, & pendant qu'ils s'efforçoient de ranger la terre, ils virent sur les glaces une multitude innombrable de vaches marines. Les oiseaux commençant à paroître aussi en troupes nombreuses, ils en tuèrent douze qui leur firent un délicieux festin. Mais le 28, ils se trouvèrent si serrés par les glaçons, qu'ils furent obligés de débarquer toute leur charge sur la glace ferme, & d'y tirer aussi les deux bâtimens. Ils y firent des tentes de leurs voiles, dans l'espérance d'y paffer du moins une nuit tranquille ; mais vers minuit la fentinelle découvrit trois ours ; tout le monde fut réveillé par fes cris, on fortit armé; la première décharge eut peu d'effet; cependant, n'ayant pas laiffé de faire reculer les ours, elle donna le tems de recharger les fufils; & de la feconde on tua un de ces animaux dont la chûte fit fuir les deux autres. Ils reparurent le lendemain, & s'étant approchés du lieu où leur compagnon étoit encore étendu, l'un des deux le prit dans fa gueule & l'emporta fur les plus raboteufes glaces, où ils fe mirent tous deux à le manger. L'équipage auffi frappé d'étonnement que de crainte, fe hâta de tirer quelques coups qui leur firent quitter prife & les mirent en fuite ; quatre hommes allèrent auffitôt au cadavre qu'ils trouvèrent à demi mangé dans un efpace fi court. En obfervant fa grandeur, ils admirèrent la force de l'ours, qui l'avoit emporté par un chemin fi difficile, que tous quatre enfemble ils eurent quelque peine à tranfporter jufqu'aux tentes la moitié qui en reftoit. Les deux jours fuivans on en vit quatre ; deux d'abord qu'on prit pour ceux qui avoient fui, & fucceffivement deux autres. On n'en put tuer aucun ; mais outre le bruit qui les avoit éloignés, on ne douta point qu'ils n'euffent reçu quelques bleffures.

Le premier jour de Juillet fut marqué par un

funeste accident. Vers neuf heures du matin, les bancs de glace qui venoient de la mer heurtèrent avec tant d'impétuosité contre la glace ferme, qu'ils brisèrent en plusieurs pieces celle que les équipages avoient prise pour asyle. Les paquets tombèrent dans l'eau; & de quelque importance qu'il fût de les conserver, un autre soin pressoit encore plus, c'étoit celui de garantir la chaloupe, qu'il fallut traîner par-dessus les glaces jusqu'assez proche de terre où les glaçons étoient moins à craindre. Ensuite, lorsqu'il fallut retourner aux paquets, on se trouva dans un mortel embarras; la glace rompoit sous les pieds à mesure qu'on avançoit vers ses bords; un paquet qu'on se croyoit prêt à saisir, étoit emporté par un glaçon ou se cachoit sous un autre, les plus hardis ne savoient comment s'y prendre pour sauver leur unique bien, & pour se sauver eux-mêmes. Ce fut pis encore lorsqu'on entreprit de pousser la scute; la glace rompit sous une partie des matelots, & ce petit bâtiment fut emporté avec eux, brisé en quelques endroits, sur-tout à ceux qu'on avoit changés ou réparés; un malade qui s'y étoit retiré ne fut sauvé qu'avec un danger extrême pour ceux qui s'employèrent à ce charitable office. Enfin les glaçons s'écartèrent un peu, & la scute fut tirée sur la glace même, près de la chaloupe. Cette fatigue dura depuis six heures du matin jusqu'à six heures du soir. On perdit deux tonneaux de biscuit, un coffre rempli de toiles, un tonneau d'ustensiles & d'agrêts, le cercle astronomique, un paquet de drap écarlate, un tonneau d'huile, un de vin & un de fromage.

Le 2 fut employé à réparer les deux bâtimens. On trouva du bois, & l'on tua quelques oiseaux qui furent mangés rôtis. Deux hommes qu'on envoya faire de l'eau le jour suivant, retrouvèrent à l'aiguade deux de leurs rames, la barre du gouvernail de la scute, le coffre de toiles, & un chapeau ; hasard surprenant qui ranima la confiance au secours du Ciel.

Le 4 fut un des plus beaux jours qu'on eût vu luire sur les côtes de la Nouvelle-Zemble, & servit à sécher les pieces de drap mouillées. Les trois jours suivans furent remarquables par la violence des glaçons, & par la mort de Janz de Harlem un des matelots. Le 9, les eaux s'ouvrirent du côté de la terre, & la glace ferme commençant aussi à flotter, on fut obligé de tirer les deux bâtimens à l'eau, l'espace d'environ trois cent-cinquante pas : horrible travail, que personne n'auroit été capable d'entreprendre pour un intérêt moins cher que celui de la vie. On mit à la voile entre sept & huit heures du matin ; mais à six heures du soir on fut contraint de retourner à terre, & de remonter sur la glace ferme qui n'étoit point encore séparée dans le lieu qui fut choisi.

Le 10, on fit des efforts extraordinaires pour traverser les glaçons jusqu'à deux grandes surfaces de glace assez semblables à deux campagnes, mais jointes par une espece d'isthme. L'impossibilité du passage fit une nouvelle nécessité de décharger les deux bâtimens, de transporter leur charge, & de les traîner eux-mêmes plus de cent pas sur la glace jusqu'à l'ouverture d'une autre eau. Ils recommencèrent ensuite à voguer, mais fort lentement, pour traverser un petit espace qui s'offroit entre deux glaçons flottans d'une prodigieuse grandeur, au risque d'être écrasés si les masses étoient venues à se joindre. Lorsqu'on fut sorti de ce détroit, un vent d'ouest fort impétueux dont on fut pris droit en proue, obligea de gagner la glace ferme, quoiqu'avec beaucoup de peine à s'en rapprocher ; on y tira les deux bâtimens, avec une fatigue qui réduisoit tout le monde au désespoir. Dès lendemain, on vit un grand ours fort gras qui s'avançoit à la nage vers les tentes ; il reçut plusieurs coups de mousquet, qui le firent tomber sans mouvement ; la liqueur qui sortoit de ses blessures ressembloit moins à du sang qu'à de l'huile, sur l'eau où elle couloit. Quelques matelots se mirent sur un banc de glace qu'ils firent flotter vers le cadavre, & lui ayant jetté une corde au cou, ils l'entraînèrent sur la glace ferme, où l'on ne fut pas peu surpris de lui trouver huit pieds d'épaisseur.

Trois hommes de l'équipage passèrent dans une île qui se présentoit devant les tentes, & découvrirent de-là l'île des Croix, à l'ouest. Le danger ne les empêcha point de traverser à cette dernière île pour y chercher quelques traces d'hommes, mais ils n'y en trouvèrent point d'autres que celles qu'ils y avoient vues à leur passage. Soixante-dix œufs de canards de montagnes, qu'ils rapportèrent à leurs compagnons, furent le seul fruit d'un voyage téméraire, auquel ils avoient employé douze heures & qui avoit causé beaucoup d'inquiétude sur les deux bords. Ils racontèrent que pour passer à l'île des Croix ils avoient quelquefois eu jusqu'aux genoux l'eau qui étoit sur la glace entre les deux îles, & que pour aller & revenir ils avoient fait à-peu-près six lieues. On fut surpris de leur hardiesse, mais les œufs de canards n'en furent point reçus avec moins de joie. Le reste du vin, qui fut distribué à cette occasion, produisit à chacun environ six pintes.

Le 16, on vit arriver de terre un ours d'une blancheur éclatante, sur lequel on se hâta de tirer, & quelques balles qui portèrent le mirent en fuite;

Histoire des Naufrages.

Dessiné par C.P. Marillier   gravé par Delvaux

le lendemain, quelques matelots chargés d'aller reconnoître l'ouverture des eaux, le trouvèrent languissant de ses blessures sur un banc de glace. Il se mit à fuir aussitôt qu'il les eut entendus, mais un coup de gaffe qu'il reçut de l'un d'entr'eux, & dont la pointe lui pénétra la peau, le fit tomber sur ses pattes de derrière. Le matelot voulut redoubler son coup, mais le furieux monstre saisit le croc de la gaffe, mit le bois en pieces & renversa le Hollandois à son tour. Les autres tirèrent aussitôt, & leur décharge ayant fait fuir l'animal, le matelot qui étoit tombé se releva, courut après lui sans autre arme que le tronçon de sa gaffe, & lui en donna de grands coups sur le corps. L'ours tournoit chaque fois la tête, & sauta jusqu'à trois fois contre celui qui le frappoit. Cependant une nouvelle décharge des autres le perça de plusieurs bâlles & rendit sa marche plus pésante ; enfin ils achevèrent de le tuer d'une troisième décharge, & suivant leur usage, ils lui arrachèrent les dents.

Le 19, sept hommes passèrent dès six heures du matin dans l'île des Croix, d'où ils virent beaucoup d'eaux ouvertes à l'ouest ; & dans l'impatience de rapporter cette agréable nouvelle à leurs compagnons, ils ne se donnèrent que le tems de ramasser une centaine d'œufs qui furent mangés à leur arrivée ; c'étoit pour reprendre les forces nécessaires à traîner leurs bâtimens sur la glace, l'espace d'environ trois cens pas : tout le monde s'arma de courage, parce que cette fatigue fut regardée comme la dernière. Les deux bâtimens ne furent pas plutôt à l'eau qu'on mit à la voile ; & la navigation fut si prompte, qu'à six heures du soir on fut au-dessus de l'île des Croix. Là, toutes les observations ne firent plus découvrir de glaces, ou du moins celles qu'on crut voir encore ne causèrent plus d'épouvante. On porta le cap à l'ouest-quart-de-sud-ouest, avec un si bon vent d'est & d'est-nord-est, que suivant l'estime on ne faisoit pas moins de dix-huit lieues en vingt-quatre heures.

Le 20, à neuf heures du matin, le cap Noir fut doublé, & vers six heures du soir on reconnut l'île de l'Amirauté, qui fut dépassée pendant la nuit. En passant assez près de cette île, les Hollandois des deux bâtimens virent environ deux cens vaches marines qui sembloient y paître, & se firent un amusement de les chasser ; bravade qu'ils reconnurent bientôt pour une imprudence. Cette fière légion de monstres, dont la force est extraordinaire, se mit à nager vers eux, comme dans le dessein concerté de se venger, & firent un bruit terrible qui sembloit les menacer de leur perte. Ils ne se crurent redevables de leur salut qu'à la faveur d'un bon vent.

Le 21, ils doublèrent les cap de Plancio & de Langenes. Le 22, se trouvant proche du cap de Cant, ils descendirent plusieurs fois à terre pour chercher des œufs & des oiseaux. Les nids y étoient en abondance, mais dans des lieux fort escarpés; les oiseaux ne paroissoient point effrayés à la vue des hommes, & la plupart se laissoient prendre à la main. Chaque nid n'avoit qu'un œuf, qu'on trouvoit à terre sur la roche, sans paille & sans plumes pour l'échauffer; spectacle étonnant pour les Hollandois, qui ne comprirent point comment ces œufs pouvoient être couvés & les petits éclore dans un si grand froid.

A peine eurent-ils remis à la voile pour s'éloigner de la côte, que le vent leur devint tout-à-fait contraire. D'ailleurs la mer se retrouva si couverte de glaces, qu'après s'être fait le passage avec des peines insupportables, ils se virent forcés de retourner vers la terre, où ils abordèrent heureusement dans une belle anse, à l'abri de presque tous les vents. Ils y descendirent, & le bois ne leur manqua point pour faire cuire leurs œufs & leurs oiseaux. Une brume épaisse & le vent du nord les y retinrent trois jours, pendant lesquels ayant pénétré dans l'île, ils trouvèrent des petites pierres de bon or, par les soixante-treize degrés dix minutes. Mais ce précieux métal les touchant moins que la conservation de leur vie, ils saisirent le premier moment où les glaces recommencèrent à s'ouvrir, & sortant de l'anse le 26, ils rencontrèrent le 27, à six heures du soir, un courant fort rapide. Ils se crurent près de Costingsarth, d'autant plus qu'ils voyoient un grand golfe, qui suivant leurs conjectures devoit s'étendre jusqu'à la mer de Tartarie. Vers minuit, ils crurent doubler le cap des Croix, & bientôt ils passèrent un canal entre une île & la terre-ferme. Le 28, ayant rangé la côte, ils reconnurent à trois heures après midi la baie de Saint-Laurent & le cap du Bastion, dont ils n'eurent pas plutôt passé la pointe qu'ils apperçurent deux barques à l'ancre & plusieurs personnes sur le sable.

Quelle fut leur joie de trouver des hommes, après avoir été privés de cette satisfaction pendant treize mois! Cependant elle fut tempérée par le grand nombre de ces inconnus, qui n'étoient pas moins de trente, & qui pouvoient être des Sauvages ou des ennemis de leur nation. Ils ne laissèrent pas de s'en approcher. C'étoit des Russes, qui s'avancèrent vers eux sans armes, & qui jugeant de leur infortune à la première vue, les regardèrent d'abord d'un œil d'étonnement & de compaſſion. Bientôt ils reconnurent quelques Hollandois qu'ils avoient vus au voyage précédent. Quelques-uns d'entr'eux vinrent frapper ſur l'épaule de Girard le Veer & d'un autre, pour leur faire entendre qu'ils croyoient les avoir déja vus; c'étoient effectivement les ſeuls qui euſſent fait le ſecond voyage. Ils leur demandèrent ce qu'étoit devenu leur crabble, c'eſt-à-dire leur vaiſſeau, ou du moins c'eſt ce que les Hollandois crurent entendre à leur langage; & n'ayant point d'interprète, ils leur firent comprendre par ſignes qu'ils avoient perdu dans les glaces un beau navire, pareil à celui qui avoit fait précédemment leur admiration. Heemskerke, attaqué du ſcorbut ainſi que la plus grande partie de ſon équipage, & eſpérant que les Ruſſes lui indiqueroient un remede contre ce mal, leur montra l'intérieur de ſa bouche; mais ils ne le comprirent pas; ils ſe perſuadèrent qu'il vouloit leur faire entendre par-là qu'il avoit faim. Auſſitôt deux ou trois d'entr'eux s'éloignèrent, & revinrent un moment après, apportant un pain de ſeigle du poids d'environ huit livres, & quelques oiſeaux fumés. Heemskerke les remercia & leur fit préſent en retour d'une demi-douzaine de biſcuits. Il invita enſuite deux des principaux à monter avec lui dans la ſcute, où il leur préſenta à chacun un verre de vin. Les civilités ne ſe relâchèrent point pendant le reste du jour; mais le 29 au matin, les Russes appareillèrent pour remettre à la voile, & portèrent à bord quelques tonnes d'huile de baleine. Un départ si brusque alarma beaucoup les Hollandois qui n'avòient pû tirer d'eux acucune lumière: ils prirent la résolution de les suivre, mais malheureusement, le tems étoit si sombre qu'ils les perdirent de vue. Ce cruel obstacle ne les empêcha point de continuer leur route. Ils s'engagèrent dans un canal entre deux îles, & le passèrent assez facilement, mais ils se retrouvèrent bientôt pris dans les glaces, sans aucune apparence d'ouverture pour en sortir; ce qui leur fit conclure qu'ils étoient à l'entrée du Weigats, & que le vent de nord-ouest avoit poussé les glaces dans le golfe. Il ne s'offroit pas d'autre parti que de retourner aux deux îles. Le 31, ils abordèrent à l'une, où la vue de deux croix leur fit espérer de trouver des hommes: elle étoit déserte. Cependant ils ne regrettèrent point leur peiné, en y découvrant quantité de bistorte ou cochlearia, herbe très-salutaire contre le scorbut, & qu'ils desiroient ardemment. Ils en mangèrent à pleines mains, & l'effet en fut si prompt que dans l'espace de deux jours ils se trouvèrent tous rétablis.

Le 3 d'Août, ils se déterminèrent à passer droit en Russie, & dans ce dessein qu'ils jugèrent propre à finir tout d'un coup leur misère, ils mirent le cap au sud-sud-ouest; mais après avoir suivi cette route jusqu'à six heures du matin, ils se retrouvèrent au milieu des glaces, nouvelle source de désespoir pour des malheureux qui s'en croyoient tout-à-fait délivrés, & qui n'avoient pris leur dernière résolution que dans cette vue. Le calme qui dura quelques heures leur faisant craindre de demeurer pris, ils n'eurent point d'autre ressource qu'un mortel travail pour se tirer à force de rames. Vers trois heures après midi ils se virent en haute mer, & jusqu'à neuf heures du soir ils avancèrent heureusement. Les glaces revinrent alors & leur firent invoquer le Ciel, seule puissance qui pût les sauver. Il ne leur restoit qu'un peu de biscuit. Dans la funeste nécessité de mourir de faim, de soif, ou de braver tous les obstacles, ils continuèrent d'avancer à force de rames & de voiles. Changement étrange! plus ils s'engagèrent dans les glaces, plus ils trouvèrent de facilité à pénétrer.

Enfin ils se retrouvèrent dans les eaux ouvertes, & le 4 à midi, ils eurent la vue d'une côte qu'ils prirent pour celle qu'ils cherchoient. Le soir, après avoir rangé la terre, ils découvrirent une barque vers laquelle ils crièrent : Candnoès ! Candnoès ! mais on leur répondit : Petzora ! Petzora ! ce qui leur fit connoître qu'ils n'étoient pas aussi proche de Candnoës qu'ils se l'étoient figuré, & que la terre qu'ils voyoient étoit celle de Petzora. Leur erreur venoit de la variation de l'aiguille qui les avoit trompés de deux rumbs entiers. Après l'avoir reconnue ils prirent le parti d'attendre le jour sur leurs ancres.

Le 5, un matelot qui descendit sur le rivage y trouva de l'herbe & quelques arbustes ; il excita les autres à y aborder avec leurs fusils. On tua plusieurs oiseaux, secours si nécessaire, qu'on avoit déja proposé d'abandonner les deux bords & de prendre par les terres pour chercher des vivres. Le 6, un vent contraire ne permit point d'avancer. On sortit du golfe le 7, mais en luttant sans cesse contre le même vent. Le 8 & le 9 ne furent pas plus heureux. Cependant la faim redevenoit fort pressante. Quelques matelots envoyés à terre découvrirent une balise entre Candnoës & la terre-ferme de Russie ; ils conclurent que c'étoit le canal par lequel passoient les Russes.

A leur retour, ayant rencontré un chien marin, mort depuis long-tems & puant de pourriture, ils le traînèrent à bord pour soulager leur estomac affamé, mais tous les autres s'y opposèrent, en leur représentant qu'une si mauvaise nourriture étoit plus mortelle que la faim, & que si proche d'une terre connue il étoit impossible que les secours fussent éloignés.

Le jour suivant on avança beaucoup avec un bon vent du sud, & l'on trouva de l'eau sur la côte. Une pluie abondante, accompagnée d'éclairs & de tonnerre, fut un surcroît de fatigue, mais elle annonçoit du moins un ciel plus doux.

Le 12, à six heures du matin, tout le monde prit courage à la vue d'une barque Russe qui venoit à pleines voiles. On en tira peu d'éclaircissemens sur la route, mais avec quelques pieces de monnoie Hollandoise, Heemskerke en obtint une espece de pains cuits à l'eau, & cent-deux poissons. Sur le midi on se sépara; l'équipage Hollandois fut fort satisfait d'avoir trouvé cette petite quantité de vivres, car il y avoit long-tems qu'ils étoient réduits chacun à quatre onces de pain par jour avec de l'eau. Les poissons furent partagés entre eux également & sans distinction. Le 13, à trois heures après midi, on reconnut au cap qui fuyoit au sud, & l'on ne douta plus que ce ne fût le cap de Candnoès, d'où l'on se flatta de pouvoir traverser l'embouchure de la mer blanche. Les deux bâtimens s'étant joints bord-à-bord, prirent aussitôt le large ensemble & firent voile d'abord avec assez de succès. Mais vers minuit ils eurent le malheur d'être séparés par une tempête élevée du nord.

En vain la scute, dont l'équipage étoit le plus

fain, employa une partie du jour fuivant à découvrir l'autre, un brouillard épais qui furvint avant midi lui en ôta l'efpérance; & le 15, elle fut pouffée par un bon vent à la vue d'une côte que le Veer crut à l'oueft de la mer blanche, au-delà de Candnoës.

En approchant de la terre, il apperçut fix barques Ruffes qui étoient tranquilles fur leurs ancres; leur ayant demandé à quelle diftance il étoit de Kilduin, les Ruffes l'entendirent affez pour lui faire comprendre à fon tour qu'il n'étoit encore qu'à la côte orientale de Candnoës. Ils écartèrent les bras, avec divers fignes qui fignifioient affez clairement qu'il avoit la mer blanche à paffer, & que cette route étoit dangereufe avec un fi petit bâtiment. Quelque peine qu'il eût à fe le perfuader, il ne put lui en refter aucun doute, lorfque leur ayant montré fa carte ils infiftèrent à lui donner les mêmes lumières. Les Hollandois leur ayant fait entendre qu'ils defiroient des vivres, ils leur donnèrent un pain; quoique très-fec, il fut mangé avec appétit.

Le Veer reprit enfuite le large, avec le double chagrin de fe voir beaucoup moins avancé qu'il ne l'avoit cru, & d'ignorer ce qu'étoit devenue la chaloupe. Le foir, fe trouvant près d'un grand cap qu'il prit pour celui de Candnoës, il y jetta l'ancre.

cre. Le 17 au matin, il apperçut une barque Ruffe vers laquelle il s'approcha. En l'abordant, les Ruffes lui préfentèrent un pain fans qu'il l'eût demandé. Ils s'efforcèrent de lui faire entendre qu'ils avoient vu la veille fes compagnons, au nombre de fept, & qu'ils leur avoient vendu du pain, de la viande & du poiffon. Quoiqu'ils levaffent fept doigts en montrant la fcute, pour faire comprendre que le petit bâtiment qu'ils avoient vu en étoit peu différent, ils auroient eu peine à lui communiquer leur idée, s'il n'eût reconnu entre leurs mains une petite bouffole qu'ils avoient reçue de l'équipage de la chaloupe, en échange apparemment de quelques préfens de vivres. Il fe fit montrer alors le parage où ils l'avoient laiffée, & le cap y fut porté auffi-tôt. Cependant après d'inutiles recherches il retourna le foir à la côte, où il trouva de l'eau douce & quantité de biftorte.

Le 18, ayant rangé la côte jufqu'à midi, il eut la vue d'un grand cap fur lequel il découvrit plufieurs croix. Ces marques, & d'autres qu'il trouva fur fa carte, l'affurèrent enfin que c'étoit le cap de Candnoës qui eft à l'embouchure de la mer blanche, & qu'il cherchoit depuis fi long-tems. En effet, il eft fort reconnoiffable à cinq croix anciennement plantées, autant qu'à la forme de fa maffe qui fuit des deux côtés au fud-eft & au fud-oueft. Pendant qu'on se disposoit à passer à l'ouest de la mer blanche vers la côte de la Laponie, on s'apperçut qu'une partie de l'eau avoit coulé des tonneaux; mais quoique la traversée soit d'environ quarante lieues, où l'on ne peut espérer d'eau douce, le vent se trouva si bon, que l'équipage se fiant au Ciel pour sa subsistance, on remit à la voile entre dix & onze heures du soir. Le 20, entre quatre & cinq heures du matin, c'est-à-dire, dans l'espace de trente heures, on eut la vue de la terre à l'ouest de la mer blanche; le mugissement des flots avoit averti le Veer qu'il n'en étoit pas loin. Lorsqu'il eut la côte en face, la difficulté d'avancer lui fit prendre sa route entre des rochers qui le conduisirent dans une bonne rade où il trouva une grande barque à l'ancre & quelques maisons sur le rivage. Treize Russes qui les habitoient, avec trois femmes & deux Lapons, lui firent un accueil fort civil. Le poisson ne lui fut pas épargné, non-plus qu'une bouillie d'eau & de farine qui servoit de pain dans cette sauvage contrée.

Dès le même jour, quelques Hollandois qui s'avancèrent dans les terres pour chercher de la bistorte, virent deux hommes sur une montagne, & s'imaginèrent que le pays étoit plus habité qu'il ne leur avoit paru. Ils retournoient à la scute sans pousser leur curiosité plus loin; mais ces deux hommes, qui n'avoient pas eu plus de bonheur à les reconnoître, étoient de l'équipage de la chaloupe, & cherchoient un canton habité pour s'y procurer des vivres. Ils descendirent de leur montagne, & s'étant approchés de l'habitation ils reconnurent aisément la scute. On passe sur les transports de leur joie. La chaloupe avoit beaucoup souffert. Elle arriva le 22, & les deux équipages rendirent graces au Ciel de les avoir rassemblés. Ils obtinrent des Russes différentes sortes de provisions qu'ils payèrent libéralement ; mais ne comprenant rien à leur langage, ils n'en reçurent que des lumières incertaines sur leur route.

Les deux bâtimens remirent en mer le 23, & le 24, à six heures du matin, ils arrivèrent aux sept îles, où ils trouvèrent quantité de pêcheurs auxquels ils demandèrent la distance de Kilduin, Kool ou Kola ; car leurs mémoires portoient ces différens noms. Les pêcheurs Russes leur montrèrent l'est, & c'étoit aussi l'opinion d'Heemskerke. Le soir, ils rencontrèrent d'autres pêcheurs qui leur firent entendre par leurs signes, auxquels ils mêloient les mots de Kola & de Brabante, qu'il y avoit des vaisseaux Hollandois à Kola. Ces pêcheurs leur jettèrent une merluche qu'ils ne purent payer, le vent les poussant avec force. Surpris d'un procédé aussi obligeant, ils les remercièrent par gestes.

Le lendemain à midi, on eut la vue de Kilduin, & deux heures après on arriva heureusement à la pointe occidentale de l'île. Heemskerke descendit aussitôt, & trouva cinq ou six petites cabanes habitées par des Lapons, qui lui confirmèrent, nonseulement que Kilduin étoit le nom de l'île, mais qu'il étoit arrivé au port de Kola trois navires Hollandois, dont deux devoient bientôt partir. Les deux bâtimens remirent presqu'aussitôt à la voile pour se rendre à l'embouchure de la rivière de Kola, qui est au sud de Kilduin vers l'extrémité septentrionale du continent. Dans leur route, un vent fort impétueux les força de passer derrière deux rochers & de porter vers la côte. Trois Lapons qui s'y trouvoient dans une petite hutte, leur rendirent le même témoignage que ceux de l'île. Heemskerke leur proposa de conduire par terre un de ses gens à Kola, & ne put les y engager par ses offres ; mais ils le conduisirent lui-même avec un de ses matelots, au-delà d'une montagne, où d'autres Lapons promirent de leur servir de guides pour une somme fort légère. Un d'entr'eux s'arma d'un mousquet, & partit vers la fin de la nuit avec le matelot Hollandois, qui n'avoit pour arme qu'un simple croc.

Le 26, les deux bâtimens furent tirés à terre

& déchargés. Heemskerke avoit trop éprouvé la bonne-foi des Lapons pour en conserver quelque défiance, & sous leur protection il ne devoit lui rester aucune crainte de manquer de vivres. La familiarité s'établit si promptement, que dès le premier jour on ne fit pas difficulté de manger & de se chauffer en commun. Les Hollandois apprirent à boire du Quas, liqueur Russe composée d'eau & de pain moisi, & la trouvèrent fort bonne, après avoir été réduits si long-tems à l'eau de neige. Ceux qui étoient encore atteints du scorbut, découvrirent dans les terres une sorte de prunelles qui achevèrent de les guérir.

Le 29, ils virent paroître le Lapon qu'ils avoient envoyé à Kola, mais seul, & leur crainte fut vive pour leur compagnon. En vain s'empressèrent-ils autour de ce guide; il étoit chargé d'une lettre, & refusant de s'expliquer avec eux, il voulut la remettre lui-même à leur chef. Heemskerke à qui elle étoit adressée se hâta de l'ouvrir: elle étoit en langue Hollandoise. On lui marquoit un extrême étonnement de son arrivée; on l'avoit cru mort avec tout son équipage, & l'on promettoit de le venir prendre bientôt dans une barque chargée de toutes sortes de rafraîchissemens. Ce billet étoit signé, Jean Cornelisz Ryp. Des nouvelles de cette nature ne pouvoient manquer de causer une extrême satisfaction ; mais Heemskerke, le Veer & tous leurs gens eurent peine à comprendre quel étoit le Cornelisz qui leur écrivoit. Ce nom étoit celui de l'officier qui les avoit quittés l'année précédente pour prendre une autre route avec son vaisseau ; mais jugeant qu'il avoit dû souffrir encore plus qu'eux, ils ne pouvoient se persuader qu'il fût vivant. D'ailleurs il ne leur rappeloit aucune circonstance de leurs aventures communes. Enfin Heemskerke chercha une lettre qu'il avoit reçue autrefois de Jean Cornelisz Ryp ; l'écriture se trouva de la même main, la joie éclata alors par des cris d'alégresse. Le guide reçut la récompense promise, on lui fit encore présent d'un habit, d'un haut-de-chausses, de bas & d'autres vêtemens : en un instant, il parut habillé à la Hollandoise. Cet homme marchoit avec une vîtesse qui fit l'admiration des Hollandois. Au retour, il avoit fait seul, en vingt-quatre heures, le chemin qu'Heemskerke n'avoit pu faire qu'en deux jours & deux nuits avec le matelot qui l'accompagnoit.

Dès le lendemain au soir, on vit à la côte une de ces barques que les Lapons nomment Iol, sur laquelle on reconnut Cornelisz & le matelot qu'on lui avoit envoyé. Ils apportoient de la bière de Rostock, du vin, de l'eau-de-vie, diverses sortes de viande, du lard, du saumon, du sucre, & tout ce qui pouvoit plaire à des Hollandois épuisés de forces. Après les félicitations mutuelles, on se rassembla dans un grand festin où les Lapons des cabanes voisines furent invités; la joie n'y régna pas moins que l'abondance. Ensuite les deux petits bâtimens furent remis à l'eau & l'on partit pour Kola. Le premier de Septembre, à six heures du matin, on étoit à l'ouest de la rivière qui fut remontée à voile & à rames. Le 2, entre sept à huit heures du soir, on entra dans la ville, où tous les transports se renouvellèrent entre l'équipage d'Heemskerke & celui de Cornelisz.

Heemskerke obtint du gouverneur à Kola pour le czar, la permission de faire transporter ses deux petits bâtimens dans le magasin Russe, & de les y consacrer à la postérité comme le monument de la plus étrange navigation qui se soit conservé dans la mémoire des hommes. Ensuite s'étant rendu le 15 de Septembre avec ses gens, à bord du vaisseau de Jean Cornelisz que rien ne retenoit plus à Kola, ils sortirent de la rivière le dix-huit pour faire route en Hollande. Elle fut heureuse. Le 29 d'Octobre ils entrèrent dans la Meuse, & le premier de Novembre ils se rendirent à Amsterdam, dans les mêmes habits qu'ils avoient portés à la Nouvelle-Zemble, & avec les mêmes bonnets fourrés de peaux de renards.

Leur arrivée furprit beaucoup ; on les avoit cru morts : chacun vouloit les voir, & on les recevoit par-tout avec autant d'admiration pour leur courage que pour la fingularité de leurs aventures. L'ambaffadeur du roi de Dannemarck auprès des Etats-Généraux, fouhaita de les voir dans leurs habillemens de la Zemble, & d'apprendre d'eux quelques particularités de ce pays (*). Le grand bailli d'Amfterdam les lui préfenta. Ceux qui étoient domiciliés en cette capitale reftèrent chez eux. Les autres furent logés dans une auberge, & défrayés jufqu'à ce qu'on eût expédié leurs comptes & qu'on les eût payés : ils étoient en tout au nombre de douze. L'auteur du Journal a confervé à la poftérité leurs noms, comme la digne récompenfe de leur courage ; les voici : *Jacques Heemskerke*, capitaine ; *Pierre Peterfon Vos*, *Girard le Veer*, *Jean Vos*, chirurgien ; *Jacques Janfon Sterenburg*, *Léonard Henry*, *Laurent Guillaume*, *Jean Hillebrantfon*, *Janfon Hoochwout*, *Pierre Corneille*, *Jean de Buiffon*, & *Jacques Evertfon*.

Cependant une fi malheureufe cataftrophe ne découragea pas moins les négocians que les états de

---

(*) La defcription de la Nouvelle-Zemble fe trouve à la fuite de la relation du naufrage de la frégate Angloife, le Speed-Welt, en 1676.

Hollande, & l'entreprise de la découverte d'un passage au nord-est fut abandonnée, comme celle du passage au nord-ouest paroissoit alors l'avoir été en Angleterre, après le troisième voyage de Davis.

Le Récit de tant de périls & de souffrances excite sans doute la curiosité du lecteur; il doit se demander à lui-même quel pouvoit être le vif intérêt qui faisoit entreprendre aux Hollandois des voyages aussi fâcheux. Nous allons le satisfaire par quelques observations succintes.

La découverte du passage par le nord aux Indes orientales, étoit alors un objet trop important pour ne pas être tenté avec les plus grands efforts par les Hollandois, & même par les Anglois. Outre les motifs qui animoient également les uns & les autres, tels que l'inconvénient des ardeurs de la ligne, des bourasques du Cap-Tourmente ou de Bonne-Espérance, des tempêtes affreuses de la mer des Indes & du Japon; enfin de la longueur de la route qui est de neuf à dix mois, au lieu que celle du nord se feroit en six semaines à deux mois, les premiers avoient encore un intérêt plus vif que les Anglois. La Hollande, à peine formée en Provinces-Unies, avoit à défendre sa liberté contre des ennemis puissans & vindicatifs. Son commerce naissant se bornoit uniquement aux mers de l'Europe; mais il étoit traversé par les Espagnols & les Portugais. Ces peuples, dans le plus haut degré de leur gloire, maîtres du commerce des deux Indes, se saisissoient par-tout des vaisseaux du négociant Hollandois, & à la moindre indiscrétion, le livroient au tribunal redoutable de l'Inquisition. Les établissemens de Batavia (3) & du cap de Bonne-Espérance (4) n'existoient point encore. Dans la situation où se trouvoient alors les Hollandois, il ne faut point être étonné s'ils cherchoient à éviter la rencontre des flottes de deux puissances fières & jalouses. L'inconvénient de les rencontrer souvent dans les mers du Midi leur fit prendre la résolution de tenter une nouvelle route par celles du Nord. Le peu de succès des voyages qu'ils entreprirent à ce sujet jusques vers la fin du seizième siecle, & plus encore les retours heureux des premières flottes qu'ils envoyèrent en ce même tems aux Indes par la voie ordinaire, les ont enfin déterminés à renoncer absolument à cette entreprise.

Depuis, les Anglois ont encore fait différentes tentatives par le nord-ouest, & même par le nord-est, pour trouver le passage aux Indes orientales. Les Russes ont aussi commencé en 1725 à en faire dans la même vue. Nous aurons occasion de parler ailleurs des unes & des autres.

NOTES.

(1) *Parhélie*. C'est un faux soleil ou météore, sous la forme d'une clarté brillante, qui paroît à côté du soleil, & qui est formé par la réfraction de ses rayons sur un nuage qui lui est opposé d'une certaine manière. Souvent il y en a plusieurs; ils paroissent alors comme autant de soleils nouveaux & multipliés. C'est là ce que les physiciens appellent Parhélie. Lorsque la même chose arrive par rapport à la lune, ils les nomment Paraselène. Les Parhélies sont ordinairement accompagnés de couronnes ou cercles lumineux, leurs couleurs sont semblables à celles de l'arc-en-ciel. Néanmoins on voit quelquefois des cercles entiers sans aucun Parhélie, & des Parhélies sans cercles. Le célèbre Cassini en a décrit un dans les Mémoires de l'Académie des Sciences; il y a joint des observations savantes sur ces sortes de phénomènes. *Voyez le Volume de l'année 1693, page 167.*

(2) *Ours blanc*. La force & la hardiesse de l'ours blanc des contrées septentrionales, paroîtroient incroyables, si les scènes terribles, auxquel-

les ils donnent souvent lieu, n'étoient attestées par tous les navigateurs au Nord : en voici une qui nous a été transmise par Girard le Veer, dans son Journal du deuxième voyage de Barensz, par le nord-est. Elle familiarisera de plus en plus les lecteurs avec ces animaux féroces, qui jouent un rôle presque continuel dans la suite de la relation. Nous conserverons les expressions naïves du voyageur.

» Le 6 de Septembre 1595, dit Girard le Veer, quelques matelots retournèrent à l'île des Etats, pour y chercher une sorte de pierres cristallines dont ils avoient déja recueilli quelques-unes. Pendant cette recherche, deux de ces matelots etant couchés l'un auprès de l'autre, un ours blanc fort maigre s'approcha doucement d'eux & en saisit un par la nuque du cou. Le matelot ne se défiant de rien, s'écria : Qui est-ce qui me prend ainsi par derrière ? Son compagnon, qui tourna la tête, lui dit : Oh ! mon cher ami ! c'est un ours ! & se levant vîte, il prit sa course & s'enfuit. L'ours mordit ce malheureux en divers endroits de la tête, & la lui ayant fracassée, il se mit à lécher le sang. Les autres matelots, qui étoient à terre au nombre de vingt, accoururent aussitôt avec leurs fusils & leurs piques. Ils trouvèrent l'ours qui dévoroit le corps, & qui les voyant paroître, courut à eux avec une fureur incroyable, se jetta sur l'un d'eux, l'emporta

& le déchira bientôt en pieces. L'horreur & l'effroi dont ils furent pénétrés leur fit prendre à tous la fuite.

» Ceux qui étoient demeurés à bord, les voyant fuir & revenir vers la mer, se jettèrent dans les canots pour aller les recevoir. En arrivant au rivage, & lorsqu'ils eurent appris cette étrange aventure, ils encouragèrent les autres à retourner avec eux au combat, pour attaquer tous ensemble le furieux animal; mais plusieurs ne pouvoient s'y résoudre. » Nos compagnons sont morts, disoient-ils, » il ne s'agit plus de leur conserver la vie. Si nous » pouvions l'espérer encore, nous irions avec au- » tant d'ardeur que vous; mais qu'avons-nous à » prétendre ? une victoire sans honneur & sans » avantage, pour laquelle il faut braver un affreux » péril ». Malgré ces raisons, il y en eut trois qui s'avancèrent un peu, pendant que l'ours continuoit de dévorer sa proie, sans se mettre en peine de voir si près de lui trente hommes ensemble. Ces trois étoient *Cornelisz Jacobsz*, pilote; *Hans Van Uffelin*, écrivain du vaisseau de *Barensz*, & *Guillaume Gysen*, pilote du Yacht. Les deux pilotes ayant tiré leur coup sans toucher l'animal, l'écrivain s'avança un peu plus, & lui en tira un dans la tête, proche de l'œil. Sa blessure même ne lui fit pas quitter prise, & tenant le corps par le cou, il eut encore la force de l'enlever tout entier. Cependant on vit alors qu'il commençoit à chanceler, & l'écrivain alla droit à lui, avec un Ecoſſois : ils lui donnèrent enſemble pluſieurs coups de ſabre & le coupèrent en pieces, ſans pouvoir lui faire abandonner ſa proie. Enfin Gyſen lui donna ſur le muſle un ſi grand coup de la croſſe de ſon fuſil, qu'il le fit tomber ſur le côté. L'écrivain ſauta alors deſſus & lui coupa la gorge. Les deux matelots, à demi dévorés furent enterrés dans l'île, & la peau de l'ours fut apportée à la Compagnie d'Amſterdam.

(3) *BATAVIA*, ville grande, belle & très-forte ſituée dans l'île de Java. Les Hollandois l'ont bâtie en 1619, à la place de la ville de Jacatra, qu'ils ont détruite. C'eſt le centre de leur commerce aux Indes orientales, & le ſiege d'un Conſeil ſouverain pour toutes les poſſeſſions Hollandoiſes en Aſie. Le général de la Compagnie préſide ce conſeil. Il tient une cour qui égale celle des plus puiſſans monarques. Ce n'eſt que depuis 1650 que Batavia eſt devenue, par des embelliſſemens ſucceſſifs, une des plus belles villes du monde entier. Elle a un très-bon port, & ſa fortereſſe paſſe pour imprenable. La population de cette ville eſt de 150,000 ames, dont 10,000 Européens. Les vivres y ſont à très-grand marché. Les Hollandois poſſedent une bonne partie de l'île de Java.

(4) *Cap de Bonne-Espérance*, poste important pour les Hollandois, à l'extrémité méridionale de l'Afrique. Ils ont commencé à s'y établir en 1650; mais ce n'est qu'en 1680 qu'ils y ont bâti un fort de pierres de taille, muni de plus de soixante pieces de canon. Tous les vaisseaux qui vont aux Indes ou qui en reviennent, s'arrêtent au Cap, pour s'y fournir de rafraîchissemens ou d'agrêts : ceux des nations étrangères sont obligés de payer le droit d'ancrage & différens péages. Les Hollandois ont dans ce puissant boulevard des arsenaux approvisionnés de tout ce qui peut être utile à la navigation & nécessaire à la défense. La ville est près du fort, elle est peuplée en partie de refugiés François qui s'y sont retirés. Ce pays est aujourd'hui très-florissant par la fertilité du sol & l'industrie des colons. Il y croît de très-bons vins, appelés en Europe, vins du Cap ou de Constance. Les Hollandois se sont avancés & mis en possession de plus de cinquante lieues dans l'intérieur des terres. Ils vivent en paix avec les Hottentots, naturels du pays.

N.º 2.

DÉLAISSEMENT

De huit Matelots Anglois sur la Côte du Groenland, en 1630 (*).

En 1630, la compagnie Angloise de Russie envoya trois vaisseaux pour la pêche de la baleine & du bœuf marin, sur la côte du Groenland. Un des bâtimens, nommé *la Salutation*, étant arrivé avec un vent favorable au lieu de sa destination, se tint quelques jours en croisière, & envoya ensuite la chaloupe à terre avec huit hommes pour

---

(*) Cette relation se trouve dans le cinquième volume de l'Histoire des Découvertes des Européens dans les différentes parties du Monde, par M. BARROW, *Paris* 1766.

chasser.

chasser. On leur donna deux chiens, une arquebuse, deux lances & un briquet. Le vaisseau étoit alors à quatre lieues du Cap-Noir & à cinq de l'endroit nommé par les Anglois, Maiden-Pap, qui est renommé par la quantité de daims excellens qu'on y trouve.

Le 15 de Juin, le jour étant très-clair, la chaloupe aborda la terre en quatre heures de tems. Les hommes étant débarqués, tuèrent quatorze daims, & se trouvant ensuite très-fatigués, tant de la chasse que d'avoir ramé, ils s'arrêtèrent pour manger les vivres qu'ils avoient apportés ; mais comme la nuit s'approchoit, ils résolurent de demeurer où ils étoient, pensant qu'il seroit dangereux d'entreprendre de gagner le vaisseau dans les ténebres, au risque même de ne pas réussir.

Le lendemain matin, l'air étant fort épais, le vent s'éleva très-fort du côté du sud, & jetta une très-grande quantité de glaces entre la terre & le vaisseau, ce qui l'obligea de se mettre un peu plus avant en mer, hors de la vue de la chaloupe. Ce mouvement donna quelque alarme aux huit mariniers; ils pensèrent que le parti le plus sûr pour eux étoit de suivre le rivage jusqu'à ce qu'ils fussent arrivés au Port-Verd où l'un des autres vaisseaux avoit sa station, & d'y demeurer à attendre des nouvelles de leur propre bâtiment, parce qu'ils avoient tout lieu de croire qu'il s'étoit trouvé enfermé par les glaces.

En exécutant leur projet, ils suivirent toujours le rivage, & tuèrent encore huit daims qu'ils mirent à bord de la chaloupe ; mais le 17, étant arrivés au Port-Verd, ils virent avec le plus grand chagrin que le vaisseau étoit parti. Ce malheur aussi imprévu que fâcheux, les jetta dans un embarras d'autant plus grand, qu'ils n'avoient pas assez de provisions pour oser entreprendre de regagner leur pays. Cependant il ne restoit plus que trois jours du tems limité, pour que les vaisseaux partissent de la côte, & ils voyoient toutes les suites dangereuses de s'arrêter trop long-tems à délibérer ; ce qui les détermina à faire leurs efforts pour gagner Bell-Sound où le rendez-vous général étoit indiqué. Pour soulager leur chaloupe & la mettre en état de voguer plus légèrement, ils jettèrent en mer toute leur chasse. Du Port-Verd à Bell-Sound ils estimoient qu'il y avoit seize lieues de distance, & ils gagnèrent le même soir la pointe de Nesse, qu'ils regardoient comme la moitié du chemin. Ils furent obligés de jetter l'ancre dans un endroit assez sûr entre deux rochers, parce qu'il s'éleva un brouillard si épais qu'ils ne voyoient pas à un pied de distance. Le lendemain, le tems s'éclaircit vers midi ; ils quittèrent cet endroit & continuèrent à ramer, sans découvrir Bell-Sound, parce qu'ils le passèrent au moins de dix lieues du côté du sud, vers l'endroit nommé Horn-Sound. On ne sera pas surpris de cette erreur, si l'on fait attention qu'ils n'avoient pas le compas de mer, & qu'aucun d'eux ne connoissoit bien cet endroit quand ils le passèrent.

Après quelque délibération, ils reconnurent qu'ils étoient allés trop loin vers le sud, & malgré le sentiment contraire & l'opiniâtreté du canonier *William Fakely*, ils revinrent du côté du nord, ce qui étoit leur véritable cours, & ils parvinrent bientôt à deux milles de distance de la pointe qu'ils cherchoient. Le tems étoit alors très-serein & tout le pays bien découvert : mais Fakely l'ayant examiné bien attentivement, leur dit avec un mouvement de colère qu'ils s'étoient sûrement trompés, & que l'endroit où ils se trouvoient n'avoit aucune ressemblance avec Bell-Sound. Enfin il réussit encore à leur persuader de reprendre leur cours au sud, ce qui fut l'unique cause de tous les maux qu'ils éprouvèrent ensuite.

Après avoir navigué long-tems, ils furent convaincus que Belle-Sound ne pouvoit être au sud de l'endroit où ils se trouvoient, & ils résolurent de reprendre encore la route du nord ; ce qui irrita tellement l'entêté canonier, qu'il refusa son service

F ij

& abandonna la première rame à *Edouard Pelham*. La chaloupe fut emportée par le vent qui étoit affez fort, & le 21 ils fe trouvèrent à la vue de Bell-Sound; mais le vent changea alors & fouffla eft-nord-eft, ce qui les obligea de carguer la voile & de reprendre les rames; ils approchèrent à deux milles du rivage, où ils s'arrêtèrent pour ne pas être emportés par le vent.

Ils furent alors pleinement convaincus, non-feulement que cet endroit étoit Bell-Sound, mais que c'étoit le même d'où ils s'étoient éloignés quelques jours auparavant, & William Fakely ne put en difconvenir. Ils commencèrent alors à chercher un abri sûr pour la chaloupe, & quand ils y furent rangés, deux matelots fe mirent en chemin pour aller par terre à la tente de Bell-Sound, dont ils étoient éloignés de dix milles, afin de voir s'ils y trouveroient encore des gens des vaiffeaux; mais ils en avoient peu d'efpérance, parce que le vent leur avoit été favorable pour partir, & que le tems de leur féjour étoit abfolument expiré. Les matelots revinrent, & dirent qu'ils n'avoient trouvé perfonne; cependant ils réfolurent de ne point épargner leurs peines pour chercher dans tous les endroits où les vaiffeaux pouvoient s'arrêter, & ils convinrent de vifiter Bottle-Cove, qui eft environ à trois lieues de l'autre côté de Bell-Sound. Ils y arrivèrent le 22, avec auffi peu de réussite, & il ne leur resta plus aucune espérance de soulagement dans le malheur où ils se trouvoient plongés.

Après avoir fait de sérieuses & tristes réflexions sur leur situation, le résultat de leur délibération fut de s'exhorter réciproquement à tout attendre de la protection divine, & à supporter avec courage la disette de toutes choses qui les menaçoit. Cependant ils résolurent d'employer tous les moyens possibles pour se munir contre les attaques de l'hiver & contre les inconvéniens affreux auxquels ils alloient être exposés, manquant du nécessaire & de toute espece de soulagement. Ils jugèrent que la première démarche qu'ils avoient à faire pour leur subsistance, étoit de s'assurer d'une bonne quantité de provisions, & ils résolurent unanimement de retourner au Port-Verd pour y faire une bonne chasse au premier tems favorable.

Le 25 d'Août, ils montèrent dans la chaloupe & se mirent en route pour cet endroit, avec un bon vent qui les y conduisit en douze heures. Ils enfoncèrent leurs rames en terre, & jettèrent la voile de la chaloupe dessus, ce qui leur forma une espece de tente où ils se reposèrent cette nuit. Comme le tems étoit très-serein, ils dormirent peu, & se remirent en marche de grand matin pour Coles-Park, suivant le conseil de *Thomas Ayres*, qui favoit que cet endroit abondoit en bêtes fauves. Le même jour ils tuèrent fept daims & quatre ours, dans l'intention de les conferver pour leur nourriture.

Le tems étant devenu fort couvert & peu propre pour la chaffe, ils retournèrent au Port-Verd, où ils élevèrent une tente, comme nous l'avons déja dit, avec leurs rames & leur voile, & dormirent très-bien cette nuit. Le lendemain matin, voyant que l'air étoit clair & ferein, *Jean Dawes* & William Fakely demeurèrent pour garder la tente & préparer des vivres jufqu'au retour des autres, qui fe mirent dans la chaloupe & retournèrent à Coles-Park. Ils y tuèrent en peu de tems fix daims, avec l'aide de leurs chiens, & ils en virent un feptième qui paiffoit fur un côteau; mais comme le tems s'étoit obfcurci, ils ne jugèrent pas à propos d'aller plus loin que le pied de la montagne qu'ils parcoururent tout le refte du jour, & tuèrent fix autres daims. Aux approches de la nuit, voyant que le tems fe mettoit au vent & à la pluie, ils firent la plus grande diligence pour regagner leur tente où ils demeurèrent tout le jour fuivant, qui fut très-froid, très-humide & très-orageux.

Ils trouvèrent fur le rivage une autre chaloupe appartenant aux vaiffeaux de la Compagnie, qui en laiffe toujours deux ou trois en arrière. Ils partagèrent dans les deux leurs provisions, qui consistoient en ours & en bêtes fauves, avec les grèves ou chairs de baleine, qu'on avoit fait bouillir cette année, & se partagèrent en deux compagnies, dans l'intention de gagner Bell-Sound, où ils résolurent d'hiverner. Les approches de la nuit les empêchèrent de partir le jour même; & comme le lendemain étoit un dimanche, ils résolurent de ne se point mettre en route, afin de l'observer avec plus de respect. Le lundi matin, ils partirent par un très-beau tems; cependant ils ne purent faire que la moitié du chemin. Le mardi, ils arrivèrent à Bottle-Cove, & le vent étant très-fort ils y demeurèrent jusqu'au jour suivant. Cependant il commença à souffler avec tant de violence & la mer devint si haute, que leurs chaloupes s'étant heurtées l'une l'autre, furent bientôt remplies d'eau, & que leurs provisions, non-seulement furent mouillées, mais qu'une partie fut emportée par dessus les bords dans la mer. Les mariniers furent donc obligés de se mettre à l'eau pour les retirer & pour vuider leurs chaloupes qu'ils amenèrent à force de bras sur le rivage où ils les attachèrent avec une hansière & d'autres cordages. Ils résolurent de les y laisser jusqu'à ce que le vent devînt favorable pour les conduire à Bell-Sound. Enfin, le tems ayant changé, ils y arrivèrent sans accident, le 3 de Sep-

F iv

tembre. Lorsqu'ils y furent arrivés, leur premier soin fut de décharger leurs provisions, & de les mettre en sûreté dans la tente qu'ils avoient destinée à faire leur séjour durant tout l'hiver. Le lecteur doit juger que cette tente étoit très-différente de la première qu'ils s'étoient faite avec une voile & des rames. Celle de Bell-Sound étoit une espece de maison bâtie par les Flamands, à l'usage des vaisseaux marchands des Pays-Bas qui se rendent sur cette côte pour la pêche. Elle étoit construite en bois solidement assemblé, & couverte de tuiles de Flandre ; elle avoit environ quatre-vingt pieds de long & cinquante de large, étant particulièrement destinée à mettre à couvert les tonneliers quand ils font les tonneaux pour transporter l'huile.

Le tems étant devenu très-froid & la gelée très-vive, il n'y eut plus lieu de penser à faire de nouveau voyage au Port-Verd, crainte que le détroit ne devînt tellement embarrassé par les glaces, qu'il ne fût plus possible de revenir par mer. Le chemin de terre étoit trop rude & trop montagneux pour oser le suivre ; ensorte qu'il ne leur resta plus d'autre ressource que d'aller à la chasse des daims, & de s'attacher à rendre leur habitation la plus chaude & la plus close que les circonstances pouvoient le permettre. Pour y réussir, ils pensèrent à élever une petite tente dans la grande, avec des planches de sapin, des poteaux & des chevrons, qu'ils tirèrent d'une autre maison bâtie dans le voisinage pour la réception des huiles de la Compagnie. Les cheminées des fourneaux leur fournirent des briques, & ils eurent encore le bonheur de trouver quatre muids de bonne chaux, qui étant mêlée avec le sable de la mer leur fit d'excellent mortier.

Pendant que Fakely & Pelham s'occupèrent à bâtir un mur de l'épaisseur d'une brique au-dedans de la grande tente contre les planches intérieures, tous les autres travaillèrent à leurs différens arrangemens. L'un abattoit les cheminées, l'autre trioit les briques, & un troisième les apportoit dans des paniers à ceux qui faisoient l'office de maçons. Des trois qui restoient, l'un faisoit le mortier, un autre en garnissoit la cloison, & le dernier vuidoit & préparoit le gibier. Ils n'avoient de briques que la quantité suffisante pour élever deux côtés du nouveau bâtiment, & ils furent obligés de faire les deux autres de bois. Ils plantèrent leurs poteaux, qui avoient un pied d'équarrissage, à une distance convenable les uns des autres, clouèrent des planches de chaque côté, & remplirent le vuide avec de la chaux & du sable qu'ils enfoncèrent le plus qu'il leur fut possible ; par ce moyen le passage de l'air fut absolument intercepté, & cet endroit devint d'une chaleur étonnante.

Le tout étoit couvert de planches entrelacées les unes dans les autres jusqu'à cinq & six fois, ce qui ne laiſſoit pas la plus petite fente. Pour la cheminée, on avoit laiſſé dans la grande tente une ouverture qui leur ſervoit auſſi de fenêtre en ôtant quelques tuiles du toît, ce qui donnoit paſſage au jour & à la fumée. Ils couvrirent la porte avec un matelas qui bouchoit toutes les fentes quand elle étoit fermée.

Ils firent enſuite quatre cabinets, pour y coucher deux à deux, les peaux de daims ſeches leur formant des eſpeces de lits fort chauds & aſſez bons. Pour leur chauffage, ils mirent en pieces ſept vieilles chaloupes hors de ſervice qui étoient ſur le rivage; il en empilèrent les morceaux avec quelques autres bois qu'ils avoient raſſemblés ſur les poutres, ce qui leur ſervit encore à empêcher que la neige ne parvînt juſqu'à eux, s'il arrivoit qu'elle pénétrât au travers des tuiles.

Les jours devenant toujours plus froids, ou plutôt les nuits, puiſque le ſoleil ne leur donnoit preſque plus aucune lumière, ils allumèrent un grand feu; & pour faire durer leur bois, quand ils vouloient ſe repoſer, ils raſſembloient toutes les cendres & les charbons ſur une piece d'orme, qui ſe fendoit après avoir conservé son feu quelquefois seize heures, & donnoit une grande chaleur. Par ce moyen & avec l'attention convenable, ils eurent du bois pendant huit mois, sans que jamais leur feu s'éteignît.

Le 12 de Septembre, il entra dans le détroit quelques glaces flottantes sur l'une desquelles ils virent deux chevaux marins endormis. Ils mirent leur barque à l'eau, prirent un vieux harpon & une corde, & s'avancèrent avec si peu de bruit que ces animaux ne se réveillèrent que quand ils en furent très-près. Alors William Fakely frappa le plus vieux d'un coup si bien porté que le harpon s'y attacha très-ferme, & que l'animal ne put s'en dégager, ce qui donna le tems de le tuer à coups de lance. On tua de même le plus jeune, dont l'attachement à sa mère étoit si grand, qu'il nageoit près de la chaloupe pendant qu'on y mettoit le corps mort de l'autre, & il ne marqua pas la moindre envie de se sauver. On les amena sur le rivage, & quand ils furent rôtis on en trouva la chair excellente.

Le 15 de Septembre, on en vit plusieurs autres dans le détroit, mais comme ils étoient plus sur leurs gardes on ne put en prendre qu'un seul.

Vers le 10 d'Octobre, le froid augmenta encore considérablement, & la mer fut glacée aussi loin que la vue pouvoit s'étendre. Les habits des Anglois commençoient à tomber en lambeaux; mais espérant en tirer du secours contre le froid, en les tenant en meilleur état, ils se firent des aiguilles d'arrêtes de poisson, & du fil de quelques cordes de laine, avec quoi ils travaillèrent de leur mieux à rejoindre les lambeaux de leurs vêtemens. Ils prirent de l'une des chaudières un morceau de plomb dont ils formèrent une espece de lampe, & au moyen d'une meche de corde & de l'huile qu'ils trouvèrent dans la tente des chaudières, ils parvinrent à avoir de la lumière pendant les longues nuits, ce qui ne leur causa pas peu de plaisir.

Ils avoient près d'eux un ruisseau qui tomboit d'une coline voisine dans une espece de réservoir; cette eau qu'ils se procuroient en cassant tous les jours la glace, leur fournit jusqu'au mois de Janvier un agréable rafraîchissement; mais le froid devint alors si vif, qu'ils en furent privés & forcés d'avoir recours à l'eau de neige qu'ils faisoient fondre avec un fer chaud.

Ils avoient observé dès la fin de Septembre, qu'il n'y avoit plus d'apparence d'augmenter la masse de leurs provisions, à moins qu'ils ne tuassent par hasard quelques ours; & ils résolurent de les ménager, de la manière que nous allons rapporter. Ils se bornèrent chacun à un morceau de viande pour quatre jours de la semaine, & les mercredis & vendredis ils mangeoient des grèves de baleine, qui sont des restes de graisse qu'on jette ordinairement quand on en a tiré l'huile. Ils vécurent ainsi pendant trois mois, & ensuite ils se retranchèrent encore la viande un jour de la semaine, parce qu'ils commençoient à n'en plus avoir qu'une petite quantité; & craignant aussi que le bois ne leur manquât, ils firent rôtir chaque jour la moitié d'un daim, pour le mettre dans des tonneaux. Cependant ils en conservèrent un quartier sans être rôti, pour le mager chaud les dimanches, le jour de Noël, & les autres grandes fêtes.

Depuis le 14 d'Octobre jusqu'au 3 de Février, ils ne virent point le soleil, mais ils furent souvent éclairés de la lune qui étoit fort brillante, excepté quand le tems étoit couvert, & en général, durant l'hiver, l'air en ce pays est pésant, épais & chargé de brouillards. Ils eurent une espece de crépuscule jusqu'au premier de Décembre; alors il cessa totalement jusqu'au 20, & la nuit fut toujours obscure jusqu'au premier de Janvier qu'ils recommencèrent à voir les approches du jour.

Pelham, dont nous suivons le journal, dit qu'ils n'avoient pas d'almanach pour connoître la suite des tems, mais ils s'appliquèrent à distinguer les jours & les heures le mieux qu'il leur fut possible, &

en ajoutant un nombre fuppofé à l'épacte, ils trouvoient l'âge de la lune. Il prétend que leur calcul fe rapporta exactement au jour du mois, quand ils en furent certains par l'arrivée de la flotte qui les fecourut.

Vers la fin de Janvier, ils trouvèrent que les jours étoient de huit heures; mais ils tomboient prefque dans le découragement en penfant qu'ils n'avoient plus de viande que pour fix femaines. Le 3 de Février, le jour étant très-beau, le tems très-ferein, & le foleil brillant dans tout fon éclat, un ours femelle s'approcha de leur tente avec fon petit, cherchant à manger. Bien loin d'être intimidés à cette vue, ils s'avancèrent contre elle & la tuèrent; mais le petit s'échappa.

Après cette capture fi avantageufe dans les circonftances où ils fe trouvoient, les Anglois rentrèrent pour fe chauffer, & fortirent enfuite pour découper leur prife, qu'ils mirent en morceaux aifés à tranfporter, & l'entrèrent dans leur tente. Ils en vécurent pendant vingt jours, & la chair leur fembla fort fupérieure à celle de leurs daims. Il eft remarquable que durant ce tems, il s'éleva fur leur corps une petite peau qui tomba bientôt, & Pelham obferve que cette excoriation lui fut très-avantageufe. Il dit qu'avec une peau nouvelle il acquit de nouvelles forces, & qu'il fe trouva comme un homme échappé d'une violente maladie. On a vu dans la relation qui précede celle-ci, que le foie de cet animal produifit le même effet avec plus de violence.

Ils tuèrent par la fuite quelques autres ours, entr'autres un qui avoit au moins fix pieds de hauteur. Ils en firent rôtir la chair avec des broches de bois, & en firent auffi cuire dans une poële qu'ils avoient trouvée dans la tente. Cette viande leur parut auffi bonne que le meilleur bœuf; & fe trouvant alors des provifions en abondance, ils fe gênérent fi peu fur la nourriture, qu'ils firent trois ou quatre repas par jour, ce qui leur rendit en peu de tems la vigueur & la fanté. Les jours s'allongeoient de plus en plus, le tems devenoit très-ferein, & ils commençoient à prendre beaucoup d'oifeaux; mais le 16 de Mars, ils perdirent un de leurs chiens qui ne revint point, & ils ne purent en découvrir aucunes traces. Ils virent alors un grand nombre de renards, leur drefsèrent des pieges & en prirent environ cinquante, à leur grande fatisfaction.

L'oifeau qui eft le plus commun à Bell-Sound, y vient faire fes pontes fur les montagnes dans le printems; il fe nourrit de poiffon, & eft à-peu-près de la groffeur d'un canard. Ses cuiffes font fi proches de fon croupion, que quand il lui arrive de tomber à terre, le poids de fon corps le charge de façon qu'il lui eſt preſqu'impoſſible de ſe relever : mais l'eau paroît être ſon élément naturel. On prend ces oiſeaux avec une trappe d'os de baleine, couverte de peau d'ours, dont le côté charnu eſt tourné en dehors. La peau de ces animaux eſt un appas excellent pour prendre les renards.

Le tems devint très-chaud au mois de Mai, & les Anglois ſortirent tous les jours pour chercher des proviſions ; ils ne trouvèrent rien de bon juſqu'au 24, qu'ils firent lever un chevreuil après lequel ils mirent leur chien ; mais il étoit devenu ſi gras & ſi pareſſeux qu'il le laiſſa échapper.

Le même jour, ils trouvèrent ſur les hauteurs une grande quantité d'œufs, ils en emportèrent trente dans leur maiſon, avec l'intention de retourner le lendemain & d'en prendre un millier ; mais le tems devint ſi froid, qu'ils furent obligés de demeurer enfermés, & furent privés de leur exercice journalier, qui étoit de grimper ſur le ſommet d'une montagne voiſine pour voir ſi les glaces ſe briſoient dans le détroit. Enfin ils eurent la ſatisfaction de les voir toutes rompues, & la plus grande partie furent emportées dans la haute mer par un vent d'eſt.

Le 25 de Mai, le froid les retint encore, &
ils

ils étoient renfermés dans leur tente quand il arriva deux vaisseaux de Hull dans le détroit. Les gens de l'équipage savoient que l'année précédente il étoit resté quelques hommes à terre, & le maître envoya sa chaloupe au rivage pour reconnoître si l'on pourroit avoir quelque connoissance de leur sort. La première chose que les nouveaux venus remarquèrent, fut la chaloupe qu'ils avoient équipée pour aller à la pêche des chevaux marins quand le tems le permettoit. Ils furent surpris de la trouver en aussi bon état ; mais ils n'avoient presque aucune espérance de revoir leurs compatriotes vivans. Cependant ils s'avancèrent vers la tente & jettèrent quelques cris en approchant. Ils furent agréablement surpris d'entendre qu'on leur répondoit, & ce fut Thomas Ayres qui se trouvant alors dans l'enceinte extérieure, leur rendit le cri qu'il avoit entendu.

Le son des voix causa presqu'autant d'alarme que de joie à ceux qui étoient dans l'intérieur. Ils se levèrent avec la plus grande vivacité, brisèrent la porte plutôt qu'ils ne l'ouvrirent, & s'élancèrent tous ensemble hors de la tente. Leur aspect étoit des plus affreux, noircis de suie & de fumée, avec des restes d'habits en lambeaux. Après la première surprise, les gens de Hull les embrassèrent dans des transports de joie, & les

Tome I. G

accompagnèrent dans leur demeure, dont ils admirèrent l'ordre avec un nouveau plaisir. On leur fit la politesse de les régaler des mets qui s'y trouvèrent; ils y burent chacun un verre d'eau fraîche, & y mangèrent un morceau de bête fauve rôti depuis quatre mois.

Lorsqu'ils eurent resté quelque tems dans la tente, & qu'ils eurent satisfait leur curiosité en examinant tous les moyens ingénieux dont leurs compatriotes s'étoient servis pour se garantir du froid & pour entretenir l'union de l'ame & du corps, ils allèrent tous ensemble à l'un des vaisseaux, où Pelham & ses compagnons furent reçus avec autant de tendresse que d'humanité Trois jours après, les bâtimens auxquels ils appartenoient arrivèrent dans le détroit, & chacun d'eux reprit son poste. Un nommé *Mason*, dont Fakely, Ayres & deux autres faisoient partie de l'équipage, eut la brutalité de les recevoir avec des invectives, en les traitant de fuyards & de déserteurs. Au contraire, le capitaine de Pelham, qui se nommoit *Goodler*, le reçut ainsi que les autres avec toutes les marques de bonté qu'ils méritoient. Ils partirent de ce pays le 20 d'Août, & arrivèrent en Angleterre après un heureux voyage. La compagnie de Russie, pour le service de laquelle ils avoient été engagés, leur donna des récompenses proportionnées aux peines qu'ils avoient souffertes pendant onze mois d'un dénuement presqu'absolu. Leurs corps se rétablirent assez promptement, mais ils eurent beaucoup de peine à reprendre l'usage du pain & des liqueurs.

N.° 3.

HIVERNEMENT

De l'Equipage d'un Vaisseau Anglois, commandé par le Capitaine Thomas JAMES, dans l'île de Charlton, au fond de la Baie d'Hudson, en 1631 & 1632 (*).

Le peu de succès des trois voyages au Nord, entrepris par le capitaine *Davis*, pour la décou-

---

(*) Le Journal du voyage de Thomas James se trouve dans le cinquième volume de l'Histoire des découvertes des Européens dans les différentes parties du monde, par M. BARROW. Le Recueil des Voyages au nord, & la relation du voyage à la Baie d'Hudson, par M. *Ellis*, renferment aussi quelques particularités intéressantes à ce sujet.

verte du passage aux Indes orientales, avoit refroidi la nation Angloise, sans cependant lui avoir fait perdre toute espérance d'en voir un jour la réussite. Elle resta dans l'inaction pendant quelques années ; mais en 1602, le projet en fut repris avec une nouvelle ardeur. Plusieurs tentatives se firent successivement jusqu'en 1616, & on y employa les plus habiles navigateurs. Tous les historiens rendent cette justice aux Anglois, qu'aucune autre nation n'a montré jusqu'à-présent la même ardeur, & n'a fait de si grandes dépenses pour la découverte d'un passage aux Indes orientales, soit par le nord-ouest, soit par l'est. Ils comptent parmi eux ces noms célebres dans l'histoire de leurs navigations au Nord. *Veymouth*, *Hudson*, *Bulton*, *Byleth* & *Baffin*.

Une espace d'environ quinze ans, qui n'offre aucune entreprise pour la découverte de ce passage, fait présumer que la Compagnie qui s'étoit formée à ce sujet s'étoit rebutée, ou qu'elle étoit occupée d'autres soins. Cependant il restoit en Angleterre une forte impression des raisonnemens de Davis, d'Hudson & de Baffin, pour la possibilité de cette découverte. Un marin nommé *Lucas Fox*, homme né pour la mer, en faisoit l'unique sujet de ses méditations, & ne cessoit d'en conférer avec ceux qui avoient été employés aux voyages précédens. Il prit foin de recueillir toutes les cartes & les journaux des dernières expéditions. Enfin l'ardeur extraordinaire de fon zele le fit connoître de quelques célebres mathématiciens, qui follicitèrent vivement le roi Charles I. de l'employer à une nouvelle tentative. Leur requête fut favorablement accueillie, Fox fut nommé pour commander la pinaffe royale *le Charles*, de vingt-deux hommes d'équipage.

Vers ce tems, quelques négocians de Briftol, zélés pour l'avantage du commerce, formèrent une Compagnie pour le même projet. La nouvelle des préparatifs qui fe faifoient pour le voyage de Fox étant parvenue jufqu'à eux, ils propoſèrent à fes amis de s'affocier enfemble, à condition que, faifant partir auffi un vaiffeau dans la même vue, les uns & les autres auroient une part égale dans le profit de la découverte, quel que fût le vaiffeau qui l'eût faite. Leur propofition fut acceptée. Le roi d'Angleterre inftruit de leur bonne volonté, leur en marqua fa fatisfaction, & confirma le choix qu'ils avoient fait du capitaine *Thomas James*. Ce marin étoit un homme de courage & d'une intégrité à toute épreuve. Cependant on prétend qu'il n'avoit pas la même expérience que Fox dans la navigation des mers du Nord.

Les deux vaiffeaux mirent à la voile dans les

premiers jours du mois de Mai 1631. Mais ils ne navigèrent point de conserve. Celui de James, du poids de soixante-dix tonneaux & de vingt-deux hommes d'équipage, partit le 3 du même mois, & celui de Fox cinq jours après. Nous ne suivrons point ce dernier dans le cours de son expédition, ce seroit perdre de vue notre objet ; mais fideles à nos engagemens envers le lecteur, nous lui présenterons les principaux événemens du Journal de James. L'effrayante peinture de son hivernement dans l'île de Charlton lui retracera celui d'*Heemskerks* en 1597, dans la *Nouvelle-Zemble*. Ces deux navigateurs célebres éprouvèrent l'infortune avec des circonstances différentes, mais ils y opposèrent une habileté & un courage égal.

Deux jours après le départ de James du canal de Bristol, le vent étant devenu contraire, il fut obligé d'entrer dans le port de Milfort ; il y jetta l'ancre & y demeura jusqu'au 17. Alors profitant d'un vent favorable, il remit à la voile, faisant cours le plus qu'il lui étoit possible au nordouest. Le 4 de Juin il vit la côte du Groenland ; quoique l'air fût chargé de brouillards ; il s'y arrêta pour bien reconnoître la direction de cette côte.

Le 5, les Anglois se trouvèrent embarrassés dans de grands glaçons dont il étoit très-difficile de se retirer, parce que les brouillards dont l'air étoit chargé empêchoient la vue de s'étendre. Ils s'attachèrent à une grande piece de glace pour leur propre sûreté, & repoussèrent les attaques des autres avec de grandes perches qui furent bientôt rompues. Le lendemain, le danger parut encore plus grand; les glaces tombèrent sur eux de toutes parts, & si épaisses qu'ils furent continuellement dans la crainte de voir leur vaisseau écrasé par leurs efforts. Leur chaloupe fut brisée, mais ils en recueillirent les débris par le secours de leur barque, & les enlevèrent sur le pont, dans l'intention de la rétablir à la première occasion favorable. Ce ne fut qu'avec les plus grandes difficultés qu'ils s'ouvrirent un chemin au milieu de ces dangereux obstacles, en mettant toutes les voiles dont ils purent se servir. Cependant, à leur grand étonnement, ils réussirent à dégager leur vaisseau, sans qu'il eût souffert le plus léger dommage. Le 9, ils prirent hauteur, & se trouvèrent à cinquante-neuf degrés de latitude septentrionale. Ils firent les observations les plus exactes pour reconnoître s'il étoit vrai, comme le disent quelques voyageurs, qu'il y eût à cette hauteur un courant qui portât au nord-est; mais ils n'en découvrirent aucune marque. La mer n'avoit point de fonds, ils n'y trouvèrent aucune espece de poisson, pas même des baleines; & le vent étoit extrêmement variable, avec un brouillard si épais qu'il mouilloit comme la pluie.

Le 10, la mer étant très-forte, ils virent nager des glaçons plus élevés que le haut de leur grand mât; leur barque fut brisée contre la pouppe, & ils eurent beaucoup de peine à la retirer; deux de leurs hommes furent écrasés presque sans ressource, & ils s'occupèrent fortement à rassembler les débris de leur chaloupe sur le pont. Vers huit heures du matin, ils reconnurent, en voyant la terre qui s'étendoit d'un côté au nord & de l'autre à l'est, qu'ils étoient à la hauteur du cap de Désolation; ils virent la mer toute noire autour d'eux, ce qu'ils attribuèrent aux brouillards épais dont l'air avoit été chargé, & ils virent aussi en grande quantité des poissons nommés grampusses.

La nuit du 17 fut très-obscure, il régna un brouillard si froid, que les voiles & les manœuvres furent toutes couvertes de glaces. Ils jugèrent par le brisement & le bruit des vagues, qu'ils étoient près du rivage; mais le jour leur fit connoître que ce n'étoit autre chose qu'un énorme glaçon. Cependant ils reconnurent de loin l'île de la Résolution, dont ils s'efforcèrent de doubler la pointe méridionale. Ils observèrent que le flux

& reflux les emportoit avec une égale force ; l'air glacial & le brouillard étoient toujours si pénétrans, que leurs boussoles en étoient toutes gâtées & qu'ils pouvoient à peine s'en servir.

L'air s'étant éclairci quelque tems après, ce qui dura fort peu, ils virent devant eux les détroits fermés par des monceaux de glaces, au travers desquels ils essayèrent cependant de se faire un passage, mais ils les trouvèrent trop serrés pour y réussir. Ils jettèrent la sonde, sans trouver de fond à deux cent-trente brasses, étant à quatre lieues du rivage. Le 20 dans la matinée, ils doublèrent le cap méridional de l'île de la Résolution, & le vent s'étant tourné à l'ouest, les jetta avec les glaces vers la terre, qui à deux lieues de distance ne leur présentoit que de petits brisans & de grandes pieces de glaces échouées sur le sable à quarante brasses de profondeur. Ils furent emportés avec violence par un fort courant qui venoit du côté de l'île, & qui entraînoit leur vaisseau au travers d'une multitude innombrable de canaux formés entre les rochers & les glaces. Ils se trouvèrent dans le plus grand danger d'y être submergés, & pour prévenir ce malheur ils jettèrent une ancre & un grappin de chaque bord du vaisseau, dans une piece de glace à laquelle ils s'attachèrent ; l'un & l'autre étoient enfoncés de dix brasses dans l'eau, enforte qu'ils tenoient lieu de fonde, & que le glaçon auroit néceffairement touché avant qu'il y eût affez peu d'eau pour mettre le vaiffeau en péril. Cependant James jugea que cette précaution n'étoit pas encore fuffifante, & il fit mettre la barque en mer pour chercher un port sûr; mais les glaces tombèrent fur elle avec tant de force, que les hommes furent obligés de renoncer à ce deffein, & de la ramener au vaiffeau en fe guidant d'un glaçon à l'autre. A peine l'avoient-ils rejoint, que l'ancre & le grappin caffèrent, & on remit encore la barque à l'eau pour les retirer. On reprit l'ancre avec beaucoup de peine, & on la rapporta au vaiffeau. L'équipage fut très-content de qu'on l'avoit reprife, parce que dans l'intervalle, en ayant jetté une autre fur un bas-fonds dont le terrein étoit pierreux, ils l'avoient perdue de vue & avoient été contraints de l'abandonner.

Cependant le vaiffeau étoit dans la fituation la plus dangereufe; les hommes jettèrent des cordages fur des rochers voifins, & chacun travailla de toutes fes forces pour le tourner en un endroit plus favorable qu'ils crurent avoir trouvé, à l'abri d'une montagne de glace. Il y fut en effet affez tranquille, jufqu'à ce que le flux y apporta une multitude de grands glaçons qui les mirent de nouveau en un danger imminent, quoique les matelots s'employaffent vigoureufement à les écarter. Quand la mer fut à fa plus grande hauteur, ils tombèrent prefque dans le découragement & dans le défefpoir, en voyant la grande piece de glace qui les couvroit, fe remettre à flot & les abandonner; mais elle revint bientôt à fon même pofte avec le reflux, & continua de les garantir le lendemain & la nuit fuivnte. Ils y effuyèrent fans accident un violent ouragan qui vint de l'oueft, & qui fut fuivi d'une prodigieufe quantité de neige. Ils fe tinrent toujours fortement attachés aux rochers, jufqu'à ce que les glaces qui ne ceffoient de tomber fur eux euffent rompu les pattes de l'ancre, les bras du grappin & les hanffières. Leur chaloupe fut encore prefque mife en pieces, & il fallut toute l'induftrie de tous ceux qui étoient à bord pour la rétablir.

Pendant la marée fuivante, la force des glaces les jetta contre un rocher très-aigu; ils y furent laiffés par le reflux fur une pointe où il n'étoit pas poffible de s'amarrer. L'équipage defcendit pour faire la prière fur un grand glaçon, penfant qu'ils ne pourroient jamais fe tirer de ce péril; mais il commença à monter inopinément avec le flux; à leur grande fatisfaction, ils fe trouvèrent à flot & fe remirent à travailler avec la plus grande ardeur pour s'en éloigner, quoique le danger fût toujours des plus éminens. Ils faisoient tous leurs efforts pour mettre des glaces entr'eux & les rochers, parce qu'elles leurs étoient moins redoutables. Cependant ils furent obligés d'en couper une grande piece à coups de coignées, de haches & d'autres instrumens tranchans, dans la crainte d'en être accablés. Le capitaine James descendit à terre, ce qui lui étoit facile, les glaces étant si serrées qu'on pouvoit aller aisément de l'une à l'autre jusqu'au rivage. Il éleva un signal de pierre avec une croix, & nomma cet endroit le Port de la Providence divine. Le soir, les glaces parurent dans le port encore plus épaises qu'auparavant ; le reflux ne les emporta pas, la plus grande partie étant attachée à la terre, & le vaisseau y demeura enclavé.

Le 12, le capitaine descendit dans la barque du côté oriental de l'île, il monta sur une hauteur pour voir s'il découvriroit quelqu'endroit où il pût ranger son vaisseau plus en sûreté. Pendant qu'il étoit occupé à cette découverte, il entendit le bruit le plus affreux, venant d'un énorme glaçon qui se sépara en quatre à quelque distance du vaisseau ; mais par un grand bonheur, cette distance étoit assez grande pour qu'il n'en souffrît aucun dommage.

Ayant remarqué un havre assez commode, James envoya la barque au vaisseau qu'on dégagea des glaces, & qui fut remorqué dans ce port, où on l'amarra fortement aux rochers. Le capitaine alla encore à la découverte ; il ne trouva qu'un terrein rabotteux & plein de rochers, fans aucune apparence d'herbe & fans la moindre marque de végétation. Tous les lacs & les étangs étoient glacés, il n'y avoit pas lieu d'efpérer d'y trouver aucun oifeau, & on n'y voyoit aucune trace d'ours ni de daims. Cependant il y trouva un ou deux renards, & jugea à la vue de quelques os de ces animaux, de quelques tifons & de reftes de cendres, que les Sauvages y avoient été depuis peu. Il étoit difficile de juger quelle raifon pouvoit les y avoir attirés, puifque le terroir y eft abfolument ftérile, & que la mer n'y fournit aucun poiffon.

Le capitaine donna à cet endroit le nom de Port de Price, par confidération pour le maître de fon vaiffeau, qui s'appeloit ainfi. Il eft fitué à la latitude de foixante-un degrés vingt-quatre minutes, & on pouvoit voir des hauteurs les îles de Sir Thomas Button. Ils en fortirent le 24, pafsèrent entre deux montagnes de glace qui touchoient la terre à quarante braffes de profondeur, & trouvèrent l'eau affez dégagée environ à une lieue du rivage feptentrional de l'île de la Réfolution ; mais le vent qui s'éleva très-fort de l'eft, leur jetta des glaces de la haute mer, avec tant de violence qu'il y avoit tout lieu de craindre qu'elles n'arrachaſſent quelques planches des bords du vaiſſeau. Ils voguérent ainſi continuellement entre les glaces, ſans pouvoir découvrir plus loin que la diſtance d'un quart de mille, quoique montés au plus haut du grand mât. Ils furent en cet état juſqu'au 26; le tems s'éclaircit alors & le ſoleil commença un peu à luire. Ils avoient un fond de ſable blanc à cent quarante braſſes; mais ils ne trouvèrent aucune apparence de poiſſon, quoique les matelots tinſſent toujours leurs lignes bien amorcées. Les nuits continuoient à être exceſſivement froides, les manœuvres ſe geloient toujours, & les glaces des étangs d'eau douce ne paroiſſoient nullement diſpoſées à ſe rompre.

Les Anglois continuérent leur navigation en ſuivant la côte, juſqu'au 5 de Juillet; alors le tems étant très-clair & la vue plus libre de toutes parts qu'ils ne l'avoient encore eue, ils virent la mer entiérement couverte de glaces à une grande étendue dans toute la partie du nord & du nord-oueſt, ce qui fit juger au capitaine James, que ce ſeroit en vain qu'il continueroit de chercher cette année un paſſage par le nord-oueſt.

Les détroits d'Hudſon ont environ cent-vingt lieues de long; ils commencent à l'île de la Réſolution, & se terminent à l'île de Digges, la côte courant pour la plus grande partie, ouest-nord-ouest, & est-sud-est, entre cette île & le Cap-Charles; leur largeur en général est de vingt lieues, mais en quelques endroits ils n'en ont pas plus de quinze. Il y a quelque marée, mais sans courans, & c'est le rivage septentrional qui est le moins embarrassé par les glaces. Du côté du sud, il y a une grande baie, & le terrain est fort élevé des deux côtés.

Le 16 de Juillet, le capitaine, convaincu qu'il étoit trop tard pour entreprendre la recherche du passage au nord-ouest, fit voile à l'ouest-sud-ouest, vers l'île de Mansfield. Il la découvrit le jour suivant, à trois heures après midi, & reçut en route plusieurs chocs de glaces très-violens. L'équipage fut alors réduit à demi-portion de pain, & deux hommes tombèrent malades; mais ils furent bientôt rétablis. On envoya la barque au rivage pour sonder; on trouva que l'eau couroit de l'ouest-sud-ouest, à trois pieds de profondeur, & que dans la plus haute marée elle ne s'élevoit pas à plus de deux brasses. On reconnut par des marques certaines que les Sauvages y venoient quelquefois, mais le vaisseau parcourut une grande étendue sans qu'on vît aucun bois flottant, ni bêtes, ni poissons, ni rien

dont

dont on pût faire usage, excepté quelques oiseaux ; on en tua un.

Le 18 au matin, ils mirent à la voile pour gagner les terres occidentales, à la latitude de soixante-trois degrés ou environ. Après avoir vogué quelque tems, dans l'espérance que la mer où ils navigeoient étoit une mer ouverte, ils tombèrent dans des détroits de glaces, qui les arrêtèrent quelquefois, & d'autres fois leur laissèrent un libre passage, étant aidés par le vent. Le soir du 20 d'Août, ils jettèrent l'ancre à une pointe de terre qui s'étendoit vers le sud, où ils virent deux petites îles. Ils nommèrent cet endroit la nouvelle Principauté du Gallois méridional, & y burent à la santé de Charles, alors prince de Galles. Le tems étoit très-calme, mais le vent s'éleva dans la nuit, & le vaisseau fut chassé de façon qu'ils s'imaginèrent avoir perdu leur ancre. Ils tirèrent la corde par le moyen du cabestan, & trouvèrent seulement que l'ancre s'y étoit embarrassée. Les coups de mer étoient si rudes que ceux qui y travailloient furent enlevés par le cabestan, avec une telle violence qu'ils en eurent le corps tout brisé, & que l'un d'eux fut près d'avoir la tête emportée, parce qu'elle se trouva prise par le cable ; M. Price manqua d'avoir la jambe cassée ; le pied du canonier fut tordu à la cheville, & l'on fut obligé de lui

Tome I. H

couper la jambe au genou, pour éviter la gangrene. Ils furent en même tems jettés fur un bas-fonds; mais l'ancre s'étant bien placée garantit le vaiffeau. Le 22, ils jettèrent encore l'ancre, & le 27 au matin, le fond étant à cinq braffes, le capitaine envoya la barque à terre, pour reconnoître le pays, & donna des ordres par écrit fur la conduite que les hommes qui la montoient devoient tenir. Il leur enjoignit expreffément de revenir le foir au vaiffeau; mais ils manquèrent de s'y rendre, ce qui lui caufa une grande inquiétude. Elle augmenta encore, quand il vit que fes décharges de canon & les fignaux dont on étoit convenu ne recevoient aucune réponfe; il jugea que fes gens étoient perdus ou devenus la proie des Sauvages. Il eut d'autant plus lieu de le penfer, qu'il vit fur le rivage un feu qui ne répondoit nullement à ceux qu'il ne ceffoit de faire. Cette perte l'auroit jetté dans le plus cruel embarras, n'ayant pas à bord affez de monde pour lever l'ancre & pour faire les manœuvres; mais la joie lui revint par le retour de fes gens, qui avoient été retardés par un reflux fubit & imprévu, & forcés d'attendre le retour de la marée pour remettre leur barque à flot. Ils dirent qu'il y avoit quelque bois fur cette côte, & que les vagues en jettoient beaucoup fur le rivage. Ils n'avoient vu aucune marque d'habi-

DES NAUFRAGES. 115

tants, mais seulement beaucoup d'oiseaux, dont ils avoient tué quelques-uns; ils avoient aussi apperçu des traces d'ours & de daims sur la neige. Ils ajoutèrent qu'ils avoient passé à gué deux petites rivières, & qu'ils avoient essayé d'en traverser de même une troisième, mais qu'ils l'avoient trouvée trop profonde.

Le matin du 29, le capitaine découvrit un vaisseau, environ à quatre lieues sous le vent. On reconnut bientôt que c'étoit un vaisseau de roi, commandé par le capitaine Fox, & les deux bâtimens se firent les saluts réciproques. Le soir, les gens de Fox vinrent à bord dans leur barque; le lendemain James rendit la visite avec quelques-uns de ses officiers, & ils furent reçus aussi bien que les circonstances pouvoient le permettre. Le jour suivant, Fox fit route au sud-sud-ouest, & on le perdit bientôt de vue (1).

La neige & la grêle régnèrent le restant du mois, & le froid fut aussi vif qu'il l'est ordinairement dans le fort de l'hiver en Angleterre.

Le premier de Septembre, Fox & son équipage côtoyèrent le rivage, toujours sur des bas. Le jour fut très-beau, & ils en profitèrent pour travailler fortement à sortir de cette dangereuse baie. Depuis le 2 jusqu'au 10, ils eurent un vent variable & ne perdirent point la terre de vue; mais le 4 & le 6, le froid fut si vif qu'ils craignirent de ne pouvoir continuer leur cours. Il survint un furieux ouragan accompagné de neige & de grêle; les vagues, auſſi élevées que des montagnes, paſsèrent par deſſus le pont, empliṛent le fond-de-cale & ſe firent un paſſage dans la ſoûte où elles gâtèrent preſque toutes les proviſions.

Le 11, ils trouvèrent une île à cinquante-deux degrés quarante-cinq minutes de latitude. Le capitaine deſcendit à terre & envoya quelques hommes dans une autre partie; mais ni les uns ni les autres ne trouvèrent aucune plante, pas même de l'oſeille ou de la cueillerée pour donner quelque ſoulagement aux malades qu'ils avoient à bord. Le matin du 12, le vent étant très-fort au ſud-eſt, le vaiſſeau donna ſur des rochers, par la négligence de ceux qui étoient ſur le pont. Le naufrage parut inévitable, & l'on fit débarquer avec la plus grande diligence les outils du charpentier, une barrique de pain, un tonneau de poudre, ſix mouſquets, une boîte à fuſil, des meches, des hammeçons, des lignes, de la poix & du fil-de-carret, pour s'en ſervir dans le beſoin.

Pendant qu'une partie des gens de l'équipage étoit occupée à ſe pourvoir des choſes les plus néceſſaires, les autres plièrent les voiles, mirent une ancre pour dégager la proue, jettèrent en mer tout leur charbon, & travaillèrent fortement à la pompe pour soulager le vaisseau. Ils furent prêts de jetter aussi leur bière; mais après avoir été battus de la mer pendant cinq heures, avec tant de violence qu'il sembloit que le fond alloit s'entr'ouvrir à chaque instant, le vaisseau passa enfin sur le rocher. Il étoit très-endommagé, cependant ils réussirent à le réparer, aussitôt qu'ils furent dans une eau plus profonde; ils s'y mirent à l'ancre. Le vent se tourna ensuite avec violence à l'ouest-sud-ouest, & si ce changement étoit arrivé pendant qu'ils étoient sur le rocher, le vaisseau auroit été perdu sans ressource.

Le 13, James & son équipage levèrent l'ancre & firent cours à l'ouest; mais ne trouvant aucun endroit où ils pussent être en sûreté, ils revirèrent de bord pour gagner le fond de la Baie d'Hudson; ils espéroient, avec quelque raison, y trouver un passage qui les conduisît dans la rivière du Canada, ou au moins, s'ils ne pouvoient y réussir, ils étoient décidés à hiverner en terre-ferme, plutôt que de continuer à naviger dans une mer aussi dangereuse, au milieu des rochers, des bas-fonds & des îles. Le soir du 14, le vent fut très-fort, la mer extrêmement élevée; leur chaloupe qui étoit attachée à la pouppe avec deux

H iij

hanffières, donna fur le vaiffeau par un coup de mer, coula à fond & fut abfolument perdue, enforte qu'il ne leur refta plus qu'une barque en trèsmauvais état. Vers le foir, ils trouvèrent un bon ancrage dans une petite anfe, dont un côté étoit formé par l'île du Lord Vefton, où ils prirent quelque repos; ils y demeurèrent jufqu'au 19. Le vent étant toujours violent & la neige continuelle, ils n'osèrent mettre leur barque en mer, ils la gardèrent fur le pont.

Le 19, le vent fe tourna au nord-nord-eft, & ils firent cours au fud-oueft; mais vers midi, il fe mit au fud, & ils jettèrent l'ancre près de l'île du Comte de Briftol. Pendant qu'ils y demeurèrent, le charpentier raccommoda la barque, & le capitaine defcendit à terre, mais il ne trouva aucune marque qu'il fût jamais venu de créature vivante en cet endroit. Voyant que le vent fe fixoit au nord, & qu'il ne paroiffoit pas probable de pouvoir gagner l'extrémité de la Baie d'Hudfon, ils ne fongèrent plus qu'au choix de leur quartier d'hiver. Quelques-uns proposèrent de gagner le Port-Nelfon, mais le capitaine s'y oppofa fortement, tant parce que l'endroit même étoit trèsdangereux, que par rapport à la difficulté d'y arriver au travers des glaces; & il fe détermina à chercher quelque petite baie du côté du fud.

Le 22, James descendit dans une île à la latitude de cinquante-deux degrés dix minutes; il la nomma l'Isle de Sir Thomas Rowe. Le vent changea pendant qu'il étoit à terre, & il eut beaucoup de peine à regagner son vaisseau. Tant qu'il y demeura, le tems fut très-variable & le froid excessif; la marée qui jettoit le bâtiment sur des bas-fonds, les mettoit continuellement dans le danger le plus éminent; cependant ils restèrent au même ancrage jusqu'au 30.

Le premier d'Octobre, ils remirent à la voile; mais ils ne purent faire que très-peu de chemin, à cause de la multitude des bancs de sable qu'ils rencontrèrent. Le 4, le capitaine descendit dans les îles du Comte de Danby; il n'y trouva autre chose que quelques mauvaises graines ou baies. Cependant le vaisseau avançoit toujours, mais lentement, dans la crainte des bas-fonds & des rochers. Le 7, la neige tomba en si grande abondance que les hommes furent obligés d'en nettoyer le pont avec des pelles; elle s'attacha si fortement à toutes les parties du vaisseau, & prit une telle consistance, qu'il ne paroissoit qu'une masse de glace. Le soleil parut le jour suivant, sans qu'il eût assez de force pour la fondre, & le froid devint si violent qu'à peine pouvoit-on empêcher quelque chose d'être gelée, même auprès du feu; pour les voiles, la glace les avoit tellement roidies, qu'il étoit impossible aux matelots d'en faire aucun usage.

Ces obstacles insurmontables ne leur permirent plus de continuer leur route; ils résolurent de descendre & d'hiverner dans une île qui se trouve à peu de distance de celles du Comte de Danby. James n'explique pas plus clairement en cet endroit quelle étoit cette île : il y a toute apparence, d'après ce qu'il dit plus bas, que c'étoit celle où il étoit déja descendu le 11 de Septembre. La latitude observée le 6 Janvier suivant, se trouve à la vérité, différente de celle remarquée par James lors de sa première descente; mais il en donne une raison physique.

Plusieurs hommes étoient dangereusement malades, & le charpentier, avec quelques-uns des gens de l'équipage, construisit sur le rivage une cabane pour les y mettre, & essayer s'ils en retireroient quelque soulagement. Le capitaine accompagné de quelques personnes de son équipage, parcourut l'île pour voir s'il y trouveroit des habitans; mais il n'y vit rien dont ses gens pussent faire aucun usage. Ils revinrent tous très-fatigués, ayant toujours marché dans la neige jusqu'à mi-jambes. Pendant qu'on faisoit cette recherche, ceux qui étoient restés à bord descendirent les voiles du perroquet, les plièrent & les mirent avec soin entre les ponts, après les avoir bien séchées.

Le 12, on fit dégeler la grande voile qui fut apportée à terre pour couvrir la nouvelle cabane. Le capitaine fit donner aux six hommes qui l'avoient apportée, deux chiens pour aller à la quête des ours ou de quelqu'autre gibier, & on leur permit de demeurer la nuit à terre.

Le 13, quelques matelots demandèrent la permission de parcourir le pays; elle leur fut accordée, à condition qu'ils ne se sépareroient point, & qu'ils chercheroient un port commode pour y conduire le vaisseau. Ils revinrent le 15, avec un petit daim très-maigre qu'ils avoient coupé par quartiers. Ils rapportèrent qu'ils avoient encore vu d'autres animaux de la même espece, la seule qui se fût offerte à leurs regards, mais que ce pays paroissoit dénué d'habitans & d'un port commode. Le 23, le lieutenant, *Guillaume Clément* se mit aussi en chemin pour faire les mêmes recherches, avec cinq hommes; mais ils n'en recueillirent qu'une grande figue, & même ils perdirent un des leurs nommé *Barton*, aide du canonnier, qui se noya en voulant traverser un étang glacé qu'ils trouvèrent sur leur chemin, plutôt que de faire un tour un peu plus long.

Le premier de Novembre, le capitaine examina

le compte du munitionnaire, qu'il trouva très-exact, & il reconnut qu'on avoit soigneusement conservé les provisions. Le 9, on amena à terre la barque, avec beaucoup de peine à cause des neiges & des glaces; elle y conduisit une barrique de bière; elle étoit entièrement gelée, on en mit sur le feu dans une chaudière, où elle contracta un très-mauvais goût, ce qui obligea les Anglois de casser de la glace dans un étang voisin. Il en sortit une odeur empestée, & l'on défendit aussi-tôt d'y toucher, de crainte qu'elle ne leur causât quelque infection. Les gens de l'équipage creusèrent un puits près de leur demeure, & ils y puisèrent une eau excellente, qui leur parut aussi douce & aussi nourrissante que du lait.

Le 12, le feu prit à leur maison, mais la flamme fut bientôt éteinte, & cet accident les obligea seulement à faire une garde plus exacte, ne pouvant éviter d'avoir de grands feux. Le 22, le canonnier auquel on avoit coupé la cuisse mourut, & on le jetta dans la mer, à une assez grande distance du vaisseau. Avant sa mort on lui avoit donné du vin d'Espagne, autant qu'il en pouvoit boire durant trois jours ; mais la bouteille se gela plusieurs fois au chevet de son lit, ainsi que les appareils qu'on avoit mis sur sa blessure ; il avoit cependant sur lui plusieurs couvertures, & on entretenoit un feu continuel dans sa cabane.

Le 23, le vaisseau fut dans le plus grand danger d'être entraîné de son ancrage par plusieurs grands glaçons qui tombèrent sur lui ; le moindre avoit un quart de mille, & le cable fut tiré avec une force qui faillit à le rompre. Dans cette extrémité, l'équipage fit des signes de détresse, & l'on y répondit du rivage, sans pouvoir lui donner aucun secours. Aussi-tôt que le jour le permit, on y alla avec la barque, & l'on résolut de jetter le vaisseau sur le rivage, pour le conserver le plus long-tems qu'il seroit possible, parce qu'il étoit évident que ni cables ni ancres ne pourroient le garantir des glaces & du gros tems.

Quand on eut pris cette résolution, on fit approcher le bâtiment le plus près de terre qu'on le put ; on amena dans la barque la poudre & les provisions à la cabane. Le vaisseau resta couché à la profondeur de deux pieds dans le sable ; mais il étoit encore tellement battu de la mer & des glaces, que le capitaine donna ordre au charpentier de percer un trou avec une tarière dans le fond. L'eau le remplit en six heures, & il commença à être tranquille : pour le mieux asseoir on jetta à fond-de-cale les cordages, les ancres de réserve & beaucoup d'autres ustensiles, du nombre desquels fut le coffre du Chirurgien. Ce fut le 29 au soir qu'ils se mirent dans la barque, au nombre de dix-sept ; mais la neige qui s'étoit glacée dans l'eau l'avoit rendue si épaise, qu'ils eurent la plus grande peine à gagner le rivage, quoiqu'ils eussent quatre rames avec deux hommes sur chacune, & quatre autres pour les relever. Dans ce court passage ils furent tellement couverts de glace & de neige, que lorsqu'ils descendirent ils pouvoient à peine se reconnoître les uns les autres.

La nuit étoit close quand ils eurent mis leur barque en sureté, & ils retrouvèrent avec peine le chemin de la cabane. Leur premier soin en y arrivant fut de faire un grand feu & de se régaler d'eau de glace qu'ils faisoient fondre, & d'un peu de pain. Bientôt ils entrèrent en quelque dispute sur leur situation: le charpentier prétendit que le vaisseau étoit absolument perdu, & soutint que, quand cela ne seroit pas, on n'en pourroit faire aucun usage, à cause de la perte qu'on avoit faite du gouvernail. Le capitaine fut d'un autre sentiment, & par une harange très-pathétique il encouragea ses gens à ranimer leurs esprits. Il leur représenta que leur situation étoit à la vérité très-déplorable; mais qu'en se remettant à la providence, qui n'abandonne jamais ceux qui se confient en elle, ils en ressentiroient les effets; qu'ils avoient un grand nombre d'exemples de gens réduits à un état beaucoup plus fâcheaux que le leur, & qui en avoient éprouvé le secours dans le tems où ils sembloient ne devoir plus en attendre aucun. Qu'ils pourroient, s'il n'y avoit pas d'autre reſſource, conſtruire une pinaſſe des débris de leur vaiſſeau, en ſuppoſant qu'il fût péri ſans retour, & qu'avec le ſecours de la divine miſéricorde ils pourroient s'en ſervir pour regagner l'Angleterre. Le charpentier répondit qu'il n'épargneroit ni ſes peines ni ſon induſtrie pour les tirer de cet endroit, ſi l'équipage vouloit l'aider; qu'il s'imaginoit que l'île où ils étoient produiſoit aſſez de bois pour conſtruire une pinaſſe ſans toucher au vaiſſeau, parce qu'il pouvoit arriver, par quelque heureux événement, qu'il leur fût plus utile qu'il n'y avoit actuellement d'apparence. Tous les gen de l'équipage crièrent qu'ils l'aideroient de tout leur pouvoir dans ce qu'il voudroit entreprendre pour le bien commun. Le capitaine promit de récompenſer libéralement les travailleurs; il donna au charpentier, pour l'encourager, la valeur de dix livres ſterling en vaiſſelle d'argent, & l'aſſura que s'il conſtruiſoit une pinaſſe il lui en feroit préſent à leur arrivée en Angleterre, & lui donneroit de plus cinq livres ſterling.

Le 30, le chirurgien fit l'office de barbier, il coupa les cheveux & la barbe à tous les gens de l'équipage.

Le premier Décembre, quelques hommes allèrent dans la barque au milieu des glaces, juſqu'au vaisseau pour en apporter quelques effets nécessaires, mais la nuit les ayant surpris ils furent obligés de la passer à bord. Ils y souffrirent horriblement par le froid, qui le lendemain fut si rude, que le chemin jusqu'au vaisseau fut totalement glacé; ils revinrent à terre sur la glace, apportant avec eux cinq cens poissons secs, quelques couvertures & plusieurs lits. L'eau les avoit mis presque hors d'état de servir, mais dans le dénuement où se trouvoient le capitaine & ses gens, chaque couverture dont ils pouvoient espérer de tirer quelque chaleur, étoit pour eux d'un très-grand prix.

Le 3, le tems fut un peu plus doux, & quelques-uns des Matelots n'évitèrent qu'avec peine d'être noyés en traversant les glaces qui se rompirent sous eux. Le vent qui étoit ouest, chassa en mer plusieurs glaçons, qui dans leur passage contre le vaisseau lui causèrent quelque dommage. On dégagea la barque des glaces qui l'environnoient, & on essaya de l'enlever sur le pont du vaisseau; mais tous les efforts réunis des matelots furent infructueux; ils furent obligés de la suspendre à des cordages à côté du bâtiment, un ou deux pieds au-dessous de la surface du pont.

Depuis le 3 jusqu'au 18, on transporta dans la cabane & dans un magasin qu'on bâtit auprès, toutes les provisions & ustensiles qui restoient à tirer du vaisseau, pendant que le charpentier & quelques aides rassembloient des bois pour la pinasse. Plusieurs de ceux qui travailloient eurent les doigts, le nez & les joues gelés, ils devinrent aussi blancs que la neige qui ne cessoit de tomber. Le froid augmentoit sensiblement chaque jour, & il s'éleva de grosses ampoules sur le corps de ceux qui s'exposèrent trop promptement à l'ardeur du feu en sortant de l'air extérieur.

Le puits se glaça dans le même tems, & les Anglois ne trouvant plus d'eau dans tous les trous qu'ils creusèrent, furent réduits à la nécessité de boire de la neige fondue; breuvage très-mal-sain dans ce pays, & qui leur causa des maladies de peau & des difficultés de respirer. Le vin d'Espagne, le vinaigre, l'huile & les liqueurs spiritueuses se changèrent en pieces de glaces, que l'on fut obligé de rompre avec des haches pour s'en servir. La gelée devint si vive, qu'à trois pieds de distance d'un très-grand feu les liqueurs se glaçoient encore, quoique la cabane fût très-close; & bientôt cet asyle fut enseveli dans la neige qui tomboit en abondance. Les matelots furent contraints de s'y ouvrir un passage, & de le nettoyer tous les jours avec des pelles. Quand elle fut consolidée, cet espace qui étoit élevé de trois pieds au moins au-dessus du terrain, servit de promenade au capitaine & aux malades qui étoient dans la cabane.

James se souvint alors qu'à sa première descente il avoit trouvé une bonne source au pied d'une hauteur voisine, & qu'il avoit fait abattre deux ou trois arbres près de cet endroit pour le reconnoître. Il y envoya quelques-uns de ses gens qui n'eurent pas de peine à le découvrir ; ils écartèrent la neige avec des pelles, trouvèrent la source & lui apportèrent de l'eau, ce qui leur fut un rafraîchissement très-agréable. Cette découverte fut d'un grand service à tout l'équipage : la source coula pendant toute l'année, & quoique la rigueur du froid en glaçât quelquefois l'entrée, c'étoit à si peu d'épaisseur qu'on l'avoit bientôt découverte.

La fête de Noël fut observée avec la plus religieuse solemnité, & le jour de Saint Jean, ils convinrent de nommer cet endroit de leur séjour, *Forêt de Winter*, en l'honneur de Sir Jean Winter.

Le 6 de Janvier 1632, les Anglois prirent hauteur par un soleil très-clair, & ils trouvèrent que la Forêt de Winter étoit à cinquante-un degrés cinquante-deux minutes de latitude, différence occasionnée par la grande réfraction que cet astre souffroit alors.

Le 21, le soleil parut de figure ovale quand il
sortit

sortit de l'horifon, mais à mefure qu'il s'élevoit il reprit fa forme ordinaire.

Le 30 & le 31, toute la voie lactée, le nuage du Cancer, & les Pleïades parurent remplis de petites étoiles, & tout le firmament des environs en fut également couvert, ce que le capitaine James dit n'avoir jamais vu avant ce tems; mais il y en eut bientôt plus du quart qui perdirent leur lumière par l'éclat de la lune qui fe leva vers dix heures du foir. Au commencement de ce mois la mer fut prife de toutes parts, & l'on ne vit plus d'eau en aucun endroit; le vent fut prefque toujours nord & exceffivement froid. Le peu d'heures où il étoit moins rude, on les employoit à apporter du bois pour le feu, à travailler à la pinaffe & à nettoyer les avenues de la cabane & du magafin, des glaces qui en auroient fermé l'accès.

Le froid fut plus violent dans le mois de Février que les Anglois ne l'avoient encore reffenti depuis qu'ils étoient dans ce pays, & la curiofité de ces aventuriers fut cruellement punie par la perte de leurs dents & par l'enflure de leurs gencives. Ils fe trouvèrent réduits à un état fi fâcheux qu'ils ne pouvoient prefque prendre aucune nourriture, & leur chirurgien n'eut que trop l'occafion d'exercer fes talens & de donner des preuves de fon zèle.

Tome I. I

Il étoit presque impossible de supporter la vivacité de l'air hors de la cabane, les habillemens les plus épais servoient à peine à se garantir de la rigueur du froid, & ceux qui s'y exposoient avoient la plus grande peine à se défendre d'en être gelés. Leurs lits, quoique fort proches du feu, étoient couverts de gelée blanche ; & pendant que le cuisinier dormoit, l'eau se glaça jusqu'au fond dans le baquet où il mettoit dessaler leur nourriture, quoiqu'on le tînt à trois pieds de distance du feu. Quelques soins que prît le chirurgien pour conserver ses syrops & ses médicamens, ils éprouvèrent le même sort ; les montres & les horloges ne furent plus d'aucun usage, & la terre fut gelée à dix pieds de profondeur.

Malgré cette affreuse extrémité, les matelots firent toujours, autant qu'il leur fut possible, les ouvrages nécessaires. Cependant ils manquoient de souliers, la neige & le feu les avoient mis absolument hors d'usage, ce qui les obligea de se garnir les pieds de drapeaux & de chiffons les plus chauds qu'ils purent trouver.

Le 15 de Mars, un des gens de l'équipage s'étant imaginé avoir vu un daim, engagea deux ou trois autres, avec la permission du capitaine, à se mettre à le poursuivre. Ils revinrent le soir, sans succès & si accablés du froid, qu'ils furent quinze jours sans pouvoir remuer, leurs jambes & leurs pieds s'étant couverts d'ampoules aussi grosses que des noix. Trois autres sortirent dans le même dessein quelques jours après, ils furent encore plus maltraités, & peu s'en fallut qu'il ne leur en coûtât la vie. On ne pouvoit avoir le bois à brûler & celui qu'on destinoit à faire la pinasse, qu'avec des peines excessives. Les haches & les coignées étoient toutes rompues ou endommagées : cependant ils n'avoient pas d'autres instrumens pour abattre les arbres & pour les exploiter. Le bois pour le chauffage leur causoit aussi beaucoup d'embarras ; celui qui étoit verd faisoit une fumée capable de les suffoquer, & l'espece de térébenthine qui sortoit de celui qui étoit sec, formoit aussi une fumée non-moins désagréable, qui les couvroit de suie & les rendoit semblables à une troupe de ramoneurs.

Au mois d'Avril, le charpentier, avec quatre autres hommes qui depuis quelque tems n'avoient cessé de travailler, devinrent si infirmes, qu'il ne leur fût plus possible de se mouvoir ; le bosseman & plusieurs matelots tombèrent malades presqu'en même tems, & il ne resta plus que cinq hommes qui fussent en état de manger. Le capitaine résolut, avec leurs secours, de vuider le vaisseau de la glace dont il étoit rempli, aussitôt que le tems commenceroit à devenir plus doux, afin de le préparer à pouvoir fervir quand la faifon le permettroit. Ils n'avoient pour y travailler que deux leviers de fer & quatre pelles rompues. Le projet de James étoit de faire un monceau de la glace qu'ils en tireroient, fur l'arc du bas-bord, afin de former comme une barrière qui l'empêchât d'être endommagé quand les glaces fe briferoient dans la baie, parce qu'il y avoit tout lieu de craindre que dans l'état actuel du vaiffeau, elles ne le miffent en pieces. Le 6 d'Avril, la neige tomba en plus grande quantité & plus forte qu'ils ne l'avoient vue jufqu'alors ; celle qui étoit tombée pendant l'hiver étant petite, feche & fi dangereufe, que lorfque le vent la pouffoit au vifage, il y avoit tout à craindre pour les yeux & pour la gorge de ceux qui s'y trouvoient expofés.

Les Anglois remarquèrent que dans les tems chargés & couverts ; ils voyoient aifément des endroits les plus bas, une île qui étoit environ à quatre lieues de la Forêt de Winter, au lieu que dans les tems fereins & quand le foleil luifoit, ils ne pouvoient la découvrir, même des hauteurs. La caufe de ce phénomène eft qu'un léger brouillard fait le même effet qu'un verre convexe.

Le 16, il fit un très-beau foleil. Ils dégagèrent

le pont du vaisseau de la neige dont il étoit couvert, & firent un grand feu dans la cabane pour la sécher. Le 17, ils tirèrent leur ancre qui étoit dans un bas-fonds sous les glaces, & la transportèrent à bord. Ils virent alors qu'ils n'avoient d'autre parti à prendre que celui de faire usage de leur vaisseau, le mieux qu'il leur seroit possible, parce que leur barque étoit brisée, & que quand même elle auroit été en bon état, son peu de grandeur empêchoit qu'ils n'en tirassent aucun service. Elle n'étoit pas capable de les contenir tous, ni assez forte pour se soutenir en pleine mer ; d'ailleurs le charpentier étant dans un état qui ne lui laissoit aucune espérance de rétablissement, ils ne pouvoient nullement compter sur la pinasse. Le 19, le maître & deux autres hommes résolurent de demeurer à bord, pour se délivrer des lamentations de leurs compagnons malades qui faisoient des cris perçans : il est vrai que le défaut de bonnes couvertures les avoit fait beaucoup souffrir pendant tout l'hiver, mais leur sort n'étoit pas pire que celui des autres.

Le 23, ils percèrent une piece de bière qu'ils avoient retirée du fond-de-cale, & quoiqu'elle ne fût pas meilleure que de l'eau battue, elle leur causa à tous la plus grande satisfaction.

La plus grande partie du mois fut employée à

boucher les ouvertures qu'on avoit faites au vaisseau pour le mettre à fond, à réparer ses autres dommages & à le débarrasser des glaces & de la neige dont il étoit rempli ; tous ceux qui étoient en état d'agir s'y employèrent avec la plus grande activité. Le 28, le cuisinier, en faisant continuellement bouillir de l'eau pour la jetter dans les deux pompes, les mit en état d'agir. Le 29, il plut pendant tout le jour, ce qui leur causa d'autant plus de satisfaction, qu'ils jugèrent que c'étoit une marque certaine de la fin de l'hiver & du retour de la belle saison. Il fit cependant très-froid le 30 & le 31, & il tomba de la grêle & de la neige ; mais la pluie qu'ils avoient eue leur donnoit une si grande joie, que la veille du premier jour de Mai, ils trempèrent des rôties dans la meilleure liqueur qu'ils purent avoir, & burent respectivement devant un grand feu, à la santé de leurs maîtresses.

Le dégel vint peu-à-peu, à mesure qu'on avança dans le mois de Mai, quoique le 2 eût été encore si froid, que ceux qui avoient conservé quelque force, n'osèrent se hasarder à sortir. Les malades, qui s'évanouissoient quand on les tournoit dans leur lit, sentirent des douleurs encore plus vives, qui augmentèrent leur mauvaise humeur. Le 4, la neige commença à fondre, & l'on vit des grues & des oies sauvages, mais si farouches qu'il ne fut pas possible d'en approcher. Le capitaine & le chirurgien essayèrent inutilement pendant deux heures, d'en tirer quelques-unes, mais ils ne rapportèrent de leur chasse qu'une fatigue excessive & de très-vives douleurs. Ils avoient toujours marché dans les neiges fondues, & James dit que, sans exagérer, il croyoit y perdre les jambes. Le 6, ils enterrèrent Jan *Warden*, premier compagnon du maître, sur le sommet d'une colline de sable qu'ils nommèrent la hauteur de Brandon.

Le 9, ils tirèrent hors du fond-de-cale cinq barriques de bœuf & de porc, quatre tonneaux de bière & un de cidre, qui par un heureux hasard se trouva très-bien conservé.

Le 12, ils dégagèrent le magasin des souliers, qui étoient demeurés dans l'eau pendant tout l'hiver; cependant ils en tirèrent un grand service, & chaque homme en mit une paire quand ils eurent été séchés au feu. Ils trouvèrent aussi un tierçon de vin, entièrement gelé ; mais la perte qui, avec raison, leur causa le plus de chagrin, fut celle de leur gouvernail qu'ils cherchèrent inutilement entre les glaces dont leur vaisseau étoit entouré.

Le 14, le bosseman aidé de quelques hommes travailla à nettoyer les agrèts & les cordages, de la glace qui les couvroit, & le tonnelier, quoique très-infirme, fit & raccommoda quelques barriques;

l'intention du capitaine étant, s'il ne pouvoit autrement dégager son vaisseau, de passer plusieurs cables dessous, & de l'enlever par le secours de plusieurs tonneaux. Le même jour, le capitaine ayant fait des balles avec quelque vieille vaisselle d'étain & avec les pieces qui servoient à couvrir la lumière des canons, sortit dans le dessein de tuer quelques oiseaux pour le soulagement des malades. Le 15, il prépara un petit canton de terre qui étoit dégagé de neige, & y sema des pois, dans l'espérance de pouvoir en recueillir de verds pour ses gens, qui n'avoient eu aucuns légumes ni herbages frais depuis qu'ils étoient débarqués.

Le 18, mourut Guillaume *Cole*, le charpentier, qui avant sa mort avoit presque achevé la pinasse. Il en avoit fait un vaisseau bien proportionné, du port d'environ quatorze tonneaux, de vingt-sept pieds de quille, de dix pieds dans sa plus grande largeur, & de cinq pieds pour la profondeur du fond-de-cale. Cole fut enterré à côté du compagnon du maître, sur la hauteur de Brandon. Le même soir, on trouva le corps du canonnier qui étoit mort six mois auparavant; sa tête étoit engagée dans la glace, précisément au-dessous des sabords; le capitaine le fit retirer & enterrer avec les autres. On remarqua qu'il n'avoit contracté aucune mauvaſe odeur, que les emplâtres tenoient encore à ſa bleſſure, & qu'il ne paroiſſoit d'autre altération à ſon corps, ſinon que la chair ſembloit détachée des os. La neige s'abaiſſoit de jour en jour dans toute l'île, mais on ne voyoit pas encore que les glaces fiſſent aucun mouvement pour ſe rompre dans la baie, quoique le ſoleil fût ſouvent très-chaud. Enfin, le 24 elles commencèrent à craquer avec un bruit horrible, & peu de tems après elles ſe rompirent entièrement, & furent enlevées avec la marée. On reconnut alors tout l'avantage d'avoir formé une barrière, & l'on vit évidemment que ſans ce ſecours le bâtiment auroit couru le plus grand riſque d'être briſé en pieces. Le même jour, un des matelots nommé David *Harmon*, en frappant avec une lance ſur la glace, eut le bonheur de rencontrer & de retirer le gouvernail. Le 30, ils deſcendirent la barque, & ils virent que le paſſage de la terre au vaiſſeau étoit entièrement dégagé, ce qui cauſa la plus grande joie à tout l'équipage. Le même jour, ils trouvèrent quelques pois de veſſe, qu'on fit bouillir pour les malades; ils préparèrent leurs voiles & leurs agrêts, firent ſécher le poiſſon & prendre l'air à leurs proviſions. Le capitaine & le maître étoient alors les ſeuls qui puſſent manger des nourritures ſalées.

Au commencement de Juin, le froid reprit si vivement que tout gela dans la cabane; il ne dura pas long-tems, & le 11, après cinq ou six jours de travail, ils redoublèrent leurs efforts pour placer le gouvernail. Les pois de vesse qu'on recueilloit tous les jours, servoient à mettre dans le bouillon pour les malades; ils en mangèrent aussi avec de l'huile & du vinaigre, ce qui leur fit un rafraîchissement au-dessus de ce qu'on peut penser. Ils se rétablirent de jour en jour, leurs dents se raffermirent & les enflûres de leurs gencives se dissipèrent peu-à-peu; ils furent bientôt en état de manger du bœuf.

Le 10 du même mois, il y eut des éclairs & du tonnerre, & le tems fut si chaud, que plusieurs des matelots s'amusèrent à nager. Ils trouvèrent dans les étangs une grande quantité de grenouilles; mais ils n'osèrent en manger, crainte que ce ne fussent des crapauds. La terre se couvrit de fourmis, & l'air fut rempli de papillons & de plusieurs autres especes d'insectes volans, particulièrement de cousins qui incommodèrent excessivement les Anglois. Le sentiment du capitaine James, est que ces animaux sortent du bois pourri, où le froid de l'hiver les confine dans un état d'inaction.

Le 17, après avoir tout ôté du vaisseau, ils firent leurs efforts pour l'élever à ne tirer qu'un

pied & demi d'eau, parce que l'endroit où il étoit n'avoit pas plus de profondeur. Le matin du 20, ils réussirent à l'amener dans le lieu de son premier ancrage, où il avoit été l'année précédente, en apportant tous leurs soins pour l'empêcher d'être trop exposé à la mer. Le 23, ils embarquèrent quelques provisions, étant forcés de les porter jusqu'à la barque, au moins la longueur d'une portée de fusil. Le 24, ils firent une croix d'un des plus grands arbres de l'île; ils y mirent les portraits du roi & de la reine d'Angleterre, très-bien peints; mais ils les enfermèrent dans du plomb, pour que l'air ne pût les gâter; & ils mirent au-dessous les titres du monarque, ainsi exprimés:
» Charles, roi d'Angleterre, d'Ecosse, de *France*
» & d'Irlande, ainsi que de Terre-Neuve & des
» territoires à l'ouest jusqu'à la Nouvelle Albion,
» & au nord jusqu'à la latitude de quatre-vingt
» degrés ».

Sur la plaque de plomb ils attachèrent un scheling & une piece de six sols marqués au coin du roi Charles, & mirent au-dessous ses armes avec celles de la ville de Bristol, bien gravées dans le plomb. quand ils eurent ainsi orné cette croix, ils l'élevèrent à l'endroit où leurs compagnons étoient enterrés, sur le sommet de la hauteur de Brandon, & en même tems ils prirent solemnellement possession du pays, au nom de Sa Majesté Britannique.

Le 25, le bosseman avec quelques-uns des hommes les plus dispos, ajouta les agrets & disposa à bord les provisions, ainsi que toutes les autres choses nécessaires. Vers dix heures du matin du même jour, le capitaine James, accompagné d'un des matelots, prit une lance, un mousquet & quelques matières combustibles pour allumer du feu près d'un arbre très-haut que les Anglois nommoient l'*Arbre d'observation*, parce qu'ils avoient coutume d'y monter pour reconnoître, la vue y étant très-étendue. Le dessein du capitaine étoit d'examiner, pendant que le feu brûleroit, si on lui répondroit par quelque autre feu ou par quelque signal particulier, afin de juger par ce moyen si quelque partie du pays étoit habitée.

A peine étoit-il établi sur le haut de son observatoire, qu'il s'apperçut que son compagnon avoit imprudemment mis le feu à quelques ronces au-dessus du vent, la flamme gagna des genêts & d'autres broussailles qui croissoient entre les arbres ; elle se communiqua de proche en proche avec la plus grande rapidité ; le feu gagna l'arbre où étoit le capitaine, avec tant de diligence qu'il l'eut atteint avant qu'il en fût descendu. Il fut obligé de faire un saut, au hasard de s'estropier ; & quoiqu'il se sauvât ensuite avec la plus grande vîtesse, il sembloit que les flammes le poursuivoient & étoient toujours sur lui. L'incendie s'étendit toute la nuit dans l'île, & le vent étant devenu plus fort le matin, les flammes gagnèrent le petit village (si l'on peut lui donner ce nom) de l'équipage du vaisseau. On finissoit d'enlever tous les effets quand le feu prit à la cabane & au magasin, qui furent bientôt réduits en cendres. Cet incendie s'étendit avec grand bruit, l'espace d'un mille de largeur, & dura deux jours entiers, consumant tout ce qu'il rencontra. Le soir du 26, les Anglois furent tous à bord, & se trouvèrent alors plus heureux qu'ils ne l'avoient jamais été.

Le 27, le 28 & le 29, ils mirent sur le vaisseau leur eau & leur bois de chauffage dont une partie étoit composée de la pinasse qu'ils avoient mise en pieces, voyant qu'elle ne leur serviroit à aucun usage. La baie fut alors entièrement libre de glaces, & l'on n'en vit plus aucune marque ; le vent les avoit toutes entraînées vers le nord. Cette saison étoit des plus mal-saines : dans le jour, la chaleur considérablement augmentée par le terrein sablonneux, étoit insupportable, & les nuits, les étangs se geloient encore de l'épaisseur d'un pouce. Mais rien n'égaloit l'incommodité que causoient les piqûres des cousins, dont il étoit presque impossible de se garantir. Cependant les gens de l'équipage s'étoient fait des sacs avec des morceaux d'un drapeau ou étendard qu'ils avoient déchiré pour cet usage; malgré cette précaution, ces insectes trouvoient toujours un passage, & leurs piqûres élevoient sur la peau des boutons qui causoient une démangeaison insupportable.

Le premier de Juillet, qui étoit un dimanche, les Anglois arborèrent le pavillon au vaisseau, & l'ornèrent le plus élégamment qu'il leur fut possible; ensuite tout l'équipage se rendit en procession à l'endroit où ils avoient élevé une croix, qui n'avoit point été exposée à l'incendie, parce qu'elle étoit dans un terrein où il n'y avoit que du sable. Ils se joignirent aux prières dont le capitaine fit la lecture, dinèrent, & passèrent le reste du jour à grimper sur les hauteurs. Suivant les observations qui parurent les plus exactes, le feu s'étoit porté à seize mille d'étendue. Le soir ils trouvèrent une herbe semblable à la cueillerée, ils en ramassèrent une grande quantité, & elle leur fit un mêts très-agréable quand elle fut bouillie.

Ils résolurent alors de quitter entièrement ce pays; mais auparavant le capitaine écrivit un récit abrégé de toute l'expédition, en forme de lettre, pour l'instruction de quiconque pourroit aborder au même endroit. Il le renferma dans une boîte de

DES NAUFRAGES. 143

plomb qu'il attacha à la croix, au-dessous des armes du roi. Enfin ils remontèrent dans la barque & ne mirent plus le pied dans la forêt de Winter, autrement dite l'île de Charlton, nom qu'ils lui donnèrent au lieu du premier, le 25 de Mai, en l'honneur du prince de Galles, depuis roi sous le nom de Charles II.

Avant de donner le récit du retour des Anglois en leur patrie, il ne sera pas hors de propos de faire connoître en peu de mots la nature de l'île où ils hivernèrent, & d'entrer dans quelques détails sur les précautions que prirent le capitaine James & ses compagnons, pour y conserver leur vie.

Nous avons déja observé que l'île de Charlton est à la latitude de cinquante-un degrés cinquante-deux minutes; son terrein est un sable blanc très-fin, que le vent enleve comme de la poussière, & qui est souvent très-incommode. Il est couvert d'une espece de mousse d'un verd très-pâle, & de halliers de genêts & d'autres arbrisseaux infructueux, avec quelques arbres de genievre, & des sapins dont les plus gros n'excedent pas un pied & demi de diamètre. Les Anglois y tuèrent un daim à leur arrivée, & en virent un petit nombre d'autres; mais depuis ils n'en apperçurent que très-peu.

Ils y rencontrèrent deux ou trois autres efpeces d'animaux à quatre pieds, outre les ours & les renards; ils tuèrent ou prirent au piege quelques douzaines de ces derniers, qu'ils firent bouillir pour l'ufage des malades. Au mois de Mai, ils virent auffi des canards, des oies fauvages & des perdrix blanches dont ils tuèrent quelques-unes, mais en petite quantité, parce que leurs munitions étoient prefque épuifées. Le Poiffon paroît totalement inconnu fous ce climat, & ils n'y en virent aucune apparence, excepté deux ou trois coquillages vuides.

L'endroit que James choifit pour hiverner, fut un bofquet (fi on peut lui donner ce nom) d'arbres affez épais, avec une petite colline qui le garantiffoit de la violence du vent du nord. Il trouva d'abord de grandes difficultés pour y élever une habitation: il effaya en vain de fe creufer une cave, il trouva toujours l'eau à deux ou trois pieds de profondeur. Il ne put faire des murs de pierre, parce que le petit nombre de celles qu'on avoit d'abord vues dans l'île, fut bientôt enfeveli dans la neige, & il ne lui fut pas poffible d'en former de terre, à caufe de la nature du fol, qui n'étoit, comme on vient de le dire, qu'un fable fin fans aucune confiftance. Les Anglois remedièrent le mieux qu'il leur fut poffible à tous ces inconvéniens,

convéniens, en enfonçant des pieux très-proche les uns des autres, avec des efpeces de claies très-ferrées, qui formoient comme un rempart contre la rigueur du tems. Cet édifice avoit environ fix pieds de hauteur, & aux deux extrémités ils avoient laiffé une ouverture qui atteignoit prefqu'au fommet. Elle fervoit à donner paffage à la lumière, à faire fortir la fumée, & laiffoit la liberté d'entrer dans la cabane & d'en fortir. A une petite diftance, ils avoient mis d'autres poteaux de fix pieds de haut, avec fix autres pieces de bois en travers, bien garnies en dedans & en dehors de plufieurs rangs de brouffailles; & par-deffus tout ils avoient jetté leurs grandes & petites voiles, qui tomboient jufqu'à terre & contribuoient beaucoup à entretenir la chaleur. Cette cabane étoit à-peu-près quarrée, de vingt pieds de longueur fur chaque côté; le foyer étoit au milieu, & autour du feu les matelots avoient établi leurs couchettes fur des poteaux d'un pied de hauteur, où ils avoient étendu des voiles de relais avec leurs lits & leurs couvertures. Ils avoient mis des planches fur la terre, pour garantir de l'humidité, autant qu'il étoit poffible, l'intérieur de leur habitation.

A vingt pieds de diftance de cette cabane, ils en avoient élevé une feconde, un peu moins étendue, avec une pile de coffres du côté du fud au

Tome I. K

lieu de poteaux ; on y préparoit les vivres, & les gens inférieurs de l'équipage y paſſoient la plus grande partie du jour.

Vingt pas plus loin, on trouvoit le magaſin où l'on conſervoit le pain, le poiſſon & les autres proviſions, ſur une élévation à deux pieds de terre pour les entretenir toujours feches. Ce dernier réduit n'étoit formé que d'un gros arbre ſoutenu par des chevrons & par de forts branchages, le tout bien couvert de voiles.

Leurs proviſions confiſtoient en bœuf ſalé, en porc & en poiſſon, dont ils avoient au moins pour huit mois, en les conſervant avec ſoin comme ils firent. Voici la diſtribution que leur faiſoit le cuiſinier pour leur nourriture :

Le dimanche il leur donnoit du porc & des pois ; au ſoupé, de la ſoupe & du bœuf qu'on avoit fait bouillir & bien deſſaler, la nuit du ſamedi ; le bouillon réchauffé faiſoit un excellent cordial : ils avoient enſuite un plat de poiſſon. On avoit également ſoin, tous les autres jours, de préparer le bœuf la nuit précédente. Ceux qui ne pouvoient manger les mêmes mets, à cauſe du mal qu'ils ſouffroient à la bouche, prenoient du gruau fricaſſé ou du pain broyé avec de l'huile, à quoi l'on joignoit quelquefois de la purée de pois. Leur boiſſon ordinaire étoit de l'eau ; mais on donnoit aux malades & à ceux qui étoient les plus foibles une chopine de vin d'Alicante par jour, avec un verre d'eau-de-vie tous les matins, quoique ces liqueurs eussent perdu presque tout leur esprit par la gelée dont on n'avoit pu les garantir. Quand ils vouloient faire la débauche, ils mettoient une pinte de vin dans sept pintes d'eau, & cette légère boisson ranimoit autant leur courage qu'elle les excitoit à la gaieté.

Le lundi 2 de Juillet, tout l'équipage fut sur pied de grand matin, & le capitaine voyant que tout étoit en état, fit lever l'ancre. Les Anglois partirent avec la plus grande joie, & dirigèrent leur cours à l'île de Danby, pour y prendre du bois, le vent étant alors nord-ouest. Le vaisseau voguoit légèrement, bien réparé en apparence de tous ses dommages, & en état de faire le voyage qu'ils entreprenoient.

Pendant que les matelots ramassoient du bois dans l'île de Danby, le capitaine arracha quelques pieux pour les examiner, & ils lui parurent avoir été aiguisés avec des haches ou avec quelques autres instrumens de fer. Il paroissoit aussi qu'on s'étoit servi de la tête de ces mêmes instrumens pour les enfoncer en terre, vers un endroit où il voyoit des marques évidentes de feu. Cette découverte fit désirer ardemment à James de trouver quelques-

K ij

uns des Sauvages, pour avoir une conférence avec eux, dans l'espérance d'en tirer des éclaircissemens sur la nature de ce pays, & peut-être même d'ouvrir quelque espece de commerce qui seroit avantageux à sa patrie. Il ne put réussir dans ce projet, & il ne parvint jamais à découvrir aucuns habitans.

Vers quatre heures après midi, le capitaine revint à bord, & comme le vent lui étoit alors contraire, il jetta l'ancre pour cette nuit près de Charlton. Le lendemain il fit cours à l'ouest. Vers midi, il découvrit au nord une grande quantité de glaces, & il vit peu de tems après que la terre à l'ouest en paroissoit toute couverte. Le canal où il naviguoit étoit très-dangereux, plein de rochers & de bas-fonds qui l'obligeoient d'aller toujours la sonde à la main.

Depuis le 5 jusqu'au 21, les Anglois firent très-peu de chemin, étant retardés par des brouillards si épais qu'ils en étoient presque aveuglés, & par des glaces qui tomboient sur eux avec tant de force qu'ils étoient continuellement en crainte que leur vaisseau ne fût mis en pieces par leurs chocs redoublés. Il les surmonta par la légèreté avec laquelle il voguoit; mais les écoutilles furent toujours ouvertes, pour que les matelots pussent continuellement avoir la vue sur l'intérieur du bâtiment, afin d'y apporter un prompt secours s'il lui arrivoit quelque dommage.

Le 22, après avoir éprouvé une nuit très-orageuse & un brouillard fort épais, ils virent la terre & reconnurent le cap Marie-Henriette; ils y jettèrent l'ancre, & le capitaine accompagné de quelques-uns de ses gens, descendit à terre avec des chiens & des armes, dans l'espérance de prendre ou de tuer quelques daims. Ils en avoient vu plusieurs troupeaux; mais ils firent de vains efforts pour les surprendre, ces animaux se tinrent toujours hors de la portée du fusil, & évitèrent aisément les chiens. James abandonna dans l'île ceux qu'il avoit amenés, c'étoit un chien & une chienne, jugeant qu'il étoit inutile de les garder à bord, puisqu'ils ne pouvoient lui être d'aucun service à la chasse, ne les ayant pris que pour cet usage. Ces animaux tiroient aussi la nourriture qu'on mettoit tremper dans l'eau, & étoient devenus à tous égards trop incommodes pour les conserver.

Le soir, les Anglois retournèrent à bord & se remirent en mer avec un bon vent de sud. Ils rencontrèrent beaucoup de glaces brisées, & trouvèrent plusieurs bas-fonds dont ils se dégagèrent aisément en tirant un peu plus au nord. Ils y furent beaucoup plus fatigués par les glaces qui tombèrent sur eux en abondance; tous les matelots se mirent fur le pont, avec des perches affez fortes pour qu'il fallût être quatre pour les diriger. Ils réuffirent par leur fecours à fe dégager affez bien, quoique la force des glaces l'emportât quelquefois fur leurs efforts réunis, par la violence des coups qu'elles donnoient aux flancs du vaiffeau : leur choc étoit fi vif, que deux des perches furent caffées. Ils furent ainfi affaillis pendant plus de fix femaines, & expofés tous les jours à de rudes affauts, fe fervant quelquefois de leurs voiles, & ayant d'autres fois recours à leurs ancres quand ils fe trouvoient dans une eau plus libre. Un jour, ils étoient prefque accablés par les glaces ; un autre jour, le vent devenoit fi violent qu'ils ne pouvoient fe flatter de fubfifter une heure fur la furface de l'eau. Les nuits étoient fi obfcures, qu'ils ne pouvoient voir à faire la manœuvre, & ils y trouvoient prefqu'autant de difficulté dans le jour, à caufe de l'épaiffeur des brouillards.

Les nuits étoient très-longues, & fi froides qu'il étoit prefque impoffible de toucher aux voiles & aux cordages fans en être exceffivement incommodé. Ils furent fouvent emportés par des coups de vent contre lefquels il n'étoit pas poffible de réfifter ; ils en éprouvèrent un entr'autres, qui pendant trois jours les menaça de les faire périr à chaque inftant. Il fembloit que l'hiver fût encore dans toute sa force, & la mer leur paroissoit toujours si embarrassée par les glaces, qu'ils n'avoient d'autre espérance que celle de regagner les détroits d'Hudson ; encore leur falloit-il pour y réussir que le tems devînt plus favorable & la mer plus libre, ce qu'ils n'osoient espérer. Le vaisseau étoit en si mauvais état qu'il falloit travailler d'heure en heure à la pompe, excercice excessivement fatigant : les coups qu'il avoit reçus des glaces & des rochers, l'avoient tellement brisé, qu'il paroissoit téméraire de lui confier plus long-tems la vie des hommes.

Toutes ces raisons portèrent les officiers à requérir formellement le capitaine de reprendre la route d'Angleterre, puisqu'il paroissoit évidemment qu'on ne pouvoit retirer aucun avantage d'un plus long séjour dans ces mers. Ils en dressèrent une requête qui fut signée de tous, le 26 d'Août. En conséquence James donna ordre au pilote de se mettre au gouvernail, & de changer entièrement son cours.

Le 27, le vent s'étant tourné nord-ouest, amena beaucoup de neige avec un tems très-rigoureux ; il passa à côté du vaisseau des glaçons si énormes, que quelques-uns étoient aussi hauts que le grand mât. Le 31, ils se trouvèrent dans la partie la plus resserrée du détroit, & virent la terre couverte de glaces, particulièrement du côté qu'ils avoient fous le vent.

Ils fortirent du détroit affez heureufement, dans les premiers jours de Septembre ; mais ils ne tardèrent point à être battus de vents très-variables. Le froid étoit alors fi vif, qu'il étoit prefque impoffible aux gens de l'équipage de monter aux mâts & de manœuvrer le matin. Le 8, la mer fut très-élevée, ils éprouvèrent de ces bouffées de vent que les marins nomment raffales, & le vaiffeau fut tellement fatigué par le roulis, qu'ils furent continuellement dans la crainte de perdre leurs mâts. Les coutures s'ouvroient de toutes parts, & le bâtiment faifoit tant d'eau qu'on ne pouvoit quitter la pompe. Mais après ce jour ils ne virent plus de glaces.

Enfin le vent leur étant favorable & le vaiffeau continuant fon cours malgré toutes ces difficultés, il ne leur arriva plus rien de remarquable, & ils jettèrent l'ancre dans la rade de Briftol. Leur arrivée caufa autant de furprife que de fatisfaction : on étoit dans les plus vives alarmes fur leur fort. Mais l'étonnement redoubla quand le vaiffeau fut amené dans le port & mis à terre fur le côté. Entre autres dommages il avoit perdu quatorze pieds de quille, la pouppe prefqu'en entier, & une grande partie de la doublure ; les flancs étoient enfoncés de toutes parts, & se trouvoient percés en un endroit d'un pouce & demi au-dessous des doublures.

Le voyage du capitaine James n'avoit point eu le succès qu'on en attendoit, mais il avoit ajouté considérablement aux découvertes de Button, d'Hudson & de Baffin ; il avoit fait auſſi plusieurs observations importantes. C'est pourquoi la nation Angloise l'a placé au nombre des plus célèbres navigateurs des mers du Nord.

La relation de son voyage (*) parut peu après son retour, & fut reçue du public avec la plus grande avidité ; mais il paroît que les difficultés qu'il avoit essuyées l'avoient fait changer d'opinion sur la réalité d'un paſſage au nord-ouest. En cela il n'est point d'accord avec le capitaine Fox ; sans doute pour avoir observé, l'un plus vers la partie septentrionale de la Baie d'Hudson, du côté de l'ouest ; & l'autre plus au nord-est & au fond de la baie. James déclara positivement dans son journal, que le fruit de ses travaux étoit d'avoir reconnu, ou qu'il n'y avoit aucun paſſage, ou que s'il y en avoit un, il devoit être si mal situé qu'il

---

(*) L'usage que le savant *Boyle* en a fait dans ſes Ouvrages, a donné un grand relief au Journal de James.

y auroit peu d'utilité à le découvrir. Quoiqu'il en soit, son témoignage, & le détail effrayant qu'il faisoit de ses souffrances, amortirent tellement le goût des Anglois pour les découvertes au Nord, qu'ils demeurèrent près de trente ans dans l'inaction.

Aux observations faites par le capitaine James sur la Baie d'Hudson, nous en joindrons quelques autres, particulièrement sur son état actuel : elles seront suffisantes pour donner aux lecteurs une idée générale de cette baie.

LA BAIE D'HUDSON, la plus considérable de celles de l'Amérique septentrionale, si on en excepte peut-être celle de Baffin, a été ainsi appelée par Henri Hudson (2), célèbre & infortuné marin Anglois, qui la découvrit en 1607. Cette baie s'étendoit du nord au sud, depuis l'île de la Résolution, entre les soixante-quatorze degrés d'élévation du pôle & le cinquante-unième. Elle a environ trois cens lieues de profondeur; sa largeur est inégale, à l'entrée elle a deux cens lieues, mais elle diminue au fond jusqu'à trente-cinq.

Les environs de la Baie d'Hudson présentent le coup-d'œil le plus affreux. De quelque côté qu'on fixe la vue, on n'apperçoit que des terres incultes & incapables de culture, des rochers escarpés qui s'élevent jusqu'aux nues, enfin des ravines profondes & des vallées stériles où le soleil ne pénetre point & qui sont toujours couvertes de neige & de glaçons. La mer n'est jamais bien libre dans cette vaste baie, si ce n'est depuis le commencement de Juillet jusqu'à la fin de Septembre; encore y rencontre-t-on souvent d'énormes morceaux de glace qui jettent les vaisseaux dans de grands embarras.

Des deux côtés, les terres sont habitées par des Sauvages peu connus. La côte méridionale a reçu le nom de Terre de Labrador, & celle du nord autant de noms qu'il y est passé de navigateurs qui s'attribuent l'honneur de la découverte. Sur la côte occidentale se trouve le Port-Nelson; les Anglois y ont bâti un fort, & ont donné le nom de Nouvelle-Galles à tout le pays.

Ce qui attire les Européens dans une contrée aussi aride, c'est que nulle-part ailleurs, vers le cercle polaire arctique, la traite des pelleteries ne se fait avec plus de profit. Outre qu'elles sont les meilleures de toutes celles qu'on y apporte du Canada, elles coûtent beaucoup moins, à cause de la misère des Sauvages, sur-tout ceux qui fréquentent le Port-Nelson.

Les marchandises dont les Européens tirent le meilleur parti à la Baie d'Hudson, sont les fusils, la poudre à tirer, le plomb, les draps, les haches & le tabac, qu'on y troque avec les Sauvages pour diverses pelleteries.

On ne peut contester à Henri Hudson d'avoir donné son nom à cette baie, mais il n'est pas moins certain qu'uniquement occupé du passage aux Indes orientales par le nord, qui faisoit l'objet de ses recherches, il ne pensa jamais à s'y établir. Ce ne fut qu'en 1667, suivant le témoignage des Anglois mêmes, que *Zacharie Gillam* bâtit sur la rivière de Rupert un fort auquel il donna le nom de Charles-Fort. Cette entreprise fut regardée par les François comme une usurpation; en effet, dès l'année 1659, un officier nommé *Bourdon*, avoit été envoyé à la Baie d'Hudson pour en assurer la possession à la France. L'établissement qu'il y forma fut soutenu pendant quelque tems; mais ayant été négligé, les Anglois s'emparèrent de la baie & de son commerce. Ils ne tardèrent point à en être dépossédés par les François qui s'y maintinrent avec différens succès jusqu'en 1714, qu'elle fut cédée à l'Angleterre ainsi que l'Acadie & l'île de Terre-Neuve, par la paix d'Utrecht.

Les Anglois ont aujourd'hui dans la Baie d'Hudson quatre établissemens, qui sont : Le fort d*Yorck*, ceux de *Churchill*, de *St. Alban* & la rivière de *Moose* ; le premier est le plus considérable.

Tout le commerce se fait dans cette baie par une Compagnie Angloise qui porte le nom de Compagnie de la Baie d'Hudson. Elle s'est formée en 1670, sous l'autorité de Charles II, roi d'Angleterre. Ce prince lui accorda des lettres-patentes le 2 Mai de la même année. Les premiers gains des intéressés montèrent à trois cent pour cent.

NOTES.

(1) LE capitaine *Fox* employa encore tout le mois de Septembre à parcourir ces parages & à y faire des observations ; mais voyant la saison avancée, & qu'il n'y avoit point d'espérance de trouver le passage cette année, il repassa heureusement le détroit d'Hudson au commencement d'Octobre. Un vent favorable le ramena au port des Dunes à la fin du mois. Cet habile marin publia aussitôt après son retour, la relation de son voyage. Il y établit comme un point incontestable, que les hautes marées qu'il avoit rencontrées au *Welcome* de *Thomas Roé*, ou *Ne ultrà* de *Button*, ne pouvoient absolument venir par le détroit d'Hud-

fon, mais qu'elles devoient y être amenées par quelque mer orientale, ou par celle qui porte le nom de Mer du fud. Il y trace judicieufement leur cours. D'après fes obfervations, Fox affure que le paffage exifte réellement, mais il n'infifte pas moins fur le côté par lequel on doit le chercher. » On y trouvera, dit-il, une large ouverture dans un climat tempéré ». Ce qu'il fonde fur fa propre expérience, ayant obfervé que plus il montoit vers le nord de la Baie d'Hudfon, plus il trouvoit le tems chaud & la mer dégagée des glaces.

(2) *Henri* HUDSON. »Perfonne n'a jamais mieux
» entendu le métier de navigateur, dit M. *Ellis* dans
» la relation de fon voyage à la Baie d'Hudfon;
» fa bravoure étoit à l'épreuve de tout événement,
» & fon application étoit infatigable ». Hudfon entreprit plufieurs voyages pour trouver le paffage aux Indes orientales par le nord, & dans ces différentes courfes il fit beaucoup de découvertes & d'obfervations importantes. En 1610, ce malheureux capitaine fut obligé d'hiverner fur la côte fud-oueft de la baie à laquelle il avoit donné fon nom. Au retour du printems, il faifoit fes difpofitions pour revenir en Angleterre, lorfqu'il devint la victime du complot horrible de fon équipage. Ces fcélérats, plus cruels que les bêtes farouches, l'abandon-

nèrent dans la chaloupe du vaisseau, avec son fils encore jeune, le sieur *Woodhouse*, mathématicien, qui faisoit le voyage comme volontaire, le charpentier & cinq autres, en ne leur laissant ni provisions ni armes. Depuis on n'en a eu aucune nouvelle ; vraisemblablement ils ont péri de misère sur cette côte aride, ou ont été assommés par les Sauvages.

N.° 4.

DÉLAISSEMENT VOLONTAIRE

De sept Hollandois, qui ont passé l'hiver dans l'île de Saint Maurice, au Groenland, où ils moururent au commencement du mois de Mai, en 1634 (*).

LA Compagnie Hollandoise du Groenland, ayant résolu de pousser les découvertes aussi loin qu'il seroit possible dans le pays d'où elle avoit tiré son

_____

(*) M. BARROW, Auteur de l'Histoire des découvertes des Européens dans les différentes parties du Monde, *Paris*, 1766, y a inséré le Journal de ces Hollandois dans le cinquième vol.

nom,

DES NAUFRAGES. 161

nom, & d'y faire des obfervations fur les variations du tems & fur les autres parties qui peuvent contribuer au progrès de l'aftronomie & à l'avantage du commerce, fept navigateurs forts & courageux s'offrirent d'y paffer l'hiver, & de tenir un Journal exact de tout ce qu'ils auroient remarqué.

Pour remplir leur engagement, on les laiffa dans l'île de Saint Maurice (1) au Groenland. Le 26 d'Août 1633, la Flotte leva l'ancre pour la Hollande, avec un vent de nord-eft & la mer très-élevée, ce qui dura jufqu'au lendemain. Le 27, les fept délaiffés remarquèrent qu'il n'y avoit eu aucune obfcurité durant la nuit. Le 28, il tomba beaucoup de neige ; ils partagèrent entr'eux une demi-livre de tabac pour chaque homme, ce qui devoit leur fervir une femaine. Vers le foir ils fortirent pour faire leurs obfervations, mais ils ne virent rien de remarquable.

Le 29, le jour fut très-beau & le foleil éclatant ; ils découvrirent la Montagne des *Ours* très-clairement du fommet d'une autre montagne où ils grimpèrent fouvent quand le tems le leur permit. La nuit du 30 fut très-fombre, mais celle du 31 fut claire ; les étoiles brillèrent & il fit un vent du nord-eft. Depuis le premier de Septembre jufqu'au 7, le temps fut affez fupportable, quoiqu'il tombât fréquemment de la pluie & de la neige. Le 8, le

Tome I. L

vent tourna au fud-eſt, & il y eut une grande pluie le matin, mais le tems s'éclaircit l'après-midi & au commencement de la nuit qui fut claire avec le ciel étoilé Ils furent cette même nuit éffrayés par un bruit affreux, comme fi quelque chofe d'une groſſeur énorme eût tombé près d'eux ſur terre : mais, quelques recherches qu'ils aient faites, il ne leur a pas été poſſible d'en trouver la cauſe.

L'explication de ce phénomène, aſſez fréquent dans les contrées voiſines du pôle, ſe trouve dans la relation du Groënland, publiée par M. Crantz, miſſionnaire Danois au Groenland. » On apperçoit
» ſouvent, dit ce miniſtre très-inſtruit & bon ob-
» ſervateur, des maſſes énormes de glaces, qui
» ſont comme ſuſpendues & accrochées aux Ro-
» chers. Quand les fondemens & la baſe de ces
» glaçons ſont minés par la chaleur même de la
» terre qui reſpire au printems, ou plutôt en été
» dans ce pays, la glace alors croulant ſous ſon
» fardeau, ſe briſe, ſe détache & roule de roc en
» roc avec un fracas épouvantable. Lorſque ces
» maſſes pendent ſur quelques précipices, ou
» qu'elles tombent dans une baie où elles ſe rom-
» pent en groſſes pieces, on entend comme un
» bruit de tonnerre ; on éprouve même ſur la mer
» une agitation ſi forte, que les petits bateaux qui
» ſe trouvent par haſard dans le voiſinage le long

» des côtes, en sont quelquefois submergés avec
» les Groenlandois qui y pêchent ».

Le 9, le soleil fut si brûlant qu'ils se mirent en chemise pour se rafraîchir; cependant il avoit plu le matin, & ces variations furent fréquentes jusqu'au 17. Ils employèrent ce tems à ramasser quelques herbes pour faire des salades, & ils virent plusieurs mouettes. Le vent se tourna au sud-ouest, & la mer fut couverte d'écume, mais la nuit fut très-calme. Le 18, il tomba beaucoup de pluie, & l'on donna à chaque homme une mesure d'eau-de-vie qui devoit lui durer onze jours.

Le 23, l'air fut très-pésant, quoique le vent fût à l'est. Ils virent une baleine qui se jouoit près du rivage, & ils se mirent dans leur chaloupe pour la poursuivre, mais le tems se couvrit bientôt, un épais brouillard qui s'éleva & qui fut suivi de pluie les empêcha de s'en rendre maîtres. Le 26, l'air fut très-froid, il fit une forte gelée & ils ne trouvèrent plus de salades; les pluies froides qui continuoient, & les vents violens qui souffloient de différens côtés les firent pourrir dans la terre.

Le 2 d'Octobre, ils trouvèrent une très-belle fontaine d'eau claire, dans la partie méridionale de l'île, & la gelée fut si forte que la glace des étangs, même du côté du sud, pouvoit porter aisément un homme. Les deux jours suivans le tems fut à la gelée, mais le 5, le vent s'étant tourné au sud, il tomba une si grande pluie qu'ils ne purent sortir de leurs tentes. Cependant la gelée reprit le lendemain matin, & la nuit du 8 il y eut un ouragan si violent qu'ils craignirent que leurs tentes n'en fussent emportées. La fureur des vents, jointe au bruit affreux de la mer agitée, les empêcha de dormir toute cette nuit ; le vent varia ensuite du nord au nord-est, & fut si impétueux qu'aucun vaisseau n'auroit pu tenir contre.

Le froid les obligea alors, non-seulement à faire du feu, mais à se tenir renfermés. Ils furent même contraints de mettre leur linge à couvert devant le feu pour le faire sécher, parce que hors de la porte il devenoit en une minute aussi dur que du bois. Ils se trouvèrent extrêmement fatigués, & commencèrent à être tourmentés fréquemment de vertiges.

Le 12, ils eurent de grands vents & une forte gelée, la neige tomba en abondance, & un baril de chair d'ours se gela à six pieds du feu. Le 15 ils sortirent armés de harpons, de lances, de coutelas & d'autres armes offensives, pour attaquer deux baleines qui avoient été jettées sur le rivage ; mais la marée monta avec tant de promptitude qu'elle emporta ces animaux, quoiqu'ils eussent reçu quelques blessures.

Le 19, ils virent la partie septentrionale du rivage couverte de glaces, & quoique le soleil fût encore sur l'horison, les rayons de cet astre ne s'élevoient pas au-dessus de la hauteur au pied de laquelle ils avoient dressé leurs tentes pour qu'elle leur servît d'abri. Le 20, ils virent un ours, mais ils ne purent le tuer, quoiqu'ils l'eussent atteint de plusieurs coups qui paroissoient avoir porté assez profondément. Il leur parut que les glaces augmentoient en mer ; le vent continua à souffler de l'est, & la nuit fut extrêmement froide. Le 25, ils poursuivirent un autre ours qui étoit venu se refugier près de leurs tentes, mais il devança leur vigilance. Il continua à tomber de la neige tous les jours, quoiqu'il y eût quelques intervalles de soleil & de beau temps. Cependant le froid augmentoit de plus-en-plus, & il fut si rude le 31, qu'il brisa plusieurs vases qui contenoient des liqueurs. On ne vit plus aucune apparence d'eau & la baie ainsi que la mer furent glacées aussi loin que la vue pouvoit s'étendre.

Le 2 de novembre, six ou sept ours vinrent de compagnie près de leurs tentes ; ils en tuèrent un, les autres prirent la fuite en le voyant tomber, & se sauvèrent sur les glaces où il n'étoit pas possible de les poursuivre. Ces animaux carnassiers venoient les nuits en si grand nombre autour de leurs tentes, que les Hollandois jugèrent qu'il seroit dangereux de fortir. Ils furent obligés d'allumer de grands feux dans leur cellier, pour que la bière & les autres liqueurs ne fuffent pas détruites par la gelée. Le 3, voyant le tems plus fupportable, ils tirèrent un ours fur la glace, le tuèrent, & traînèrent fon corps dans leur tente avec une forte corde. Le 5, la neige fut fi épaiffe & le vent fi violent qu'il leur fut impoffible de fortir. Depuis ce tems, les mouettes fe tinrent cachées, l'eau fut totalement confommée & les Hollandois furent obligés de fe fervir de neige fondue.

Depuis le 19, les jours devinrent fi courts qu'ils n'avoient pas de clarté fuffifante pour lire ou pour écrire dans leurs tentes, ce qui les jetta dans une profonde mélancolie. Le 23, ils tirèrent un ours qui fe fauva fur les glaces, quoiqu'il eût une profonde bleffure, à en juger par les traces de fang qu'il laiffa fur la route; cet animal eft fi fort qu'il court encore long-tems avec le corps percé d'outre en outre.

Le 26, le vent fe tourna au fud, le tems fut affez doux & les glaces furent chaffées de la baie dans l'Océan. Deux ou trois jours avant, ils avoient encore vu quelques mouettes qui fe retirèrent dans les montagnes aux approches de la nuit. La fin de ce mois & le commencement de Décembre furent fi doux, qu'ils commencèrent à efpérer que l'hiver ne feroit pas beaucoup plus rude qu'il ne l'eft ordinairement en Hollande ; mais le 8, le froid reprit avec un vent de nord-eft, & les glaces commencèrent à paroître de toutes parts en plus grande abondance.

Depuis quelque tems il leur avoit été impoffible de tuer des ours, ces animaux fe tenant fi bien fur leurs gardes qu'on ne pouvoit en approcher ; & quand il leur arrivoit d'en bleffer quelqu'un, ils le perdoient dans les glaces. Cependant le 12, un des Hollandois eut le bonheur d'en bleffer un, qui expira fur la place ; on en fit rôtir une cuiffe, qui fut trouvée délicieufe par des gens qui depuis long-tems ne mangeoient que des viandes falées. Cet ours étoit jeune, ce qui en rendoit la chair meilleure. Le 17, il fut pouffé une quantité prodigieufe de glaces dans la baie, par un vent de fud très-violent, qui fit tomber un grand nombre de mouettes des montagnes ; elles faifoient autant de bruit que lorfqu'on les entend au mois de Mai en Hollande. Le 21, la gelée fut très-forte, & la neige couvrant la terre à une épaiffeur confidérable, ils furent obligés de mettre des bottes pour fortir. Le jour duroit toujours quatre heures ; mais la plus grande partie du mois de Décembre, le tems fut fi mauvais qu'ils dememeurèrent renfermés dans leurs tentes, fans ofer en fortir.

Ils commencèrent la nouvelle année auſſi gaiement que les circonſtances purent le leur permettre, & ils firent toujours régulièrement la prière. Le froid étoit exceſſif, & les glaces dont la baie étoit couverte leur paroiſſoient du haut de leurs tentes comme des collines eſcarpées, tant elles avoient d'épaiſſeur. Ils virent le 13 un ours devant eux; l'un des tireurs eut l'adreſſe de le mettre bas d'un coup de fuſil; il fut traîné avec des cordes dans leur tente, d'où ils ne ſe haſardoient plus à ſortir; on l'écorcha & on le prépara pour leur table, il y fut reçu comme un mets excellent.

Pendant tout le mois de Janvier, la neige continua à tomber, la gelée fut très-vive, & ils eurent les temps les plus orageux; ce qui dura une partie de Février. Le 16 de ce mois, ils virent un faucon & deux oiſeaux ſauvages qui reſſembloient aſſez à des oies, mais aucun ne vint à la portée de leur fuſil. Les ours mêmes, comme s'ils euſſent été inſtruits par le traitement que leurs compagnons avoient reçu, de celui qui les attendoit, devinrent ſi réſervés qu'on ne les découvroit plus que de très-loin. Le tems fut très-variable le reſte de ce mois; le vent de ſud amena quelques dégels, mais celui de nord-eſt qui revenoit enſuite étoit toujours accompagné d'un redoublement de gelée.

Le premier de Mars, le ſoleil commença un peu

luire sur leurs tentes, & il plut vers le soir; mais ensuite le tems se remit au froid & à la tempête jusqu'au 11. Alors l'air devint calme & agréable, & le soleil donna quelque chaleur, ce qui dura plusieurs jours pendant lesquels le vent fut au sud. Le 15, les Hollandois tuèrent un ours, pendirent sa peau pour la faire sécher, & salèrent légèrement toute la chair qu'ils ne purent manger immédiatement. La viande fraîche leur étoit alors de la plus grande utilité, de quelque espece qu'elle fût, parce qu'ils étoient presque tous attaqués du scorbut qui les incommodoit horriblement; aussi furent-ils très-satisfaits quand ils purent prendre quelques renards au piege. Le tems fut assez beau pendant tout ce mois, & les jours devinrent fort sereins; mais les progrès de leur mal & le défaut de nouriture fraîche les jetta dans le plus grand découragement. Le 28 & le 29, ils virent dans la baie des baleines d'une prodigieuse grandeur, & en telle quantité, que s'ils avoient eu la force suffisante & les instrumens nécessaires pour la pêche, ils y auroient pu faire un profit très-considérable ; mais l'état où ils se trouvoient ne leur promettoit pas de rien entreprendre. Ils virent aussi beaucoup d'autres poissons. Le 31, ils tirèrent sur une ourse accompagnée de trois petits, mais sans pouvoir réussir à la tuer. Il y avoit encore dans la baie quatre ou cinq baleines que le reflux avoit laissées presque à sec; mais quand elles y auroient été entièrement, les Hollandois n'en auroient pu retirer aucun avantage, parce qu'ils étoient trop foibles pour les pouvoir attaquer.

Le 3 d'Avril, ils se trouvèrent si accablés par le scorbut, qu'il n'en resta que deux qui pussent se tenir sur leurs pieds: ils tuèrent les deux derniers poulets qui leur restoient & les donnèrent à leurs camarades, dans l'espérance que ce léger rafraîchissement pourroit leur apporter quelque soulagement. La plus grande partie de ce mois, ils virent tous les jours beaucoup de baleines; mais l'air fut encore très-froid parce que le vent souffloit du nord-est, & il leur fut presque impossible de sortir de leur tente, la maladie faisant toujours de nouveaux progrès. Le 16, celui qu'ils appeloient leur secrétaire, & qui avoit toujours écrit le journal, mourut. Le 23, il tomba un peu de pluie par un vent de sud, & leur état devint si déplorable, qu'il n'en resta pas un pour administrer quelques secours à ses compagnons; le seul qui pouvoit se donner quelque mouvement, ne marchoit qu'avec la plus grande peine. Le 23, mourut leur commandant. Ils tuèrent leur chien le 27, ce qui leur fit un repas assez mauvais. La nuit fut belle quoique le tems parût couvert, & il dégela dehors. Le 28, les glaces furent chaffées dans la haute mer & la baie en fut entièrement dégagée. Le 29, le tems fut couvert pendant le jour, & le vent du nord fouffla avec affez de force, la nuit, il tourna au nord-eft & devint encore plus violent. Le 31, il fit un beau tems & le foleil fut très-brillant.

Le journal finit en cet endroit, & il fut trouvé par des gens de quelques vaiffeaux de Zélande qui allèrent cette même année avec la flotte du Groenland. La fin en étoit à peine lifible, il eft vraifemblable que celui qui continuoit à l'écrire ne put tenir plus long-tems la plume, & qu'il fe retira dans fa cabane, où il remit fon ame entre les mains de fon créateur.

Auffitôt que la flotte fut à la vue de l'île de Saint Maurice, où elle arriva le 4 de Juin 1634, les mariniers fe prefsèrent de defcendre à terre pour vifiter leurs compagnons, quoiqu'ils euffent très-peu d'efpérance de les revoir, ne les trouvant pas fur le rivage. Quand ils entrèrent dans les tentes, ils trouvèrent ces infortunés morts dans leurs lits. Ils jugèrent que ceux qui avoient furvécu au fecrétaire étoient morts vers le commencement de Mai : on trouva près de l'un d'eux un peu de pain & de fromage, dont il avoit fans doute mangé quelque tems avant que d'expirer. A côté du lit d'un autre, on vit une boîte d'onguent, & l'on jugea qu'il s'en étoit frotté les dents & les gencives, parce qu'on trouva sa main posée contre sa bouche; il y avoit aussi près de lui un livre de prières.

On ne peut penser sans frémir à la situation déplorable de ces malheureux, qui périrent ainsi sans pouvoir se donner réciproquement aucun secours. Il est probable qu'ils languirent jusqu'à ce que la vivacité du froid eut entièrement éteint leur chaleur naturelle; & ceux qui vécurent les derniers furent certainement les plus malheureux. La principale cause de leur perte fut le scorbut dont ils furent infectés, parce qu'ils n'avoient d'autre nourriture que des viandes salées. Cette maladie leur engourdit les membres, ils devinrent hors d'état de pouvoir faire aucun exercice qui tînt leur sang en mouvement; toutes les parties de leur coprs se roidirent, & le froid acheva leur destruction. Cependant il n'auroit pas été assez excessif pour leur faire perdre la vie, s'ils avoient pu se tenir en action & résister à la maladie qui fut la principale cause de leur perte.

Le chef d'escadre ordonna de les mettre dans des coffres & de les couvrir de neige, jusqu'à ce que le dégel donnât plus de facilité pour ouvrir la terre, & on creusa leurs fosses aussitôt qu'elle fut un peu amollie. Enfin ils furent inhumés le 24 de Juin, fête de Saint Jean, au bruit d'une décharge générale du canon de toute la flotte.

Une terre aussi aride que le Groenland, est-elle habitée ? L'homme peut-il naître, croître & vivre sous un climat aussi glacial ? Une description abrégée de ce pays va résoudre la question. Elle distraira le lecteur, sans doute attristé par les relations précédentes, & satisfera en même tems sa curiosité.

Le *Groenland* est un vaste pays situé entre l'Europe & l'Amérique, dans les deux hémisphères (*). Il s'étend & s'avance dans un espace d'environ trente-cinq degrés de longitude, depuis le cinquante-neuvième degré de latitude nord jusqu'au soixante-dix-huitième. C'est du moins à ce voisinage du pôle que s'est arrêté l'audace des voyageurs. Le Groenland a à l'orient le Spitzberg, au midi le détroit de Forbisher & le Cap Farwel, à l'occident les détroits d'Hudson & de Davis ; on ne

---

(*) Plusieurs Géographes modernes placent le Groenland, ainsi que le Spitzberg, la Nouvelle-Zemble & la Terre de Jesso, parmi les Terres Arctiques.

fait quelles font fes bornes vers le nord. Il est distingué en Groenland ancien & en Groenland nouveau.

L'ancien Groenland fut découvert pour la première fois au neuvième fiecle, par un Norvégien nommé *Eric*, qui s'y établit & y fonda une colonie d'Islandois. Eric fut baptifé par un prêtre qui paffa de Norvege au Groenland. Il fit profeffion ouverte du chriftianifme avec tous ceux qui l'avoient fuivi. En peu de tems cette colonie s'accrut & multiplia au point d'occuper un terrein de trente à quarante lieues de circonférence ; on y comptoit quelques villes, plufieurs forts, & un grand nombre de paroiffes. La ville de Garde étoit la capitale de la colonie & en même tems le fiege d'un évêque. En 1348, une grande contagion, appelée pefte noire, ayant fait périr la plus grande partie des habitans du Nord, la colonie qui en fut auffi atteinte fe trouva réduite à peu de furvivans. Dès lors les voyages des Norvégiens au Groenland commencèrent à devenir fort rares. Ils cefsèrent même tout-à-fait fous le regne de la reine Marguerite, qui avoit réuni les couronnes de Dannemarck & de Norvege.

Depuis la fin du quatorzième fiecle on a ceffé d'avoir des relations avec cette colonie, qui aura été fans doute détruite par les naturels du pays. On n'a pu même aborder à la côte orientale du Groenland, qui eſt la plus voiſine de l'Iſlande & que ces colons habitoient, quelques tentatives qu'on ait faites dans le commencement du dernier ſiecle. Vraiſemblablement les glaces qui ſe propagent d'année en année dans ces contrées ſi froides en auront couvert les côtes & formé un boulevard impénétrable. On a pris le parti d'aller au Groenland par le côté d'occident juſqu'alors inconnu; il eſt aujourd'hui très-fréquenté; la pêche de la baleine y eſt conſidérable.

La côte occidentale du Groenland, ou le nouveau Groenland, prend du nord au ſud une étendue d'environ vingt degrés. Elle eſt coupée & comme dentelée par une infinité de baies & de golfes qui ſont eux-mêmes environnés d'une multitude innombrable d'îles, grandes & petites. Le continent ou l'intérieur du nouveau Groenland eſt hériſſé de montagnes fort élevées & toujours couvertes de neige &. de glaçons. Entre les montagnes il ſe trouve des vallons, dont le ſol engraiſſé par la fiente des oiſeaux qui y ſont en très-grand nombre, produit de l'herbe fort longue. Les choux, les raves & les navets ſont les ſeules plantes qui y viennent aſſez bien. En vain les Européens ont tenté d'y ſemer de l'avoine & du bled; la paille ou le tuyau y croiſſent aſſez vîte, mais rarement vont-ils juſqu'à l'épi, & jamais à la maturité.

On ne voit point d'arbres au Groenland, ſi ce n'eſt vers le ſud, & les ſeuls qui y croiſſent ſont des ſaules, des bouleaux & des aunes; il s'y trouve auſſi quelques buiſſons de genievre, de groſeillet & de ronces; mais ils n'y produiſent que de mauvais fruits. La Providence a cependant dédommagé les malheureux habitans du Groenland de l'aridité du ſol & de la barriére des glaces de la mer, par des amas conſidérables de bois que l'Océan jette ſur la côte pendant quatre à cinq mois de l'année; ſans cela, les Européens ne ſauroient comment ſe chauffer dans ce Pays glacial, & les Groenlandois manqueroient de matériaux pour conſtruire leurs maiſons, leurs tentes & leurs bateaux. Mais d'où viennent ces bois? le ſentiment le plus probable, eſt qu'ils viennent de la Sibérie & de la Tartarie orientale, juſqu'au Groenland, charriés par les glaces flottantes & par les courans. Les eaux douces de ce pays ſont aſſez bonnes, & proviennent en grande partie des neiges fondues.

Les oiſeaux terreſtres du Groenland, ſont des moineaux, des pies, des corbeaux, des perdrix, des aigles & des faucons: les aquatiques ſont les mêmes qu'au Spitzberg.

Les quadrupedes terreſtres qui ſe trouvent dans

le

le Groenland, font des daims, des rennes, des renards, des loups, des ours noirs, des chiens sauvages & domestiques, des rats & des lievres: ces derniers animaux ne diffèrent des nôtres que par leur petitesse & leur couleur, qui est grise en été & blanche en hiver. Les aquatiques sont les loups, les veaux & les chiens marins, qui s'y voient en grande quantité, ainsi que les ours blancs. Les truites, les écrévisses, & sur-tout les saumons remplissent les rivières & les ruisseaux.

La mer qui baigne ces parages est très-poissonneuse; la baleine, le hareng & la merlus y abondent. Chaque année, des vaisseaux d'Angleterre, de Hollande, de France & de Dannemarck parcourent les côtes du Groenland pour la pêche de la baleine; les Hollandois y paroissent en plus grand nombre que les autres, ils y commercent aussi avec les naturels du pays.

Il n'y a au Groenland aucun serpent ni reptile venimeux, aussi bien que dans le Spitzberg & l'Islande, à cause du froid extraordinaire.

Le froid est excessif au Groenland, il gele les liqueurs les plus fortes jusques dans les appartemens les plus échauffés; les pierres s'y fendent en deux, & la mer fume comme un four, sur-tout dans les baies. Il commence à dégeler au mois de Juin, mais ce n'est qu'à la surface, & il neige encore fréquemment jufqu'au folftice d'été. Depuis le mois de Juin jufqu'au mois d'Août, le foleil eft chaud, très-brillant & fe tient continuellement fur l'horifon, de forte que les habitans n'ont point de nuit. Dans le mois de Novembre, Décembre & Janvier, au contraire, il ne fe montre point du tout, ou ne paroît que deux ou trois heures. Un crépufcule de plufieurs heures donne alors une clarté qui dédommage de l'abfence du foleil. L'aurore boréale fuccede chaque jour au crépufcule; elle brille tout l'hiver, & jette la nuit une lueur qui furpaffe le plus beau clair de lune.

En général, l'air du Groenland, dans l'intérieur du pays, eft pur, léger & très-fain. On y peut vivre long-tems en bonne fanté, pourvu qu'on ait l'attention de fe tenir habillé chaudement, d'y prendre une nourriture frugale & un exercice modéré. Le fcorbut eft, pour ainfi dire, la feule maladie du pays; elle fe guérit avec le cochléaria qui y croît abondamment.

Le Groenland eft habité dans l'efpace de quarante lieues, de fept mille habitans indigènes, fuivant un dénombrement exact fait depuis 1746. On n'a pas compris dans ce nombre les colonies Danoifes & celles des Frères Moraves. La population étoit autrefois beaucoup plus confidérable au Groenland, on y comptoit près de trente mille habitans;

mais en 1733, un jeune Groenlandois leur apporta de Copenhague la petite-vérole, maladie jufqu'alors inconnue dans toute cette contrée ; cet horrible fléau emporta en peu de tems plus de trois mille ames : depuis il a encore renouvellé fes ravages.

Les Groenlandois font petits, ramaffés & à peine hauts de quatre pieds. Ils ont la tête groffe, le vifage large & plat, les joues élevées, le nez camus & écrafé, les levres groffes & relevées, la peau couleur d'olive foncé. Les femmes font auffi laides que les hommes, & leur reffemblent fi fort qu'on a peine à les diftinguer ; leur ftature eft cependant plus petite ; elles ont les mains & les pieds fort courts, leurs mamelles font longues & molles. Les enfans naiffent blancs, mais leur teint brunit très-vîte, par la mal-propreté où ces fauvages vivent & la fumée de leurs lampes. Les Groenlandoifes ne font pas fécondes, rarement elles ont plus de trois ou quatre enfans, mettant un intervalle de deux ou trois ans entre chaque groffeffe ; elles arrivent à un âge avancé, mais peu d'hommes paffent le terme de cinquante ans.

Le Groenlandois a le pied lefte & la main adroite, il montre en général beaucoup de courage ; infatigable à la chaffe & à la pêche, il ne craint ni la mer ni la tempête. Les femmes le difputent aussi aux hommes en force & en adresse : ce sont elles qui bâtissent les habitations d'hiver, portent les plus gros fardeaux, conduisent & rament dans les grands bateaux; elles affrontent même avec leurs maris, les baleines, les loups & les veaux marins. Le fils, dès l'âge de quinze ans, suit son père à la chasse & à la pêche ; à cet âge aussi les filles sont appliquées aux travaux du ménage, à soigner les enfans & à faire la cuisine.

L'habillement de ce peuple est un surtout étroit fait de peau de daim ou de chien marin, il a des manches & un capuchon comme l'habit des moines, descend jusqu'aux genoux, & est taillé en pointe par devant & par derrière. En été, ils portent le poil en dehors, & l'hiver, ils le mettent en dedans ; leur culotte & leurs bas sont de la même peau que leurs habits. Les Groenlandoises diffèrent peu des hommes dans leurs habillemens; leur surtout est fait de la même façon, il est seulement un peu plus large & plus élevé sur les épaules; elles portent des bas & des culottes comme les hommes, leurs souliers sont d'un cuir doux & préparé, ils sont attachés aux pieds avec des courroies qui passent par dessous la plante.

Ces Sauvages habitent deux sortes de maisons; celles d'hiver & celles d'été. Les premières sont les plus grandes ; elles ont environ vingt pieds en quarré, mais elles ne portent guère que quatre pieds d'élévation au-dessus de terre, il en reste environ deux pieds enfoncés pour leur donner plus de solidité. Ces maisons sont construites de cailloux ou de morceaux de roc, si bien liés avec de la terre & de la mousse, que le vent ne peut y pénétrer; le toit est formé par des lattes posées sur le haut des parois & couvertes de gazons, l'entrée est creusée obliquement sous terre, une peau de veau marin y sert de porte. Toute la parenté, c'est-à-dire cinq ou six familles, est renfermée dans l'habitation d'hiver, & cependant tout le monde y vit en bonne intelligence. L'air qu'on respire dans ces terriers est si chaud, & en même tems si infecté par l'huile, la graisse, les exhalaisons de ce peuple mal-propre, & par une odeur de poisson pourri, qu'il cause des évanouissemens aux étrangers. Ils les occupent ordinairement en Octobre, & les abandonnent au mois de Mai. Les habitations d'été sont formées de peaux unies de chien marin, étendues sur des perches plantées en rond & rapprochées par le haut. Chaque famille a la sienne en particulier. Ces cabanes sont plus propres que celles d'hiver.

Les Groenlandois habitant une terre qui ne produit rien, ne vivent que de viande & de poisson. Ils savent supporter la faim dans les circonstances avec une fermeté incroyable ; auſſi ils dévorent quand ils ont de quoi manger. Les daims, les lievres, les chiens de mer & de terre, les oiſeaux, les poiſſons, font leur principale nourriture. Ils mangent leur viande, tantôt cuite, tantôt crue, ſeche ou demi-pourrie, ſuivant que la faim les preſſe ; mais ils ont la plus forte averſion pour la viande de cochon, parce que cet animal mange toute ſorte d'ordures. Il eſt aſſez ſingulier que la chair de cochon ait de tout tems déplu aux peuples les plus ſales, & qu'elle ſoit recherchée des plus raffinés en propreté. L'eau pure & l'huile de poiſſon forment toute leur boiſſon.

Ce peuple eſt peu prévoyant ; la plus grande partie de l'année il eſt dans l'abondance par le produit de la chaſſe & de la pêche, auſſi ne s'inquiete-t-il guère de la ſubſiſtance du lendemain ; aux approches de l'hiver, il penſe ſeulement à faire quelques proviſions, en faiſant ſécher ou cachant ſous la neige de la viande & du poiſſon. Mais la prévoyance, qui n'eſt point la vertu favorite des Groenlandois, les porte rarement à ſe prémunir contre la durée de la mauvaiſe ſaiſon qui ſe prolonge ſouvent, ou à ſe défendre des calamités extraordinaires. Alors on les voit triſtes, paſſer enſemble pluſieurs jours ſans manger, ſi ce n'eſt des moules & de l'algue-marine qu'ils trouvent par hasard : quelquefois réduits par degrés au cuir de leurs souliers & aux peaux de leurs tentes qu'ils font bouillir dans de l'huile, ils prolongent ainsi de misérables jours jusqu'au retour du printems.

Les Groenlandois ne paroissent pas avoir de culte extérieur de religion ; cependant ils croient un Etre suprême & invisible, qu'ils nomment *Torngarsuk*, ils n'en parlent qu'avec vénération. Lorsqu'ils sortent pour la pêche ou la chasse, ils ont coutume de lui offrir sur une pierre, mais sans cérémonie, un morceau de viande ou de poisson. Ils sont persuadés que l'ame monte droit au ciel aussitôt après la mort ; mais ils n'ont aucune notion de l'enfer.

Ces sauvages trafiquent du lard, des fanons ou barbes, des côtes ou des os de baleines, des cornes de licornes, des dents de poissons, des peaux de renards & de chiens marins ; ils reçoivent en échange différentes choses utiles pour leur vêtement, ainsi que des meubles de peu de valeur. Ils ne connoissent point l'argent monnoyé, mais le fer est de prix chez eux.

Les Groenlandois vivent dès leur enfance dans la plus parfaite liberté, sans éducation, sans magistrats, sans gêne. Aucun d'eux n'a la moindre autorité sur l'autre ; le père seul a de l'autorité sur sa famille, mais personne ne l'a sur plusieurs. Chacun peut bâtir, pêcher & chasser où bon lui semble. Il regne parmi ces hommes malheureux, mais contens, beaucoup d'harmonie & d'union; s'il s'éleve entr'eux, ce qui est très-rare, des contestations ou des difficultés sur leurs droits respectifs, ou lorsqu'une piece de gibier ou un poisson a été pris par plusieurs, dans ce cas, ils ont des conventions de police ou de justice suivant lesquelles ils se décident. Dans leurs visites, ils sont assez en usage d'apporter des présens avec eux. Leurs assemblées sont toujours marquées par le son du tambour, par le chant & la danse. Quoique naturellement mélancoliques, les Groenlandois animent la société par la gaieté, & aiment beaucoup à être réveillés par la plaisanterie. Ils s'estiment beaucoup au-dessus des Danois, & les volent sans scrupule lorsqu'ils peuvent le faire adroitement; mais ils ne se dérobent rien les uns aux autres, & ne font jamais la guerre aux étrangers.

La polygamie, quoique tolérée au Groenland, n'y est point commune; sur vingt maris il n'y a guère qu'un polygame. Cependant l'usage de plusieurs femmes, loin d'être un crime, fait honneur au mari qui peut en entretenir plus d'une. Comme il seroit honteux à un homme de n'avoir point d'enfans, & sur-tout point de garçon pour être le soutien de sa vieillesse, quiconque est assez riche pour en nourrir un grand nombre, a droit à la pluralité des femmes : mais la critique ne l'épargneroit pas s'il avoit d'autres motifs que le simple desir d'une postérité.

Les exemples de répudiation sont assez fréquens parmi les Groenlandois. Quand un mari n'a point d'enfans ou qu'il n'est point content de sa femme, il lui jette un coup-d'œil sinistre, sort de sa maison & n'y reparoît point durant quelques jours. La femme entend ce que cela veut dire, fait un paquet de ses habits & se retire chez des amis, menant une vie sage & circonspecte pour rejetter l'odieux de son traitement sur le mari qui l'a chassée.

Depuis 1721, des ministres Danois ont prêché la religion chrétienne aux Groenlandois. En 1762, le nombre des baptisés montoit à près de cinq cens, ce qui est beaucoup si l'on fait attention que ces Sauvages sont simples, presque stupides & très-peu capables de réflexion. Toutes leurs idées se rapportent à la chasse & à la pêche qui leur donnent l'aliment, ou à la danse & au chant qui forment leur passe-tems ordinaire lorsque la mauvaise saison interrompt leurs courses.

La côte occidentale du Groenland, outre les naturels du pays, est partagée par quatre colonies Danoises établies depuis 1741; savoir, Friderikhaab,

Gotthaab, Chriſtianshaab & Jacobshaven. Outre ces colonies il y a pluſieurs comptoirs pour le commerce. Ces établiſſemens ſont deſſervis par des miniſtres miſſionnaires.

On trouve encore ſur cette côte New-Herrnhuth, qui eſt une colonie & communauté de Herrnhutes ou Frères Moraves, établie par eux avec la permiſſion du roi de Dannemark. Elle s'eſt tellement accrue, qu'en 1766 elle étoit auſſi nombreuſe que les quatre colonies Danoiſes enſemble.

Le commerce du Groenland ſe fait aujourd'hui par la Compagnie générale de Copenhague ; elle y envoie annuellement trois ou quatre vaiſſeaux. Les Hollandois qui veulent commercer ſur ces côtes ſont obligés de ſe tenir éloignés de pluſieurs milles des colonies Danoiſes.

NOTE.

(1) SAINT-MAURICE, île de la Mer Glaciale près le détroit de Naſſau, vers les ſoixante-onze degrés de latitude. Elle fut découverte le 18 Juin 1595, par Barenſz, célebre navigateur Hollandois, lors de ſon ſecond voyage dans cette mer à la recherche d'un paſſage au nord-eſt, pour aller à la Chine & au Japon. Cette île eſt inhabitée.

Nº 5.

DÉLAISSEMENT VOLONTAIRE

De sept Hollandois, qui ont passé l'hiver au Spitzberg, où ils moururent sur la fin du mois de Février 1635 (*).

En l'année 1633, la même flotte qui avoit laissé dans l'île de Saint-Maurice les sept infortunés dont nous avons rapporté la fin déplorable, en laissa encore sept, également dans la vue de faire des

---

(*) M. BARROW, Auteur de l'Histoire des découvertes des Européens dans les différentes parties du Monde, *Paris*, 1766, y a inséré le Journal de ces Hollandois dans le cinquième vol.

observations, au *Spitsberg*, où ils passèrent heureusement l'hiver, & en furent ramenés en 1634. Leur place fut remplie par sept autres qui s'offrirent volontairement à hiverner dans le même endroit. Ils se nommoient André *Johnson*, de Middelbourg; Corneille *Tysse*, de Rotterdam; Jérôme *Carcoën*, du Port de Delft; Tobie *Jellis*, de Frise; Nicolas *Florison*, de Hoom; Adrien *Jonhson*, de Delft, & Fettie *Otters*, de Frise. On leur laissa des herbages, des médicamens, de la viande, des liqueurs & toutes les autres choses nécessaires. Il tinrent un journal de leurs observations, tant qu'ils furent en état de l'écrire : nous allons donner en peu de mots, l'extrait de ce qu'il contenoit de plus intéressant.

Le 11 de Septembre 1634, la flotte ayant mis à la voile pour la Hollande, les sept aventuriers virent en mer une grande quantité de baleines, sur lesquelles ils firent plusieurs décharges d'armes à feu, sans leur causer aucun dommage. Ils parcoururent aussi le pays pour chercher des renards, des ours & des végétaux ; mais ce fut sans aucun succès.

Le soleil cessa de se montrer le 20 ou le 21 d'Octobre. Le 24 de Novembre, ils furent alarmés à la vue du scorbut dont ils commencèrent à être attaqués, ce qui leur fit redoubler d'ardeur pour chercher des herbages, des renards & des ours; mais ils ne furent pas plus heureux que dans leur première recherche.

Le 2 de Décembre, ils dressèrent quelques pieges pour prendre des renards; Nicolas Florison prit un remede contre le scorbut; Jérôme Carcoën en fit de même le 11. Cependant ils convinrent de manger séparément, pour ne pas se communiquer l'infection, plusieurs n'étant pas encore attaqués de cette affreuse maladie.

Le 23, leur cuisinier vit un ours près de leurs tentes, mais l'animal prit la fuite avant que les Hollandois eussent pu prendre leurs fusils.

Le 24, trois d'entre eux étant ensemble, découvrirent un autre ours qui se leva sur ses pieds de derrière quand ils approchèrent; ils lui tirèrent un coup de mousquet dont il fut renversé, en répandant beaucoup de sang & en faisant des rugissemens affreux. Cet animal furieux & plein de force saisit une de leurs hallebardes entre ses dents & la rongea avec une facilité étonnante; après avoir continué quelque tems ses rugissemens, il rassembla tout-à-coup ses forces & prit la fuite avec tant de vîtesse qu'ils le perdirent bientôt de vue; ils le suivirent néanmoins avec des lanternes, jusqu'à ce qu'ils fussent épuisés de fatigue. La perte de cet ours leur fut très-sensible dans le besoin où ils étoient de viande fraîche. Cependant ces délaiſſés n'uſant que de ſalines pour leur nourriture, le ſcorbut faiſoit de jour en jour de nouveaux progrès chez eux; ils étoient ſans ceſſe tourmentés des douleurs les plus cuiſantes.

Le 24 de Janvier 1635, Adrien Johnſon mourut dans de vives douleurs; il fut bientôt ſuivi par Corneille Tyſſe, homme de très-bon ſens & le meilleur navigateur qu'ils euſſent entr'eux. Fettie Otters termina également ſa vie deux ou trois jours après; les quatre ſurvivans, quoiqu'ils fuſſent à peine en état de ſe ſoutenir ſur leurs jambes, firent cependant pour leurs compagnons des bières dans leſquelles ils mirent leurs corps. Le 28 ils virent un renard, mais il ne leur fut pas poſſible de le tuer.

Le 7 de Février, ils eurent le bonheur d'en prendre un dans un piege, ce qui leur donna quelque rafraîchiſſement; mais ils n'en furent que très-peu ſoulagés, parce que la maladie étoit parvenue à un degré trop violent de malignité.

Ils virent alors tous les jours un aſſez grand nombre d'ours, quelquefois juſqu'à dix enſemble; mais ils étoient ſi foibles qu'ils ne pouvoient porter leurs armes. S'ils en euſſent tué quelqu'un, il leur auroit été très-difficile de le porter à leur habitation; encore moins étoient-ils en état de les pourſuivre après les avoir bleſſés, puiſqu'ils pouvoient à-peine se soutenir sur leurs pieds. Leurs gencives étoient excessivement enflées, & leurs dents si peu en état de leur rendre service, qu'ils furent contrains de cesser de manger leur biscuit; ils souffroient en même tems dans les entrailles & dans les reins de vives douleurs que le froid augmentoit encore. A tous ces maux se joignit le flux-de-sang dont les uns furent attaqués pendant que les autres le rendoient par la bouche; enfin il ne restoit plus que Jérôme Carcoën qui fût en état de se mouvoir & de porter un peu de bois pour entretenir leur feu.

Le 23, il leur fut absolument impossible de sortir de leur cabane; ils s'abandonnèrent totalement à la Miséricorde divine, leur misère étant au plus haut degré où elle pouvoit monter.

Le 24, ils eurent une foible lueur de soleil qu'ils n'avoient pas vu depuis le mois d'Octobre. Le 26 du même mois de Février fut vraisemblablement le dernier jour où celui qui tenoit la plume put encore écrire; car ils finirent en cet endroit leur Journal, en remarquant qu'ils étoient encore quatre hommes vivans, couchés à terre, avec assez d'appétit pour pouvoir manger, si l'un d'eux avoit eu la force de donner de la nourriture aux autres; mais que les infirmités & la douleur les réduisoient à ne pouvoir se donner réciproquement aucun secours. Ils le terminoient en difant que dans cette affreufe fituation il ne leur reftoit plus d'efpérance que pour la vie à venir ; que tourmentés de faim & de froid, ils fe recommandoient dévotement à leur Créateur ; qu'ils attendoient avec impatience leur dernier inftant, & qu'ils prioient le Seigneur de hâter ce moment funefte.

La flotte de Hollande, qui vint en 1635 au Spitzberg, trouva leurs cabanes fermées pour en empêcher l'entrée aux ours & aux renards. Un boulanger qui étoit defcendu des premiers rompit la porte de celle d'André Johnfon, & trouva une partie d'un chien mort qu'il paroiffoit qu'on avoit eu deffein de faire cuire. S'avançant un peu plus loin, il rencontra à fes pieds la carcaffe d'un fecond chien, parce qu'on leur en avoit laiffé deux. Plus loin, il trouva le corps de deux de ces malheureux Hollandois étendus à terre fur quelques vieilles voiles. Ils s'étoient traînés l'un près de l'autre, & leurs genoux touchoient prefque leur menton. Nicolas Florifon & un autre furent trouvés morts dans leurs lits.

On les mit tous dans des biéres, & auffi-tôt qu'on put ouvrir la terre ils furent dépofés dans des foffes profondes, avec de groffes pierres fur leurs corps pour que les ours & les bêtes féroces

ne

ne puffent les déterrer. Vingt ans après, l'équipage d'un vaiffeau qui aborda cette côte, trouva leurs corps très-fains; il ne paroiffoit aucune altération fur la figure, ni même dans les habillemens d'aucun. Le Spitzberg étant le pays du monde le plus froid, il n'eft pas étonnant que les cadavres reftent long-tems fous terre fans fe corrompre (*).

On ne trouve point par aucune relation que d'autres navigateurs fe foient hafardés depuis à paffer l'hiver dans le Spitzberg.

Prefque tous ceux qui ont publié des relations de voyages au Nord, nous ont laiffé des détails curieux fur la pêche de la baleine, mais peu nous inftruifent en même tems de fon origine, de l'utilité qu'on en tire & du privilege exclufif de la Compagnie Hollandoife du Groenland. Nous nous bornerons, pour fatisfaire le Lecteur, à quelques particularités fur ces objets.

La pêche de la baleine a été entièrement inconnue des anciens, ils ne nous apprennent rien à ce fujet. Pline le naturalifte fait mention de quarante-deux fortes d'huiles qui entroient dans le commerce, & ne parle point de celle de ce poiffon.

(*) *Voyez* l'Atlas Hiftorique de BLAEU.

Tome I.

Les Biscayens du Cap-Breton près Bayonne, sont les premiers qui paroissent avoir entrepris la pêche de la baleine ; quelques historiens font remonter leurs premiers voyages dans le Nord à l'année 1493, d'autres ne le datent que de 1504. Quoi qu'il en soit, il est constant que c'est aux Biscayens qu'on est redevable des premières tentatives faites pour la pêche de la baleine, ainsi que des fourneaux que l'on fait pour extraire l'huile de ce poisson.

Les peuples maritimes de l'Europe enhardis par les premiers succès des Biscayens, & sur-tout les Hollandois, n'ont pas tardé à suivre leur exemple. D'abord quelques particuliers entreprirent ces voyages, mais ils furent bientôt suivis d'un plus grand nombre.

La pêche de la baleine faisant déja un important objet de commerce sur la fin du seizième siecle, il se forma en Hollande, vers l'année 1618, une Compagnie de marchands, qui obtint des Etats-Généraux le privilege exclusif de cette pêche sur les côtes de la Nouvelle-Zemble, du Spitzberg, de l'Isle aux Ours (1) & du Groenland. Avant l'établissement de la Compagnie Hollandoise du Groenland, il s'étoit formé en Angleterre une Société de seigneurs & de marchands, sous le titre de Compagnie de Russie. La pêche de la baleine dans les mers septentrionales faisoit un des principaux objets de son commerce. Quoique formée dès 1606, cette Compagnie n'obtint du roi Jacques le privilege exclusif qu'en 1613. La Compagnie Hollandoise ne subsista cependant que jusqu'en 1695. Alors ce commerce redevint libre, & la République en retira un plus grand profit.

Le nombre des bâtimens qui partent chaque année des ports de la Hollande pour le Nord, peut aller à deux cent-cinquante. Sans les hasards de la mer, la pêche de la baleine seroit bien plus fructueuse, les dangers de la pêche en elle-même étant si bien prévus qu'aujourd'hui on les compte pour très-peu de chose. Les Hollandois fournissent au moins pour les trois quarts, toute l'Europe d'huile & de fanons de baleine ; ce qui leur produit des sommes très-considérables. Ils envoient tous les ans dans les ports de France sept à huit mille barrils d'huile, & du savon à proportion.

L'huile de baleine sert à brûler, à faire du savon, à la préparation des laines, des draps ; aux corroyeurs pour adoucir les cuirs ; aux peintres pour délayer certaines couleurs ; aux gens de mer pour engraisser le brai qui sert à enduire & spalmer les vaisseaux ; aux architectes & aux sculpteurs pour une espece de détrempe avec du blanc de céruse ou de chaux qui en durcissant fait croûte sur la pierre & la garantit des injures du tems. Le blanc de baleine, qui ne trouvoit autrefois qu'une médiocre confommation dans la pharmacie, eft aujourd'hui plus recherché, depuis qu'on a découvert qu'on pouvoit l'employer utilement dans la façon de la bougie. A l'égard des fanons ou barbes, leur ufage s'étend à une infinité de chofes utiles; on en fait des bufcs, des parafols, des corps d'enfans & d'autres ouvrages.

La pêche de la baleine eft plus abondante au Spitzberg qu'en aucun autre endroit du pôle arctique.

NOTE.

(1) L'ISLE AUX OURS eft fituée dans la Mer Glaciale au Groenland, vers les foixante-quatorze degrés trente minutes de latitude. Elle fut découverte le 9 Juin 1596, par Heemskerke célebre navigateur Hollandois, lors de fon voyage dans ces mers à la recherche d'un paffage au nord-eft pour aller à la Chine & au Japon. Cette île a environ cinq lieues de longueur. Elle ne préfente de tous côtés que des montagnes efcarpées

& des précipices. Le grand nombre d'ours blancs que les Hollandois y trouvèrent lui a fait donner le nom de *Baeren Eilandt*, c'est-à-dire, Isle aux Ours. Les mouettes abondent aussi sur les rochers de l'île, & y déposent une grande quantité d'œufs.

N.º 6.

NAUFRAGE

DE *la Frégate Angloise*, le Speed-well, *sur la Côte occidentale de la* Nouvelle-Zemble, *à la pointe de* Speedill, *en* 1676 (*).

APRÈS le retour des capitaines Fox & James, envoyés dans les mers du Nord en 1632, comme nous l'avons vu plus haut, à la recherche du passage aux Indes orientales, les Anglois rebutés

---

(*) Le Recueil des voyages au Nord, tome 2, renferme le Journal de *Jean Wood*. Il se trouve aussi, mais abrégé, dans le quinzième vol. *in-4°*. de l'Histoire générale des Voyages, par M. l'Abbé PRÉVOST, & dans le premier vol. des Mélanges intéressans & curieux, par M. DE SURGY.

de toutes les tentatives infructueuses faites depuis 1553, paroissoient avoir oublié entièrement ce projet.

Un espace de trente ans s'étoit écoulé sans qu'on eût entendu parler d'aucune entreprise à ce sujet, lorsqu'en 1675 un Anglois nommé *Jean Wood*, consommé dans la navigation, se flatta de découvrir ce passage par le nord-est. Il exposa les raisons qui l'avoient frappé, dans un mémoire qu'il présenta lui-même au roi d'Angleterre & au duc d'Yorck. Ce mémoire écrit avec force, étoit appuyé d'une carte du pôle dressée sur les relations de tous ceux qui avoient entrepris la même recherche.

Avant que de se décider, le roi consulta plusieurs négocians & les plus habiles navigateurs des mers septentrionales. Le résultat de la conférence fut si favorable au projet de Wood, que le roi fit équiper à ses frais une frégate qui fut appelée le *Speed-well*, & lui en donna le commandement.

Les espérances qu'on avoit conçues de ce nouveau voyage au Nord, firent prendre les plus grandes précautions pour sa réussite; le Sped-well fut construit avec beaucoup de soin par Jean *Sish*, le plus habile constructeur de vaisseaux de l'Angleterre; on ne voulut point aussi que Wood se hasardât avec une seule frégate dans ces mers dangereuses, on y joignit la Pinque *le Prospère*, qui fut achetée & équipée aux dépens de plusieurs personnes distinguées, à la tête desquelles étoit son altesse royale le duc d'Yorck. Ce second vaisseau fut chargé de différentes marchandises qu'on supposoit être de débit sur les côtes de la Tartarie ou du Japon, en cas que le passage fût trouvé; le commandement en fut donné au capitaine *Guillaume Flawes*. Enfin les deux bâtimens furent avitaillés de provisions pour seize mois. Le Speed-well étoit monté de soixante-dix hommes d'équipage, & le Prospère de dix-huit. Les instructions données aux deux commandans portoient qu'ils chercheroient le passage entre la Nouvelle-Zemble & les côtes de la Tartarie.

Le 28 Mai 1676, les deux vaisseaux mirent à la voile de conserve par un vent favorable. Le journal de leur navigation jusqu'au 29 Juin ne présente que des observations nautiques; mais il est terminé par des remarques qui méritent d'être recueillies. Elles sont d'autant plus intéressantes qu'elles renferment l'abrégé de leur voyage jusqu'à la Nouvelle-Zemble, & répandent aussi beaucoup de lumières sur le projet de la recherche du passage par le nord. » Ma première idée, dit Wood,

» parvenu à la hauteur du Cap-Nord (*), fut de
» suivre sans exception le sentiment de Barensz,
» célebre navigateur au Nord (dont nous avons
» parlé plus haut), c'est-à-dire de porter droit au
» nord-est du Cap-Nord, pour tomber entre le
» Groenland & la Nouvelle-Zemble ».

Ainsi, lorsqu'il eut gagné la terre à l'ouest du Cap-Nord, il gouverna dans cette direction, du moins suivant le compas, & non tout-à-fait suivant la droite route, parce qu'en cet endroit on trouve quelque variation à l'ouest. Trois jours après, le 22 Juin, il reconnut comme un continent de glace, par les soixante-seize degrés de la latitude, à la distance d'environ soixante lieues du Groenland. Il ne douta point que ce ne fût celle jointe au Groenland, & s'imaginant que s'il alloit plus à l'est il pourroit trouver une mer libre, il rangea cette glace qui couroit est-sud-est & refuyoit ouest-nord-ouest. Presque à chaque lieue il trouvoit un cap de glace, & dès qu'il l'avoit doublé il ne découvroit point de glace au nord; mais après avoir porté au nord-est, quelquefois l'espace d'une heure,

―――――――――――――――

(*) *Cap-Nord* ou *Nord-Cap*, le plus septentrional de l'Europe: ce Cap fait partie d'une petite île qui est fort près des côtes de la Laponie Danoise.

il en découvroit de nouvelles qui l'obligeoient de changer fa direction. Cette manœuvre dura auſſi long-tems qu'il rangea la glace, tantôt avec de grandes apparences de trouver une mer libre, tantôt découragé par la vue de nouvelles glaces, juſqu'à ce qu'enfin il perdit tout eſpoir, en appercevant la Nouvelle-Zemble & la glace qui s'y trouve jointe. Là il abjura l'opinion de Barenſz & toutes les relations publiées par les Hollandois & les Anglois. L'opinion à laquelle il s'attacha, fut que s'il n'y a point de terre au nord par les quatre-vingt degrés de latitude, la mer y eſt toujours gelée ; & quand les glaces pourroient ſe tranſporter dix degrés plus au ſud, il faudroit, ajoute-t-il, des fiecles entiers pour les faire fondre.

Celles qui bordent ce qu'il nomme le continent de glace, n'ont pas plus d'un pied au-deſſus de l'eau ; mais au-deſſous elles ont plus de dix-huit pieds d'épaiſſeur : d'où il conclut que dans la même proportion, les montagnes & les caps qui ſont ſur le continent de glace, doivent toucher au fond, c'eſt-à-dire à la terre même. Il juge d'ailleurs par le peu d'eau qu'il trouva le long de la glace à moitié du chemin entre les deux terres, & qui ne montoit pas à plus de ſoixante-dix braſſes, qu'il y a de la terre au nord, & que le grand continent de glace qui se joint à la côte, peut avancer de vingt lieues au plus en mer; enfin, que le Groenland & la Nouvelle-Zemble ne sont qu'un même continent.

S'il y avoit un passage, dit-il encore, on observeroit quelques courans; mais on n'en remarque aucun du même côté, & ceux qu'on rencontre portent à l'est-sud-est, le long de la glace; ce n'est même qu'une petite marée qui monte d'environ huit pieds.

Depuis le 23 jusqu'au 28 Juin, Wood continua de ranger la glace adhérente à la Nouvelle-Zemble, entrant autant qu'il étoit possible en chaque ouverture, mais sans trouver de passage; le tems étoit toujours fort froid avec peu de vent, ou calme avec de grands brouillards.

Le 29, les deux vaisseaux se trouvoient au milieu des glaces flottantes, à la vue de la Nouvelle-Zemble, le Speed-well donna sur un écueil où il échoua sans pouvoir être relevé. Le Prospère, plus court, vira de bord & gagna le large.

Dans une situation aussi fâcheuse, Wood justifia pleinement la haute opinion que l'on avoit de son habileté & de son sang-froid. Contrarié par la violence du vent & l'agitation de la mer, il ne put empêcher la perte de son vaisseau; mais il eut au moins la satisfaction de sauver son équipage & de le conduire à terre.

En dépouillant son journal de ses expressions naïves, nous ne pourrions qu'affoiblir le tableau touchant de son infortune : nous le laisserons parler lui-même.

» Nous étions le 29 Juin au matin, entre les glaces, & nous pensâmes y être enfermés. Tout ce jour le tems fut fort embrumé & le vent ouest. Nous avions le cap au sud-sud-ouest, & par notre estime nous présumions que la terre la plus occidentale nous demeuroit à l'est-sud-est ; erreur qui fut la source de notre infortune. Le capitaine Flawes tira un coup de canon pour avertir qu'on touchoit aux glaces, & porta sur nous. Peu s'en fallut que, virant alors sur son bord, les deux bâtimens ne se choquassent mutuellement & ne périssent ensemble ; le Speed-well fut le seul malheureux, dans son mouvement il toucha sur un écueil, tandis que la pinque prit le large. Notre vaisseau fut trois ou quatre heures à se tourmenter sur le rocher ; mais quelques efforts que nous fissions, nous ne pûmes jamais parvenir à le relever, à cause de la violence du vent.

» Cependant le Speed-well donnant toujours sur le fond, nous découvrîmes, après quelques heures d'incertitude & de crainte, le rocher dessous la pouppe. Aussitôt j'ordonnai qu'on descendît les chaloupes avant que d'abattre les mâts, & j'envoyai le bosseman avec la pinasse vers le rivage, pour voir s'il n'y avoit pas moyen de prendre terre. Il revint une demi-heure après, & nous dit qu'il n'y avoit pas moyen de sauver un homme, la mer étant trop orageuse & le rivage bordé de montagnes de neige qui le rendoient inaccessible. A cette triste nouvelle nous implorâmes tous la miséricorde divine. Nos prières finies, la brume se dissipa en partie ; je découvris alors du côté de la pouppe une petite pointe du rivage, où je présumois qu'on pourroit prendre terre ; j'envoyai la pinasse avec quelques matelots pour y aborder, mais ils n'osèrent le tenter. Je fis partir ensuite la grande chaloupe montée de vingt hommes, qui furent plus hardis ; les premiers alors encouragés par leur exemple les suivirent. La chaloupe & la pinasse revinrent à bord.

» Ceux qu'on avoit mis à terre, m'ayant fait demander des armes à feu & des munitions, pour se défendre contre les ours qui paroissoient en grand nombre, je fis mettre dans la pinasse deux barrils de poudre, des armes à feu, quelques provisions, mes papiers & mon argent ; mais une houle survint dans le moment que la pinasse quittoit le vaisseau, & la renversa ; tout fut perdu, ainsi qu'un matelot nommé Jean *Bosman* ; plusieurs autres furent retirés des eaux plus qu'à demi-morts. Pendant cette triste opération, ceux de la grande chaloupe étoient occupés à mettre à terre une partie de l'équipage. Comme ils nous entendirent crier, ils revinrent & nous aidèrent à sauver ceux qui nageoient encore ; mais la pinasse fut entièrement brisée, ce qui nous chagrina beaucoup. La grande chaloupe étant contre le vaisseau, & la mer continuant d'être en furie, le bosseman & la plupart des matelots qui étoient à bord nous forcèrent, mon lieutenant & moi, d'abandonner le bâtiment, en disant qu'il étoit impossible que la chaloupe pût soutenir long-tems les secousses de la mer, & qu'ils aimoient mieux périr eux-mêmes, que de me voir englouti dans les eaux ; se contentant de me recommander avec instance de leur renvoyer la chaloupe aussitôt que nous serions à terre.

» La chaloupe n'étoit pas à moitié du chemin au rivage, que le vaisseau se renversa, ce qui me fit faire la plus grande diligence pour débarquer ceux qui étoient avec moi. Dès que cela fut fait, je m'en retournai à bord pour sauver ces pauvres gens qui venoient de me témoigner tant d'affection. Ce ne fut pas sans beaucoup de peine & de danger que je pus y arriver. Je m'employai aussitôt à les secourir, & je les pris tous dans la chaloupe, à l'exception d'un seul qu'on laissa pour mort. Il étoit du nombre de ceux qui avoient été renversés avec la pinasse, & s'appeloit Alexandre *Fraçor*; c'étoit un fort bon matelot. L'eau ayant pénétré jusqu'au premier pont du vaisseau, nous ne pûmes en sauver que deux sacs de biscuit, quelques pieces de porc & un peu de fromage. Je repris le chemin de la terre, où nous abordâmes transis de froid & entièrement mouillés. Nous tirâmes la chaloupe sur le rivage.

» Ceux qui avoient gagné terre avant nous étoient rassemblés à peu de distance sur une hauteur; les uns allumoient du feu, & les autres dressoient une tente avec du canevas que nous avions sauvé dans cette intention; elle portoit sur des avirons & des barres. Nous fîmes à la hâte un fossé autour de la tente, pour nous garantir de l'approche des natifs du pays, c'est-à-dire, des ours blancs. Ces animaux, d'une grandeur prodigieuse & aussi hardis que féroces, étoient venus nous rendre visite aussitôt notre arrivée. Un coup de fusil qui en attrapa un leur fit rebrousser chemin au plus vîte. Nous passâmes la nuit sous la tente, extrêmement fatigués, toujours mouillés & pénétrés de froid.

» Le lendemain matin, 30 Juin, le matelot que nous avions laiſſé à bord revint à lui, & eut la force de monter ſur le mât du perroquet d'artimon ; c'étoit le ſeul que nous n'avions pas abattu. Ce matelot s'étoit fait aimer ; nous le reçûmes avec la plus grande joie dans la chaloupe, lors du premier voyage qu'elle fit ce jour au lieu du naufrage. Le vaiſſeau n'étoit point encore briſé, mais il rouloit & ſe tourmentoit extrêmement. Nous ne pûmes en approcher, le vent étant trop fort & la mer toujours agitée.

» Le premier de Juillet, le vent continua de la même force, & fut accompagné de brouillards très-épais, de gelée & de neige. Nous nous occupâmes à dreſſer d'autres tentes pour nous garantir du froid & du mauvais tems.

» Le vaiſſeau toujours battu par les vagues ne tarda pas à être mis en pieces ; la mer en jetta la plus grande partie ſur le rivage où nous avions fait notre deſcente. Ces débris vinrent fort à-propos pour nous mettre à couvert & pour faire du feu.

» Dans les premiers jours de Juillet, nous fûmes encore aſſez heureux pour recueillir quelques tonneaux de farine, pluſieurs barrils d'eau-de-vie, une barrique de bière, une tonne d'huile, du beurre, quelques pieces de bœuf & de porc. Ces proviſions
inattendues

inattendues ranimèrent notre courage & la confiance que nous avions en la miféricorde divine.

» Le 2 Juillet, pendant que le canonnier étoit occupé à mettre en sûreté les provifions que la mer nous apportoit, un grand ours blanc s'approcha ; mais le canonnier l'apperçut au moment où il alloit fe jetter fur lui, & le coucha à terre d'un coup de fufil. Cependant l'ours fe releva & étoit prêt à s'élancer fur lui ; alors quelques matelots qui étoient accourus achevèrent de tuer cet animal féroce. Il étoit d'une grandeur prodigieufe & fort gras ; on le dépeça, fa chair étoit belle à l'œil, nous la trouvâmes très-bonne.

» Cependant nous étions entre la crainte & l'efpérance : tantôt nous nous flattions que le beau tems reparoîtroit & que le capitaine Flawes nous découvriroit, ce que nous ne pouvions efpérer pendant la durée des brouillards ; tantôt nous appréhendions qu'il n'eût fait auffi naufrage & que nous ne le reviffions jamais. Après avoir beaucoup réfléchi fur ces motifs d'efpoir & de crainte, je me déterminai à faire hauffer de deux pieds les bords de la grande chaloupe, & de la faire couvrir d'un pont (*),

---

(*) *Voyez* page 323 du Recueil des Voyages au Nord, Tome 2, Amfterdam 1732.

pour empêcher autant qu'il feroit possible l'eau d'y entrer. Je pris en même tems la résolution d'aller à voiles & à rames jusqu'en Russie.

» Lorsque je fis part de mon projet aux matelots, ils en conçurent de l'ombrage. La chaloupe ne pouvoit contenir que trente hommes, & ils étoient déterminés ou à se sauver tous ou à demeurer tous ensemble; quelques-uns même, plus alarmés de mon dessein, complottèrent de le faire échouer en mettant en pieces la chaloupe, pour courir tous la même fortune. Dans cette circonstance critique, l'eau-de-vie me fut d'un grand secours, je ne les gênai point sur l'usage qu'ils en faisoient. Plusieurs en usèrent immodérément, & étant presque toujours dans l'ivresse, je découvrois leurs projets par l'indiscrétion de leurs propos. A tout hasard, je fis travailler les charpentiers à la chaloupe.

» Les jours s'écouloient & nous laissoient dans la plus triste perplexité. Quelques matelots proposèrent alors d'allonger la chaloupe de douze pieds, d'en élever les bords & d'y faire un pont (*); ils se flattoient que la chaloupe ainsi augmentée seroit suffisante pour y embarquer tout l'équipage.

(*) *Voyez* page 355 du même Tome.

La proposition fut examinée & débattue plus d'une fois ; mais après avoir considéré que les matériaux & les ouvriers manquoient, d'ailleurs, qu'un aussi petit bâtiment ne pouvoit être assez prolongé pour nous contenir tous, le plus grand nombre des matelots s'opposa à ce que la chaloupe fût coupée ; ils dirent qu'ils aimoient mieux aller par terre jusqu'au Weigats (1) espérant y trouver des barques Russes.

» Le péril imminent où nous nous trouvions pouvoit seul inspirer cette résolution, l'exécution en étoit évidemment impraticable, par la longueur & la difficulté du chemin entrecoupé de montagnes & de vallées inaccessibles, sans compter les rivières qui nous arrêteroient à chaque pas. Dans la supposition même de trouver la route praticable, nous avions trop peu de provisions de bouche pour atteindre le but de notre voyage, & de munitions pour nous défendre des bêtes féroces.

» Cependant, si d'un côté je ne voyois aucune apparence de pouvoir nous sauver par terre, de l'autre il n'y avoit pas moins de difficulté par mer ; puisque la chaloupe, quelque travail qu'on y fît ne pouvoit contenir que trente hommes. Que deviendroient les quarante délaissés, sans provisions dans un pays aride, & presque sans espoir d'en sortir ? Ainsi la terre & la mer nous refusoient également le passage.

» Je laisse à concevoir dans quelle extrémité nous nous trouvions alors, & quelle devoit être l'agitation de mon esprit. Toutes mes pensées ne s'arrêtoient que sur un avenir tragique. Pour comble de malheur, le tems étoit si mauvais, que pendant neuf jours nous eûmes toujours de la neige, de la pluie & un brouillard fort épais.

» Nous touchions à l'extrémité du désespoir, lorsque l'air s'éclaircissant dans la matinée du 8 Juillet, nous découvrîmes avec une joie inexprimable la pinque du capitaine Flawes; elle étoit à peu de distance du rivage. Je fis sur le champ allumer un grand feu; il l'apperçut, & soupçonnant notre infortune, il porta aussitôt sur nous & nous envoya sa chaloupe. A peine avoit-elle abordé, que nous détruisîmes tout ce qui avoit été fait à notre grande chaloupe; elle fut bientôt mise à flot. Pendant les transports successifs de l'équipage au vaisseau, j'écrivis une relation succincte de notre voyage, & le malheur qui nous étoit arrivé; je l'enfermai dans une bouteille qui fut suspendue à un poteau dressé dans le retranchement qui environnoit nos tentes.

» Vers le midi du même jour, nous fûmes tous rendus heureusement sur le bord du capitaine

Flawes; mais nous laissâmes à terre tout ce qui avoit été sauvé du vaisseau; nous craignions trop qu'un nouveau brouillard ne vînt encore nous surprendre.

» Le même jour, 8 Juillet, le vaisseau mit à la voile. Il n'éprouva aucun des accidens fâcheux de la navigation, & le 23 Août de la même année, nous entrâmes heureusement dans la Tamise ».

Le mauvais succès de cette expédition, qui ne pouvoit être imputé ni à Wood ni à des obstacles insurmontables, ne diminua en rien les espérances de la nation Angloise sur la découverte du passage aux Indes orientales. Des guerres maritimes l'occupèrent trop jusqu'en 1714, pour qu'elle pût s'occuper de ce projet; mais elle le reprit avec une nouvelle ardeur en 1718. Il fut tenté successivement dans les années 1719, 1722 & 1737, par le nord-ouest. Ces entreprises furent confiées aux capitaines *Barlow*, *Scroggs*, *Middleton*, & en 1746, aux capitaines *Moore* & *Smith*. M. *Ellis* qui étoit de ce dernier voyage, en a donné une relation qui a été reçue favorablement en Angleterre, & ensuite traduite en François. Elle est intitulée, *Voyage à la Baie d'Hudson*, fait en 1746, Paris 1749, 2 vol. *in*-12.

Personne n'a disserté d'une manière aussi judicieuse sur les différentes entreprises qui ont été faites en Angleterre pour la recherche du passage par le nord aux Indes orientales, sur la probabilité qu'il existe, & les espérances que les Anglois conservent encore de la réussite de ce projet.

La *Nouvelle-Zemble* étoit très-peu connue avant le voyage de Wood; ses observations nous mettent en état aujourd'hui d'en donner une description, sinon complette, du moins plus exacte.

Le nom de Nouvelle-Zemble signifie, en langue Russe, Nouveau pays.

Les Géographes sont peu d'accord entr'eux sur le véritable état de cette contrée. Les uns nous la représentent comme une île séparée de notre continent par le détroit de Weigats; les autres assurent que c'est une péninsule qui tient par un isthme au côté oriental de la Sibérie, près de l'embouchure du fleuve Oby.

Quoi qu'il en soit, la Nouvelle-Zemble est placée sur notre globe, depuis le soixante-neuvième degré de latitude jusques près du soixante-dix-septième; sa longueur est d'environ deux cens lieues sur soixante à soixante-dix de large.

Tous les voyageurs, d'accord avec Wood, représentent la Nouvelle-Zemble comme le plus miférable pays de l'Univers, rempli de montagnes & presque généralement couvert de neige. Les seuls endroits qui en soient exempts, sont des fondrières inaccessibles où il croît une sorte de mousse qui porte de petites fleurs bleues & jaunes; & c'est à quoi se bornent toutes les productions de la Nouvelle-Zemble.

» Après avoir creusé environ deux pieds en » terre, dit Wood, nous ne trouvâmes que de » la glace aussi dure que le marbre ». Phénomène unique, & qui tromperoit bien ceux qui s'imaginent que dans la nécessité de passer l'hiver dans ce pays, ils pourroient faire des caves sous terre pour s'y loger & se garantir du froid.

La neige, dans tous les autres climats, se fond beaucoup plutôt sur le bord de la mer que dans les autres endroits; ici c'est tout le contraire. La mer bat contre des montagnes de neige, qui dans quelques lieux sont aussi hautes que les plus hauts promontoires de France & d'Angleterre. Elle a formé des cavernes profondes dans cette neige, qui paroît comme suspendue au-dessus de cet élément, ce qui forme un spectacle affreux. Wood ne doute point que cette neige ne soit aussi ancienne que le monde. Cependant étant monté sur le sommet des montagnes, il n'y trouva point de neige. Il ne vit dans la Nouvelle-Zemble que des ours blancs très-gros, des renards, des efpeces de lapins gros comme des rats, (fans doute des lemmers), des traces de quelques bêtes fauves, & des oifeaux femblables aux alouettes. A chaque quart de mille on rencontre un petit ruiffeau de fort bonne eau, quoiqu'elle ne provienne que de neige fondue qui découle des montagnes. Vers le rivage de la mer où ces ruiffeaux tombent, on voit dans les lieux qu'ils ont découverts, du marbre noir à raies blanches, & de l'ardoife fur quelques montagnes intérieures. L'eau de la mer, près de la glace & de la terre, eft la plus falée, la plus pefante & la plus claire qui foit au monde; à quatre-vingt braffes, qui font quatre cent quatre-vingt pieds, on voit parfaitement le fond & les coquillages.

Wood donne le nom de *Speedill* à la pointe de la Nouvelle-Zemble où il fit naufrage. Il nomma les hautes montagnes qu'il y vit, Monts de neige du roi Charles; la première pointe au fud, qui eft la plus occidentale du pays, Cap-James; & la pointe au nord, Pointe d'Yorck. Celle de Speedill eft par les foixante-quatorze degrés trente minutes de latitude, & les foixante-trois degrés de longitude eft de Londres. La variation de l'aiman y fut obfervée de treize degrés vers l'oueft. La marée monte de huit pieds, & porte directement au rivage ; nouvelle preuve, au jugement de Wood, qu'il n'y a point de paffage par le nord.

On conçoit difficilement que l'inutilité de la dépenfe & tant de voyages infructueux n'aient point entièrement dégoûté la nation Angloife de ce projet. Quels peuvent être encore les fondemens de fes efpérances ? fur-tout après avoir vu *James* & *Wood*, deux de fes plus habiles navigateurs & les plus fortement prévenus pour fa poffibilité, en partant d'Angleterre, décider nettement à leur retour, qu'il n'exifte point de paffage par le nord.

Toute la partie de la côte orientale, depuis le détroit de Weigats jufqu'au cap d'Heemskerke où les Hollandois hivernèrent en 1596, eft entièrement inconnue, le golfe qui la fépare de la Samojédie étant toujours rempli de glaces. Les principaux caps, en remontant vers le nord & redefcendant à l'oueft & vers le fud, font les caps d'Heemskerke, de Fleffingue, du Defir, de Maurice, des Glaces, de Trooft, de Naffau, des Etats, de Terre, de la Croix & de Schans ; ce dernier eft à la pointe au fud de la Nouvelle-Zemble. Les principales baies de la partie occidentale font, en prenant du fud au nord par l'oueft, celles de Saint Laurent, de Joms, d'Or, de Berc & de Sainte Anne.

Les principales rivières connues dans la partie occidentale de la Nouvelle-Zemble font, auſſi en remontant du ſud au nord, les rivières de Kraſnaia, Krikir, Padvia & Solvica.

Tous les navigateurs Hollandois & Anglois qui ont abordé à la Nouvelle-Zemble, aſſurent n'y avoir vu aucun habitant. La Martinière eſt le ſeul qui ait rapporté en avoir vu. Mais le portrait qu'il en a donné, & d'autres ſans doute d'après lui, eſt ſi reſſemblant aux Samojedes, que l'exiſtence des habitans naturels de la Nouvelle-Zemble paroît une chimère. Les hommes qu'on y trouve quelquefois, ſont des Samojedes qui y paſſent à la mi-Mai, & qui s'y occupent tout l'été à la pêche & à la chaſſe.

Ces Sauvages ont toujours aſſuré qu'il n'y a point d'habitans autres que ceux de leur nation, qui y vont, & qui y reſtent l'hiver lorſqu'ils ne peuvent pas en revenir. Ils rapportent même qu'il en périt ſouvent par un vent du nord qui éteint la chaleur naturelle en peu de tems, quelques précautions qu'on prenne pour ſe garantir des effets du froid : c'eſt ce qui rend ce pays abſolument inhabitable.

NOTE.

(1) WEIGATS, détroit dans la Mer Glaciale, entre la Samojédie & l'extrémité méridionale de la Nouvelle-Zemble. Il fait la communication entre les mers de Moscovie & de Tartarie. Plusieurs sont encore persuadés que le Weigats est un passage pour aller à la Chine & au Japon.

Les Russes d'Archangel & ceux qui habitent sur le Petzora, vont presque tous les ans prendre à la Nouvelle-Zemble des chevaux marins, des chiens de mer & des ours blancs; pour y aborder ils traversent le Weigats & navigent ensuite sur le Kars-Koi-More; les Russes appellent ainsi la mer au-delà du Weigats, qui baigne la Nouvelle-Zemble d'un côté, & de l'autre le Continent.

N.º 7.

RELATION

Du délaissement de quatre Matelots Russes dans l'Isle déserte du Est-Spitzberg, *en 1743* (*).

En 1743, *Jérémie Okladmkoff*, marchand de Mesen, ville de la province de Jugovie, gouvernement d'Archangel, équipa un bâtiment monté de quatorze hommes, pour aller au *Spitzberg* à la pêche de la baleine.

Les huit premiers jours, leur navigation fut très-heureuse; mais le neuvième le vent changea, ensorte qu'au lieu d'être portés à l'ouest-Spitzberg, ils furent poussés à l'est, appelé en Russe *Maloy-*

―――――――――――――――

(*) Cette Relation a été insérée dans le volume du Journal encyclopédique du 15 Février 1775.

broun. Le vaisseau approcha cette île à environ trois verstes, & fut subitement entouré de glaces de toutes parts. Dans cette affreuse situation l'équipage tint conseil. Le contre-maître, Alexis *Himkof*, se ressouvint d'avoir entendu dire que quelques habitans de Mesen avoient bâti, peu d'années auparavant, une cabane à peu de distance de la mer, & qu'ils y avoient passé l'hiver. Cette ouverture ranime le courage abattu, on se décide à se refugier dans cette cabane jusqu'à ce que la mer soit libre. Le conseil nomme quatre personnes pour aller à la découverte de cet asyle, ou pour chercher quelque moyen de sauver l'équipage dont la perte étoit assurée, si, comme il n'y avoit que trop d'apparence, les glaces continuoient à arrêter la navigation & qu'il fallût rester dans le vaisseau. Les députés furent le contre-maître & son filleul, Etienne *Scharapof* & Théodore *Weragin*. L'île où ils alloient mettre pied à terre étoit déserte ; ils se munirent de tout ce qui pouvoit leur être nécessaire pendant leurs recherches. Ils avoient près de trois verstes à traverser sur un pont de glaçons flottans, qui soulevés par les flots & agités par le vent, rendirent le trajet aussi difficile que dangereux. Ils se gardèrent bien de se charger de fardeaux trop pésans ; ils ne prirent qu'un fusil, douze charges de poudre, douze balles, une hache, un petit coquemar, environ douze livres de farine, un couteau, une boîte à fusil, une vessie pleine de tabac, & chacun une pipe.

Ils arrivèrent heureusement à terre, parcoururent l'île & découvrirent la cabane à environ un mille & demi d'Angleterre du rivage. Elle avoit trente-six pieds de long, dix-huit de haut, & à-peu-près autant de large; il y avoit en avant une espece d'anti-chambre de douze pieds de large. Cette cabane avoit beaucoup souffert des injures du tems, il fallut néanmoins y passer la nuit. Le lendemain dès le point du jour, le détachement courut à la mer, pour annoncer au reste de l'équipage cette heureuse découverte, & pour les aider à débarquer les provisions & ustensiles qui pouvoient leur être nécessaires pendant leur séjour dans l'île. Ils arrivèrent à l'endroit où ils avoient pris terre. Quelle fut leur suprise & leur douleur? La mer étoit balayée de tous les glaçons, & leur vaisseau avoit disparu. Un ouragan violent s'étoit élevé pendant la nuit, avoit dispersé les glaces, brisé & submergé vraisemblablement le vaisseau, puisqu'on n'en a plus entendu parler, non-plus que du reste de l'équipage.

La seule ressource qui resta à ces malheureux, désormais sans nulle espérance de revoir leur patrie, étoit de retourner à leur cabane & d'y lutter contre les dangers & les misères qui alloient les assaillir de toutes parts. Les ais de leur retraite s'étoient écartés par la rigueur du froid ; ils reparèrent le dommage, & les ouvertures qu'il ne leur fut pas possible de rejoindre furent bouchées avec de la mousse qui abondoit autour d'eux. Ces réparations furent d'autant moins difficiles, qu'en Russie chaque paysan sait manier la hache & bâtir sa propre maison. Ils travaillèrent ensuite à se procurer des vivres. Les douze coups de fusil qu'il avoient à tirer tuèrent douze rennes qui leur assurèrent leur nourriture pour quelque tems. Le froid excessif qui dans ces climats ne laisse vivre que quelques especes d'animaux, s'oppose encore à la végétation ; on n'y voit ni arbre ni buisson. Comment résister sans feu à un froid extrême ? par quelle matière inflammable remplacer le bois ? Plongés dans ces cruelles réflexions, nos insulaires se promennent le long du rivage ; ils y apperçoivent des débris de vaisseaux, des arbres déracinés qui leur fournissent un ample chauffage.

Parmi les bienfaits de la mer il se trouva différentes planches où il y avoit un grand crochet de fer, quelques clous de cinq à six pouces de long, & d'autres ferrailles, choses bien plus précieuses pour eux. Leur poudre étoit consommée, leurs vivres tendoient à leur fin, ces infortunés voyoient venir la mort à grands pas. Ils firent une autre découverte non moins utile ; ils déterrèrent avec ces ferremens une racine longue, forte & presque pliée en arc par la nature. Ils s'occupent à perfectionner cette arme avec leur couteau. Mais où trouver la corde & les fleches ? Dans l'impossibilité d'achever cet ouvrage, ils se bornent à faire des especes de lance pour se défendre des ours blancs, les plus féroces de tous & dont ils avoient tout à redouter. Une autre difficulté les arrête. Comment façonner sans marteau les pointes de ces lances ?

Après plusieurs efforts infructueux, ils imaginent de tourner en fer de lance le crochet dont ils étoient en possession. Ils le font rougir au feu, ils aggrandissent peu-à-peu un trou qui étoit au milieu, avec un de leurs plus grands clous ; ils emmanchent ce fer pointu, un gros caillou leur sert d'enclume, une paire de corne de renne, de tenailles. Ils parviennent ainsi à forger, à aiguiser deux fers de lances ; ils les attachent avec des courroies faites de peau de rennes à des bâtons ou branches des arbres rejettés par la mer. Armés de la sorte ils attaquent un ours blanc, & après le combat le plus opiniâtre & le plus dangereux, ils tuent cet animal qui leur fournit de nouvelles provisions. La chair leur en parut très-agréable, ils lui trouvoient

un

un goût de bœuf; ils découvrirent alors que les tendons de cet animal se divisoient facilement en filamens très-déliés, & qu'entre autres avantages ils pouvoient en faire des cordes pour leurs arcs.

Aussitôt ils forgent des pointes & les attachent aux fleches avec ces cordes; des fils plus fins leur servent à lier à l'autre bout des fleches des plumes d'oiseaux de mer qu'ils avoient trouvées. Ce fut ainsi qu'ils se procurèrent des armes offensives, avec lesquelles ils tuèrent deux cent cinquante rennes, un grand nombre de renards bleus & blancs: la chair de ces animaux leur servit de nourriture, leurs peaux de vêtemens, &c.

Leurs expéditions contre les ours blancs ne furent pas si heureuses, ils n'en tuèrent que dix, & même en courant chaque fois le plus grand danger pour leur vie. Eux-mêmes avoient attaqué le premier, mais ils n'avoient tué les neuf autres qu'à leurs corps défendant; quelques-uns étoient venus fondre sur eux jusques dans leur cabane. Ils n'avoient pas tous la moindre ardeur au carnage; soit que quelques-uns fussent moins affamés, soit qu'ils fussent naturellement moins féroces, dès qu'ils étoient entrés dans la cabane ils ne cherchoient qu'à s'enfuir sans oser se défendre. Cependant ces combats réitérés fatiguoient excessivement ces malheureux, ils craignoient à chaque inſtant d'être dévorés.

Au centre de l'île, ils trouvèrent une eſpece de terre glaiſe, avec laquelle ils firent des lampes; l'obſcurité qui regne dans l'île ne pouvoit que leur en rendre le ſéjour plus horrible. Ils s'empreſsèrent donc de faire une lampe, la remplirent de graiſſe de rennes, & de charpie au lieu de meche; mais le vaſe ne tint pas la graiſſe, dès que la chaleur l'eut fait fondre elle filtra à travers la terre. Ils firent une autre lampe, la mirent ſécher à l'air, puis rougir au feu, & la plongèrent toute rouge dans le coquemar où ils avoient fait bouillir de l'eau & de la farine, à la conſiſtance de l'empoix. Cet expédient eut l'effet deſiré, la graiſſe ne filtra plus; mais pour plus grande ſûreté, ils paîtrirent dans leur empoix des filamens de linge & en enduiſirent de nouveau le dehors comme d'une eſpece de vernis. Non-ſeulement ils en fabriquèrent une ſeconde de crainte que la première ne vînt à ſe caſſer, mais ils réſervèrent le reſte de leur farine pour faire autant de ces lampes qu'ils pourroient en avoir beſoin par la ſuite. Ils avoient eu cependant grand ſoin de tranſporter dans leur cabane tout ce que la mer avoit rejetté d'oakum, eſpece de chanvre dont on ſe ſert pour le radoub des vaiſſeaux, & qu'ils employèrent en guiſe de meche. Ces matières consommées, ils prirent leurs chemises & leurs caleçons, ensorte que leur lampe ne cessa plus de brûler.

D'autres besoins les menacèrent ou se firent bientôt sentir; ils n'avoient plus ni chemises ni caleçons, leurs souliers, plusieurs pieces de leurs vêtemens s'usoient, l'hiver approchoit, & les avertissoit de se garantir contre l'extrême rigueur du froid. Ils avoient des peaux de rennes & de renards en abondance, il s'agissoit de trouver le moyen de les préparer, & ce n'étoit pas là le moins embarrassant. Après bien des réflexions, ils s'attachèrent à donner une espece de tan à leurs peaux; ils trempèrent celles de rennes dans de l'eau fraîche pendant plusieurs jours, jusqu'à ce que le poil en tombât facilement, ensuite ils frottoient l'un après l'autre ces cuirs humides, à force de bras, jusqu'à ce qu'ils fussent presque secs; alors ils répandoient dessus un peu de graisse de renne, & les frottoient encore pour qu'elle pénétrât le cuir, qui devenoit doux, maniable & propre à l'usage auquel ils le destinoient. Les peaux qui devoient leur servir de pelisses, ils ne les trempoient qu'un jour dans l'eau fraîche & achevoient de les préparer comme les précédentes. Un morceau de fil-d'archal faisoit le service de l'aiguille, & les parties tendineuses des rennes servoient de fil.

P ij

C'eſt ainſi que ces malheureux ſurmontèrent par leur induſtrie les obſtacles effrayans & ſans nombre qu'un dénuement preſque abſolu & la rigueur du climat oppoſoient à leur conſervation. Si la vie animale ſuffiſoit à l'homme, ils pouvoient ne rien deſirer de plus. Mais être abandonnés du monde entier, ſans nulle eſpérance de retour & de ſoulagement, dans la cruelle attente de perdre les uns après les autres les compagnons de leur miſère, de reſter ſeul dans un tems où la caducité aura anéanti toutes les forces, & ne laiſſera plus qu'une victime ſans défenſe à la voracité des animaux carnaſſiers; dans un tems où la foibleſſe & l'épuiſement, ſans ôter le beſoin & le ſentiment, s'oppoſent à la ſatisfaction des uns, & privent l'autre de ſes objets les plus chéris; où la crainte de mourir de faim ajoute encore à toutes les horreurs de la mort; enfin, où le ſouvenir des douceurs de la ſociété, des tendres embraſſemens d'une épouſe chérie, des careſſes naïves & touchantes de ſes enfans en qui l'on s'eſt vu renaître; où toutes ces choſes réunies déchirent l'ame de tous les traits du déſeſpoir!

Ces réflexions étoient un ſupplice continuel pour nos inſulaires. Soutenus par l'eſpérance, ils les écartoient dans les premières années; mais elles ſe préſentèrent avec plus de force dans les dernières de leur exil. Alexis Himkof, sur-tout, ne cessoit de déplorer son triste sort. Il étoit époux, il étoit père, sa femme & ses enfans étoient toujours présens à son esprit & à son cœur. Dans des circonstances si funestes; quel fonds de raison est capable de donner la moindre consolation ? L'avenir étoit encore plus affreux; ils voyoient le dernier d'entr'eux, après avoir fermé les yeux à ses infortunés compagnons, courbé sous le poids des années & de la décrépitude, dévoré par les ours. Il leur sembloit entendre cette vaste solitude retentir de ses cris & de ses gémissemens.

Théodore Weragin tomba dans une maladie de langueur, il souffroit les douleurs les plus violentes. Ses compagnons, partagés entre les soins que son état exigeoit & ceux qu'ils devoient à leur sûreté commune, eurent le spectacle le plus affligeant de l'extrême misère où ils étoient réduits: nul secours à espérer ni de l'art ni de la nature; la situation de leur camarade étoit le présage de celle qui les attendoit tous dans les maladies qu'ils avoient à craindre. Weragin étoit privé de tout, & il succomba sous le poids de ses maux. Ses compagnons le pleurèrent comme un de leurs défenseurs, comme un ami qui s'étoit uni à leurs peines & qui les avoit diminuées en les partageant. Il mourut dans l'hiver qui précéda leur retour; il fut enterré auffi avant dans la neige qu'il fut poffible, afin de mettre fon corps à l'abri de la voracité des ours blancs.

Mais écartons ces fcènes d'horreur : la misère & l'effroi ne vont plus être le partage de nos infulaires. Un vaiffeau Ruffe paroît à leur vue le 15 Août 1749. Ils allument des feux fur les collines voifines, ils courent vers la rive, agitent en l'air une peau de renne attachée à une grande perche. Le vaiffeau approche du rivage, ils y font reçus, & promettent au patron leur fervice & quatre-vingt roubles à leur débarquement. Ils font tranf-porter fur fon bord toutes leurs richeffes, c'eft-à-dire, deux mille livres péfant de graiffe de rennes, des peaux de rennes, d'ours, de renards, leurs lances, leurs arcs, leurs fleches, leur aiguille, leur couteau, leur hache, qui étoient prefque ufés.

Après une navigation qui ne fut troublée par aucun accident, ils débarquèrent heureufement à Archangel le 28 Septembre 1749, après avoir paffé fix ans & trois mois dans la plus affreufe des folitudes. La femme d'Alexis Himkof fe trouva par hafard fur le rivage à l'arrivée du bâtiment. Elle reconnut fon mari, & courut avec tant d'empreffement vers lui, qu'elle tomba dans la mer, & ne fut repêchée qu'avec peine. Le navire qui avoit délivré ces infortunés devoit hiverner à la Nouvelle-

Zemble, mais le directeur de la pêche de la baleine avoit proposé à l'équipage de passer cette saison à l'ouest du Spitzberg, & un vent contraire l'avoit jetté sur les parages de l'est. Ces trois personnes avoient vécu si long-tems sans pain, qu'elles ne purent en reprendre l'usage, cet aliment étoit trop venteux pour eux. Il en fut de même des liqueurs spiritueuses, dont ils ne purent plus boire; l'eau pure fut toujours depuis leur seule boisson.

La vérité de cette histoire est constatée par plusieurs témoignages dignes de foi. M. Klinstadt, auditeur en chef de l'amirauté d'Archangel, interrogea ces matelots séparément à leur arrivée en cette ville, & dressa un procès-verbal de leurs réponses dans lesquelles il trouva la plus parfaite uniformité. Peu de tems après, M. Le Roi, professeur d'histoire de l'académie impériale de Saint-Petersbourg, fit venir deux de ces marins, Alexis, & Iwan Hinkof, filleul de celui-ci, & leur récit fut encore entièrement conforme au premier.

Le Spitzberg est le pays le plus septentrional des terres polaires arctiques dont on ait eu jusqu'à-présent connoissance. Il s'étend depuis le soixante-seizième degré de latitude jusqu'au quatre-vingtième. Il fut découvert par les Hollandois en 1596. Le froid est excessif dans le Spitzberg, & l'air très-vif. Dans l'été, le foleil y demeure plus de fix femaines fur l'horifon, ce qui forme un jour continuel ; mais fes rayons ont fi peu de force que l'âpreté du froid n'y eft que très-peu diminuée.

Ce pays n'eft habité que par des ours blancs auffi gros & auffi forts que des bœufs, & qui vivent fur la glace ; par des renards de différentes couleurs, & par des rennes, animaux qui reffemblent affez aux cerfs, & qui fe nourriffent d'une mouffe d'un verd pâle qui croît fur le fable & fur les pierres. Les rennes font fort maigres tant que la neige eft épaiffe fur la terre, mais auffitôt qu'elle commence à fe fondre elles deviennent très-graffes.

Le terrein ne produit au Spitzberg ni arbres ni arbriffeaux, cependant ceux qui vont y faire de l'huile de baleine y trouvent une grande quantité de bois que chaque marée amene fur le rivage. Il paroît affez difficile d'expliquer d'où il peut venir; mais on en voit de même fur toutes les côtes feptentrionales.

On y trouve auffi quelques canards fauvages & un petit nombre d'autres oifeaux. Il n'y a point de petits poiffons, excepté des merlus, mais en petite quantité.

La Côte eft fréquentée tous les ans par des vaiffeaux de plufieurs nations, qui y viennent pour la pêche de la baleine. Chaque peuple a fon port particulier ou son lieu de station, ses huttes, ses chaudières & les autres instrumens nécessaires pour tirer l'huile de la baleine; on les y laisse pour l'année suivante quand la saison force de quitter la côte.

Une baleine produit depuis soixante jusqu'à cent barriques d'huile, qui se vend trois ou quatre livres sterling la barrique.

N°. 8.

NAUFRAGE

Du Vaisseau Russe le Saint-Pierre *sur les Côtes de l'Isle Béerings*, Mer du Kamtschatka, *en* 1741 (*); & *Précis historique de cette Contrée &* des Isles Kuriles, &c.

LES Russes étoient de toutes les nations commerçantes de l'Europe, la plus intéressée à faire

---

(*) Cette relation est extraite de l'intéressant Ouvrage intitulé : Voyages & Découvertes faites par les Russes le long des côtes de la Mer Glaciale & sur l'Océan oriental vers le Japon & l'Amérique, par M. MULLER, *Amsterdam* 1766, 2 volumes *in*-12. On la trouve aussi, mais moins détaillée, dans la continuation de l'Histoire des découvertes dans le Nord, soit par la Mer Glaciale pour le passage aux Indes orientales, soit par celle du Kamtschatka pour aborder en Amérique. Outre la situation de leur empire & l'avantage de faire par terre une grande partie de la route, ils avoient encore la ressource des fourrures, l'habitude du climat & l'usage des alimens qu'il fournit. Cependant les plus grand efforts, au moins pour trouver le passage aux Indes, n'ont été faits que par les Hollandois & les Anglois, ainsi que nous l'avons vu dans les relations précédentes. Les Moscovites, à la vérité, n'ont point été simples spectateurs de ces navigations; mais leurs découvertes avant le regne du czar Pierre, avoient été peu importantes, & presque sans aucune influence du gouvernement.

En 1720, un voyage entrepris par des navigateurs Russes, à l'extrémité de la Sibérie, se borna

---

Générale des Voyages, par MM. MEUNIER DE QUERLON & DE LEYRE, *Paris* 1770, *in*-4°. 19 vol. L'Ouvrage intitulé: Mappemonde Géographique & Historique, par M. MACLOT, *Paris* 1778, *in*-12, 2 vol.; l'Essai sur le Commerce de Russie, *Amsterdam* 1777, *in*-12; & l'Histoire des nouvelles découvertes des Russes entre l'Asie & l'Amérique, par M. COXE, *Paris* 1781, *in*-4°., renferment encore plusieurs particularités à ce sujet.

à la découverte des îles Kurilles, situées au nord du Japon ; l'empereur lui-même en avoit dressé l'instruction. Peu de tems après, il s'occupa des recherches à faire au sujet de la contiguité de l'ancien & du nouveau Monde ; mais cette entreprise glorieuse ne fut point exécutée sous son regne, la mort le surprit le 8 Février 1725. On regardoit dès-lors ce projet comme avorté, lorsque l'impératrice Catherine, jalouse d'entrer dans les vues de son mari, en ordonna l'exécution la même année de son décès.

Première Expédition du KAMTSCHATKA (1).

Le fameux *Béerings*, Danois de nation, mais attaché à la marine Russe depuis 1707, fut nommé commandant de l'expédition. Cet officier joignoit à beaucoup de savoir, de la fermeté & une grande expérience. Ses lieutenans furent un Allemand, nommé Martin *Spanberg*, & un Russe appelé *Tschiricow*. Béerings & ses lieutenans employèrent près de cinq ans, soit aux préparatifs de leur voyage, soit à leur navigation. En 1727, ils abordèrent au Kamtschaka & en reconnurent les côtes. Ils y hivernèrent. L'année suivante, ils découvrirent l'île de Saint-Laurent & trois autres petites îles, peu éloignées des côtes orientales de l'Asie.

L'approche de l'hiver & la crainte des glaces obligèrent Béerings de penser au retour. Le 20 Septembre 1718 il regagna la rivière du Kamtſchaka.

Les Ruſſes quittèrent pour la ſeconde fois les côtes du Kamtſchaka : ils mirent à la voile le 5 Juin 1729 ; mais le vent d'eſt-nord-eſt, qui ſouffloit avec force, ne leur permit pas de s'en éloigner de plus de ſoixante-huit lieues. Comme ils ne trouvèrent point de terres juſques-là, ils changèrent de cours, doublèrent la pointe méridionale du Kamtſcharka, & jettèrent l'ancre à Okhoſtka (2). De cette ville, Béerings ſe rendit à Jakutzk (3), & enſuite à Péterſbourg, il y arriva le premier Mars 1730.

Cette tentative des Ruſſes forme ce qu'on appelle la première expédition du *Kamtſchaka*. Nous paſſerons à la ſeconde qui a été la plus importante. C'eſt à la fin de cette dernière, que Béerings échoua dans l'île qui a porté depuis ſon nom, & qu'il y mourut. M. *Deliſle de la Croyère*, profeſſeur d'aſtronomie à Péterſbourg, & frère de M. *Deliſle* de l'académie des ſciences de Paris, qui étoit ſur le *Saint-Paul*, vaiſſeau de Tſchiricow, trouva auſſi vers ce même tems le terme de ſes courſes littéraires. Nous rapporterons plus en détail les événemens de ce ſecond voyage des Ruſſes dans la mer du Kamtſchaka, ſans cependant perdre de vue les bornes que nous nous sommes prescrites.

Seconde Expédition du KAMTSCHAKA.

Au retour de sa première expédition, le capitaine Béerings avoit déclaré que dans le cours de sa navigation vers la côte orientale de l'Asie, entre les 50 & 60 degrés, il avoit eu les indices les plus probables d'une côte ou d'une terre à l'est. Ces indices sont des vagues basses, telles qu'on les trouve ordinairement dans les détroits ou les bras de mer ; d'avoir trouvé flottans des pins & autres especes d'arbres qui ne croissent point dans le Kamtschatka, & qui étoient poussés par le vent d'est; de voir arriver régulièrement au Kamtschatka, tous les ans, certains oiseaux, qui s'en retournent de même régulièrement après quelques mois de séjour. Enfin à ces observations Béerings ajoutoit, que plusieurs Kamtschadales lui avoient assuré que dans les jours sereins de l'été on découvroit de dessus les côtes les plus élevées du pays une terre à l'orient.

Le capitaine Béerings & ses deux lieutenans, Spanberg & Tschirikow, fortement préoccupés des indices qu'ils avoient eus de la nouvelle terre dans leur premier voyage, proposèrent la seconde expédition du Kamtſchatka. Ces navigateurs intrépides s'offrirent en même tems pour tenter toutes les nouvelles découvertes qui reſtoient à faire entre l'Aſie & le nord de l'Amérique. La cour Ruſſe jouiſſoit alors d'une paix profonde ; elle ſentit l'importance de ce projet, & s'en occupa ſans relâche. Les offres de Béerings furent agréées, il fut déſigné chef de la nouvelle entrepriſe, & élevé au grade de capitaine-commandeur ; ſes deux lieutenans furent auſſi nommés capitaines pour ſervir ſous lui.

Au mois d'Avril 1732, le ſénat ſuprême reçut des ordres précis & relatifs à cet objet ; ils étoient émanés du cabinet impérial. Auſſi-tôt il demanda à l'académie des ſciences un détail de ce que l'on ſavoit juſques-là du Kamtſchatka, ainſi que des contrées & des mers qui l'environnent. L'académie chargea de ce ſoin M. *Delisle*, aſtronome François, & frère du géographe du même nom.

M. Delisle raſſembla les éclairciſſemens que put lui fournir le capitaine Béerings, & les relations des voyages qui avoient été faits dans ces mers. Il en dreſſa une carte, qui repréſentoit d'un côté l'extrémité orientale de l'Aſie, & de l'autre la côte oppoſée de l'Amérique ſeptentrionale ; on y voyoit d'un coup-d'œil tout ce qui reſtoit à découvrir entre ces deux grandes parties du Monde. Le Kamtſchatka : la Terre de Jesso, l'île des Etats, la Terre de la Compagnie, le Japon, & la Côte vue par le capitaine Espagnol Jean de Gama, y étoient désignés assez exactement, pour les notions qu'on avoit alors de ces contrées. M. Delisle joignit à cette carte un mémoire très-détaillé.

Trois routes étoient indiquées par M. Delisle, & même tracées sur cette carte.

La première devoit se tenter au midi du Kamtschatka, en allant droit au Japon ; ce qu'on ne pouvoit faire sans traverser la Terre de Jesso, ou plutôt les passages qui la séparent de l'Isle des Etats & de la Terre de la Compagnie.

La deuxième devoit se diriger, en partant de l'est du Kamtschatka jusqu'à ce qu'on rencontrât les côtes de l'Amérique, au nord de la Californie.

Enfin la troisième devoit avoir pour objet la terre dont le capitaine Béerings avoit eu de si forts indices dans son premier voyage au Kamtschatka.

La carte & le mémoire ayant été remis au sénat suprême par l'académie, le sénat, le college de l'amirauté & l'académie prirent en commun les mesures nécessaires pour le succès de l'entreprise. Ces différens corps résolurent aussi en même tems de profiter de l'occasion, pour essayer si le

fameux

fameux paſſage par le nord, tenté en vain depuis long-tems par les Anglois & les Hollandois, étoit praticable ſur la Mer Glaciale.

On ne doit point oublier, pour la gloire de la nation Ruſſe, que l'académie reçut ordre à cette occaſion de nommer deux de ſes membres, pour déterminer par des obſervations aſtronomiques la vraie poſition des nouvelles terres qu'on alloit découvrir, & auſſi pour enrichir l'hiſtoire naturelle dans les différens genres qui y ont rapport. MM. Jean-Georges *Gmelin*, & Louis *Delisle de la Croyère*, tous deux profeſſeurs à Péterſbourg, l'un en chymie & hiſtoire naturelle, & l'autre en aſtronomie, s'étoient déja offerts dès les premiers bruits du voyage; ils furent agréés par le ſénat, ſur la propoſition qu'en fit l'académie. On y joignit l'année ſuivante le profeſſeur *Muller*, pour faire la deſcription de la Sibérie & pour écrire l'hiſtoire du voyage qu'on alloit entreprendre.

MM. Gmelin & Muller tombèrent malades dans le cours des préparatifs, & reſtèrent en Sibérie; mais ils furent remplacés, pour le voyage d'Amérique, par le profeſſeur *Steller*, auſſi de l'académie des ſciences.

Tome I. Q

Voyages particuliers des Russes, pour la recherche du Passage par le Nord.

Outre les trois principaux chefs de l'entreprise, Béerings, Spanberg & Tschirikow, le college de l'amirauté nomma encore plusieurs autres officiers subordonnés au capitaine-commandeur ; dans ce nombre, trois furent particulièrement désignés pour chercher par des routes différentes le Passage du Nord. l'un devoit aller par mer de l'Oby (4) au Jéniska, & les deux autres devoient partir en même tems du Léna; l'un au Jéniska en navigeant à l'ouest, & l'autre au Kamtschatka par l'est, en doublant le cap Chalaginskoi. Ces voyages particuliers devoient se faire avant l'ouverture de l'expédition principale. L'amirauté réserva à sa direction immédiate le passage d'Archangel à l'Oby, & y employa trois officiers. Le premier fut le lieutenant *Marawief*. Il tenta ce passage en 1734, mais il ne put avancer cette année que jusqu'à la rivière de Petzora. L'année suivante il passa le Weigats, ayant à sa gauche l'île de ce nom, & le continent à sa droite. Il navigea dans le Kars-Koi-More, & rangea la côte du Jalmal jusqu'à la hauteur de soixante-douze degrés & demi.

Les Russes ont donné le nom *Kars-Koi-More*

à la mer qui se trouve au-delà du Weigats, entre la Nouvelle-Zemble & une grande avance de terre ou pointe formant la côte occidentale du golfe de l'Oby. Les Samojedes ont donné le nom de *Jalmal* à cette pointe.

Cet officier fit en vain les plus grands efforts pour pénétrer plus loin vers le pôle ; il ne put doubler la pointe du Jalmal. Elle le fut cependant en 1738 par les deux autres lieutenans, l'un appelé *Malygin*, & l'autre *Skuratoff*; ils entrèrent dans le golfe de l'Oby.

En 1738, les lieutenans *Owzin* & *Korcheteff* réussirent dans la tentative de parvenir au Jéniska.

Les glaces & le scorbut apportèrent des obstacles insurmontables aux deux autres entreprises ; la première étoit le passage du Jéniska au Léna, & réciproquement ; la seconde étoit le voyage du Léna à l'est, pour trouver un chemin par mer au Kamtschatka. Ces entreprises furent tentées inutilement à différentes fois, en 1735, 1736 & 1738.

Quoique ces voyages aient été infructueux pour le but qu'on s'étoit proposé, qui étoit le passage par le nord, cependant on en a tiré quelque utilité. D'un côté, la connoissance géographique qu'on avoit déja de ces contrées, est devenue plus ample

& plus certaine ; & de l'autre, l'impoffibilité de naviguer dans la Mer Glaciale, du moins de la manière dont les Anglois & les Hollandois l'ont effayé pour trouver le paffage aux Indes, eft maintenant conftatée (*).

Le détail quoiqu'abrégé de ces différentes entreprifes, nous a écartés de la principale ; nous y revenons. La feconde expédition du Kamtfchatka devoit fe faire en deux voyages, l'un par l'eft & l'autre par le fud. Le capitaine Spanberg fut chargé du premier qui étoit dirigé vers le Japon. Béerings fe réferva le fecond, avec le capitaine Tfchirikow ; il avoit pour objet d'aborder en Amérique.

Voyage des Ruffes pour aborder au Japon.

Dès le commencement de l'année 1733, Béerings & Spanberg étoient partis de Pétersbourg pour accélérer les préparatifs de leur expédition ; mais quelque vivacité que leur préfence apportât dans la conftruction des vaiffeaux & le tranfport des vivres de Jakuftk à Okhoftka, tout avançoit lentement.

(*) Cette importante vérité eft mife dans le plus grand jour par le favant M. MULLER. *Voyez* le premier vol. de l'Hiftoire des voyages & découvertes des Ruffes, *Amft.rdam* 1766, 2 vol. *in*-12, pages 98 & fuivantes.

Cependant après cinq années d'impatience, Spanberg commença le voyage au Japon. Il montoit le dogre le *Michel-Ange*, & le lieutenant *Walton* commandoit sous ses ordres la double chaloupe l'*Espérance*. La flottille étoit encore composée de la chaloupe le *Gabriël*. Avec ces trois bâtimens le capitaine fit voile d'Okhostka, au milieu du mois de Juin 1738. Il toucha d'abord au Kamtschatka pour y préparer ses futurs quartiers d'hiver. Après s'y être arrêté quelques jours il gouverna vers les îles Kurilles, les reconnut & continua ensuite sa route jusqu'au quarante-sixième degré de latitude, entre le sud & l'ouest. L'automne déja avancée le détermina à regagner le Kamtschatka où il hiverna.

Impatient de remplir sa mission, Spanberg se remit en mer le 22 Mai 1739, après avoir reconnu les îles Kurilles; Walton & lui alloient de conserve, lorsque le 14 Juin ils essuyèrent une violente tempête accompagnée d'un brouillard épais qui les sépara l'un de l'autre. En vain ils se cherchèrent pendant deux jours, ils ne se revirent plus dans tout le cours du voyage; chacun l'acheva à part.

Le 16 Juin, Spanberg mouilla l'ancre près des côtes du Japon, sur vingt-cinq brasses, à trente-huit degrés quarante-une minutes de latitude, selon son estime. Il trouva dans le port où il aborda, une multitude de bâtimens Japonois, & sur la côte, des villages, une campagne couverte de moissons, & des bois de haute-futaie. Plusieurs Japonois vinrent à bord, & fournirent à l'équipage du poisson frais, des légumes & des fruits; ils reçurent en échange des marchandises. Le capitaine ne voulut point hasarder de descente, de crainte de surprise; ses observations furent faites sur son vaisseau le long des côtes. Ne doutant point alors d'avoir rempli le but principal de son voyage, Spanberg reprit la route du Kamtschatka; il y arriva le 15 Août 1739. Ensuite il fit voile pour Okstoska, & y jetta l'ancre le 29. Son lieutenant y étoit revenu avant lui.

Walton, suivant son rapport, avoit abordé au Japon le 18 Juin, à trente-trois degrés quarante-huit minutes. Il avoit jetté l'ancre sur trente-trois brasses, dans un port où il compta près de quatre-vingt bâtimens Japonois de la grandeur des galères d'Europe; il s'y trouvoit aussi plus de cent petits bateaux. La ville étoit considérable, & une foule innombrable de spectateurs couvroit le rivage des deux côtés. Walton, invité par signes de descendre à terre, y envoya dans l'esquif le second pilote & le quartier-maître avec six soldats armés. ils trouvèrent la ville composée d'environ quinze cens maisons construites en pierre & en bois. on les accueillit avec civilité, & avec des collations chez plusieurs Japonois où ils se présentèrent. La plus grande propreté régnoit dans l'ameublement des maisons & même dans les rues. Ils virent beaucoup de chevaux, de vaches, & des poules en quantité. Les campagnes qui environnoient la ville étoient couvertes d'empouilles en froment & en pois. A son retour au vaisseau, l'esquif fut suivi d'une multitude de petits bâtimens, montés chacun par quinze hommes. Plusieurs trafiquèrent avec l'équipage Russe. Dans le cours de sa croisière, Walton ayant fait connoître par signes qu'il avoit besoin d'eau fraîche, les Japonois prirent eux-mêmes les tonneaux qu'on descendoit du vaisseau, ramèrent à terre, & les rappportèrent pleins. Ils montrèrent ensuite un papier écrit que Walton ne put lire, mais qu'il prit pour un ordre du commandant de la ville de donner aux étrangers tous les secours dont ils auroient besoin. Ceux qui l'avoient apporté faisoient entendre par signes au capitaine d'approcher son vaisseau plus près de terre, & qu'ils aideroient à la manœuvre. Walton balançoit à se déterminer, mais avant qu'il pût s'y résoudre, une chaloupe garde-côte envoyée du port apporta l'ordre aux Japonois de cesser tout commerce avec les étrangers. L'officier qui la commandoit fit éloigner en sa préfence tous les canots qui environnoient le bâtiment Ruffe.

Walton longea encore quelque tems les côtes du Japon. Sa curiofité fatisfaite & fes obfervations finies, il fit voile vers l'eft pour découvrir quelque terre ou île ; mais n'en trouvant point il retourna au Kamtfchatka ; il y mouilla le 23 Juillet 1739.

Spanberg & fon lieutenant avoient dreffé chacun à part une carte & une relation de leur voyage. Elles furent envoyés à Pétersbourg. L'accord qui y régnoit les fit accueillir favorablement. Cependant en les comparant avec la carte générale de l'empire Ruffe par Kirilow, qui plaçoit le Japon prefque fous le même méridien que le Kamtfchatka, au lieu que, fuivant Spanberg & Walton, il étoit fitué de onze à douze degrés plus à l'oueft ; on craignit que ces deux navigateurs n'euffent pris les côtes de la Corée pour celles du Japon. Dans cette incertitude on ordonna un fecond voyage. Celui-ci s'effectua en 1741 & 1742, & fut infructeux. Spanberg y effuya toutes fortes de contre-tems & d'obftacles. A peine avoit-il paffé les premières îles Kurilles, qu'il fut forcé par le mauvais état de fon bâtiment de revenir à Okhoftka.

L'expédition au Japon fe termina à ces deux voyages, qui laifsèrent d'abord quelques légers nuages dans les esprits ; mais peu-à-peu les preuves se multiplièrent en faveur de la première navigation. On ne doute plus aujourd'hui que Spanberg n'ait rencontré juste en 1739 ; au moins les plus célebres géographes françois, tels que MM. Danville, Buache & Bellin, adoptent sur leurs cartes la même différence de longitude donnée au Japon & au Kamtschatka par les deux navigateurs Russes.

Voyage des Russes pour aborder en Amérique.

L'expédition de Spanberg avoit tellement épuisé le magasin général d'Okhostka, que deux années se passèrent avant qu'on pût les remplir par de nouveaux convois. Béerings profita de cet intervalle pour faire construire à Okhostka des vaisseaux d'un port plus considérable que ceux qui avoient servi à Spanberg, & plus forts de bois, pour être en état de résister aux tempêtes & même aux glaces. L'un fut nommé *le Saint-Pierre*, & l'autre *le Saint-Paul*.

Le capitaine-commandeur avoit envoyé vers le milieu de l'automne 1739, le pilote *Jelagin* sur la côte orientale du Kamtschatka, pour visiter le golfe d'Awatscka, & y choisir un endroit commode qui pût servir d'habitation d'hiver, de port de relâche,

& où l'on pût bâtir des magafins & des cafernes. Jelagin ne tarda point à revenir, après avoir trouvé dans la proximité de la rivière d'Awatfcka une baie très-favorablement fituée & convenable au projet de Béerings; elle fut nommée *Baie d'Awatfcka* (5). Au printems fuivant, MM. Delisle de la Croyère & Steller fe rendirent à Okhoftka. Le lieutenant *Iwan Tfchicatfchew* & le maître *Sophron Chitrow*, qui fut bientôt après lieutenant, y arrivèrent aufli prefqu'en même tems de Péters- bourg.

Tous les équipages fe trouvèrent complets au milieu de l'été 1740. On réfolut aufli-tôt de pro- fiter du reftant de cette faifon pour faire le trajet au Kamtfchatka. Cependant le départ ne put avoir lieu que le 4 Septembre fuivant. Béerings comman- dant en chef montoit le paquebot le Saint-Pierre, & le capitaine Tfchirikow le Saint-Paul. Deux autres vaiffeaux portoient les provifions. Les deux acadé- miciens avoient aufli un bâtiment à part pour eux & leur bagage.

Le 27 Septembre, la flottille, après avoir paffé le détroit qui fépare la pointe méridionale du Kamt- chatka de la première des îles Kurilles, & où le Saint-Pierre manqua plus d'une fois de périr, entra heureufement dans le golfe & port d'Awatf- cka. Les Ruffes y pafsèrent l'hiver. Ce port eft un des meilleurs que l'on connoisse dans ces parages, vingt vaisseaux, même les plus grands, y peuvent être à l'aise & à l'abri de tous vents; l'eau douce y est saine & lympide. Le capitaine-commandeur, très-satisfait des avantages de sa situation, l'appela du nom de ses paquebots, le port de Saint-Pierre & Saint-Paul.

Quelques jours avant le départ, Béerings assembla le conseil pour convenir de la route que l'on tiendroit. M. de la Croyère y fut invité. La terre vue par Jean de Gama, tracée sur la carte de M. Delisle, détermina les chefs de l'expédition à la chercher. Le résultat fut rédigé en ces termes :
» Qu'on porteroit d'abord le cap sud-est au sud
» vers la terre vue par Jean de Gama, & au cas
» qu'on ne la trouvât point jusqu'à la hauteur de
» quarante-six degrés, qu'on vireroit le cap, en
» courant est & est au nord, au moins jusqu'au
» soixante-cinquième degré de latitude ». On arrêta aussi que les académiciens se partageroient sur les deux principaux bâtimens. M. Steller monta sur le paquebot le Saint-Pierre, & M. de la Croyère sur le Saint-Paul.

Les vaisseaux pourvus de la quantité de vivres suffisante, & tous les préparatifs finis, les deux capitaines mirent à la voile le 4 Juin 1741, ayant le cap sud-est au sud, comme on en étoit convenu.

Ils fe maintinrent dans cette direction jufqu'au 12 du même mois, que l'on fe trouva à quarante-fix degrés de latitude, fans avoir rencontré ni terre ni île. Les deux équipages furent alors pleinement convaincus que la terre de Gama n'exiftoit point dans ces parages. On revira de bord, & l'on courut au nord jufqu'au cinquantième degré de latitude, toujours fans aucune découverte. Alors il fut réfolu de gouverner à l'eft pour parvenir au continent de l'Amérique. Le 20, Bérings & Tfchirikow furent féparés par une violente tempête qui fut fuivie de brouillards.

Ce défaftre fut le premier qui arriva aux deux équipages depuis leur fortie du port. L'idée d'être privés pendant tout le voyage des fecours qu'ils euffent pu fe rendre mutuellement dans une mer inconnue, leur rendit cette féparation extrêmement fenfible. Ce n'étoit cependant que le prélude des malheurs qu'ils éprouvèrent par la fuite. Le capitaine-commandeur fit les plus grands efforts pour rejoindre Tfchirikow. Il croifa fur lui entre les cinquante & cinquante-un degrés, tirant des coups de canon de tems-en-tems; il retourna même en arrière vers le fud-eft jufqu'au quarante-cinquième degré. Toute cette manœuvre fut inutile, les deux capitaines ne fe rejoignirent plus; mais les relations des découvertes qu'ils firent féparément, n'en font pas moins parfaitement d'accord entre elles.

Il ne se passa rien d'extraordinaire jusqu'au 18 Juillet, que Béerings qui, en attendant le Saint-Paul avoit toujours fait gouverner plus au nord, apperçut le continent de l'Amérique à cinquante-huit degrés vingt-huit minutes de latitude & à cinquante de longitude d'Awatscka, selon son estime. Trois jours plutôt, Tschirikow avoit atteint la même côte, à cinquante-six degrés de latitude, & à cinquante degrés de longitude d'Awatscka, selon son estime.

La côte qui étoit en vue de Tschirikow étoit escarpée, bordée de rochers & dénuée d'îles. Craignant d'échouer en approchant trop près, il jetta l'ancre à une certaine distance. Le besoin d'eau & le desir de reconnoître plus particulièrement le pays, déterminèrent le capitaine à envoyer à terre la grande chaloupe, sous le commandement du pilote *Abraham Dementiew*, avec dix hommes d'élite. On leur donna des vivres pour plusieurs jours, des armes, des munitions, & même un canon de bronze. Tschirikow y joignit une instruction sur ce qu'ils avoient à faire en cas d'accidens, & sur les différens signaux par lesquels ils devoient en donner connoissance au vaisseau.

L'équipage à bord fuivit des yeux la chaloupe; on la vit entrer dans une anfe derrière un petit promontoire. Quelques jours fe pafsèrent à l'attendre, mais elle ne revenoit point, malgré que les fignaux continuaffent. On préfuma que le motif du retard étoit qu'elle avoit été endommagée, & qu'elle avoit befoin d'être réparée pour rejoindre le vaiffeau. Dans cette perfuafion, on réfolut d'y envoyer encore la petite chaloupe, montée par le boffeman, *Sidor Saweler*, & cinq à fix hommes bien armés, parmi lefquels étoient un calfateur & des charpentiers ; on les pourvut de tous les matériaux néceffaires. Saweler gagna la terre le 21 Juillet. Il avoit ordre de revenir avec Dementiew, ou même fans lui, auffitôt que la grande chaloupe feroit réparée. Ni l'un ni l'autre ne retournèrent à bord. En les attendant, on vit s'élever fur le rivage une fumée qui dura tout le jour.

Le 22 dans la matinée, on apperçut deux bateaux à rames qui quittoient la terre pour s'approcher du vaiffeau. Tout l'équipage perfuadé que c'étoient les deux chaloupes, monta fur le tillac; mais on reconnut bientôt, lorfqu'ils fe furent approchés, que c'étoient des Américains. Ceux-ci voyant tant de monde fur le Saint-Paul, qu'ils avoient fans doute efpéré de furprendre, cefsèrent de ramer, fe dreffèrent fur leurs pieds, en criant à haute voix:

Agai ! Agai ! & s'en retournèrent à terre à force de rames.

Cette fuite précipitée fit perdre l'espérance de revoir ceux qui étoient à terre. L'équipage n'avoit plus ni chaloupe ni canot, & les rochers de la côte ne permettoient pas d'en approcher avec le vaisseau. Dans le tems qu'on délibéroit sur le parti à prendre, un vent d'ouest commença à souffler avec force. Le danger d'être jetté & brisé à la côte, força Tschirikow à lever l'ancre & à gagner le large. Il croisa cependant encore quelques jours dans ces parages, & lorsque le tems fut radouci, il se rapprocha du lieu où ses gens avoient pris terre. Il faut dire à sa louange, qu'il y resta le plus qu'il put, & que ce ne fut qu'avec regret qu'il se résolut à abandonner ses compatriotes sur cette côte inconnue, & entre les mains d'un peuple sauvage. Les malheureux débarqués ne se faisoient point voir, ni aucun signal de leur part, on perdit toute espérance de leur retour. Dans cette fâcheuse circonstance, le capitaine délibéra avec ses officiers sur le parti à prendre ; le résultat unanime fut que l'on reprendroit le chemin du Kamtschatka ; ce qui fut exécuté le 24 Juillet.

Dans le même tems, le commandeur Béerings cherchoit à prendre connoissance de la côte qu'il avoit apperçue, & à y faire de l'eau. L'aspect du pays étoit effrayant par ses hautes montagnes couvertes de neige. Les Russes manœuvrèrent pour s'en approcher davantage, mais le vent foible & variable ne permit de l'atteindre que le 20 Juillet; le vaisseau mouilla près d'une assez grande île, à peu de distance du continent, sur 22 brasses, fond mou de terre grasse. Une pointe de terre qui avance là dans la mer, fut appelée le Cap-Saint-Elie. Un autre cap qui se fit voir ensuite vis-à-vis du précédent, à l'ouest, reçut le nom de Saint-Hermogène. Entre deux étoit un golfe où l'on se promettoit de se mettre en sûreté au cas que le Saint-Pierre fût forcé par les circonstances à chercher un port.

L'ancre jettée, le capitaine-commandeur envoya le maître Chitrow avec quelques hommes armés, pour visiter le golfe, tandis qu'une autre chaloupe fut dépêchée pour chercher de l'eau. L'adjoint Steller s'embarqua aussi dans cette dernière. Chitrow trouva dans le golfe, entre des îles, un lieu commode pour y être à l'abri de tous les vents. Mais on ne fut pas dans le cas de s'en servir. Steller trouva aussi dans une île quelques cabanes désertes, d'où l'on conjectura que les habitans du continent y débarquoient quelquefois pour pêcher. Ces cabanes étoient de bois, revêtues de planches bien unies

&

& même échancrées en quelques endroits. On y trouva un coffre de bois de peuplier, une boule de terre creuse dans laquelle étoit renfermé un petit caillou, comme pour servir de jouet aux enfans, & une pierre à aiguiser sur laquelle se voyoient encore les marques de couteaux de cuivre qu'on y avoit effilés.

Steller fit plusieurs observations dans ces cabanes : nous rapporterons les principales. Il trouva une cave dans laquelle il y avoit provision de saumon fumé, & une herbe douce, préparée pour être mangée, de la même manière qu'on les prépare au Kamtschatka. Il y avoit aussi des cordes, & toutes sortes de meules & d'ustensiles. S'étant approché d'un endroit où les Américains venoient de dîner, ils s'enfuirent aussitôt qu'ils l'apperçurent. Il y trouva une fleche & un outil à faire du feu; il avoit la même forme que ceux dont on se sert au Kamtschatka. C'est une planche percée à plusieurs trous; on fait entrer un bâton par un bout dans un de ces trous, tandis qu'on fait tourner & retourner l'autre bout entre les mains, jusqu'à ce que par la rapidité du mouvement le feu prenne au trou. On reçoit alors les étincelles sur quelque matière facile à enflammer.

Assez loin de là étoit une colline couverte de bois sur laquelle on voyoit du feu, ce qui fit con-

Tome I. R

jecturer que ces Sauvages s'y étoient retirés. Steller n'ofa fe hafarder jufques-là. Il fe contenta de cueillir des herbes dans les environs, & en apporta une fi grande quantité au vaiffeau, qu'il lui fallut beaucoup de tems pour les décrire l'une après l'autre. Steller regretta toujours de n'avoir pas eu affez de tems à vifiter ces côtes d'Amérique. Le féjour qu'il y fit ne fut que de fix heures. Dès que l'eau fut faite il revint malgré lui à bord.

Les matelots qui avoient été à l'aiguade, rapportèrent qu'ils avoient paffé dans deux endroits où il paroiffoit que peu auparavant on avoit fait du feu, qu'ils avoient remarqué du bois coupé & des traces d'hommes fur l'herbe ; ils avoient vu auffi cinq renards rouges qui ne s'effarouchèrent point à leur rencontre. De tout ce qui s'étoit trouvé dans les hutes ils n'apportèrent au vaiffeau que quelques poiffons fumés, femblables aux carpes & d'un très-bon goût.

Cependant, pour faire voir aux Américains qu'ils n'avoient rien à craindre des étrangers qui venoient d'aborder fur leurs côtes, on envoya pour eux quelques préfens à terre ; favoir, une piece de toile luftrée verte, deux chaudières de fer, deux couteaux, vingt groffes perles de verre, & une livre de tabac de Tfcherkafie, en feuilles ; on préfuma que ces objets feroient du goût de ces Sauvages.

Le 21 Juillet, Béerings réfolut de remettre à la voile, & felon qu'on en étoit convenu à Awatfcka, de courir au nord de la côte, jufqu'à foixante degrés de latitude, fi fa direction le permettoit. Mais cette manœuvre fut inutile, on ne put pas avancer davantage vers le nord; & il fallut même virer le cap, toujours plus au fud parce que la direction de la côte étoit fud-oueft. Cet obftacle n'étoit pas le feul; on fe trouvoit continuellement arrêté par les îles qui environnoient prefque de tous côtés le continent. Dans des momens où l'on croyoit naviger avec plus de fûreté, on voyoit terre à l'avant des deux bords. On étoit alors obligé de retourner en arrière pour chercher un paffage libre. Quelquefois il arrivoit aux Ruffes, pendant la nuit, le vent & le tems continuant d'être les mêmes, de voguer tantôt dans une mer agitée, tantôt dans une eau calme; & lorfque ce calme avoit duré quelques heures, ils fe retrouvoient fubitement dans une mer fi impétueufe que le pilote avoit peine à refter maître du vaiffeau. La différence de ces fituations ne peut s'expliquer, que parce que pendant ces calmes le vaiffeau fe trouvoit dans des paffages couverts par des îles que l'on n'avoit point apperçues dans l'obfcurité.

R ij

Quelques jours s'étant paffés fans voir la terre, les Ruffes fe trouvèrent le 27 Juillet vers minuit fur 20 braffes. On ne favoit dans l'obfcurité fi c'étoit un banc de fable, ou fi l'on devoit fe garder du continent ou de quelque île. Béerings fit gouverner tantôt d'un côté & tantôt d'un autre ; par-tout on trouva que l'eau alloit en diminuant. On n'ofa jetter l'ancre, le vent étoit trop fort & les vagues trop groffes ; d'ailleurs il étoit également à craindre qu'on ne fût ou trop loin ou trop près de terre. Enfin on prit à tout hafard la réfolution de porter au fud, & quelques heures après on fe retrouva dans une mer sûre.

Le 30 Juillet, par un tems couvert de brouillards, on apperçut une île qui fut appelée *Tumannoi-Oftrow*, c'eft-à-dire, l'Isle nébuleufe. Les Ruffes s'en approchèrent jufqu'à ce qu'ils ne trouvèrent que fept ou huit braffes de fond, alors ils fe hâtèrent de laiffer tomber l'ancre ; mais lorfque le brouillard fut diffipé, ils fe virent encore éloignés de l'île de plus d'une verfte. Tout le mois d'Août fe paffa à faire ces différentes manœuvres. Cependant l'équipage commença à fentir de fortes attaques de fcorbut, & le capitaine-commandeur même s'en trouva le plus incommodé.

L'eau fraîche commençant à diminuer, les Ruffes portèrent le 29 Août au nord ; ils ne tardèrent pas de revoir le continent. La côte dans cette partie est fort escarpée, & bordée d'une multitude d'îles entre lesquelles le Saint-Pierre jetta l'ancre, à cinquante-cinq degrés vingt-cinq minutes. On donne à ces îles le nom de *Schumagin*. C'étoit celui du matelot qui mourut le premier dans le voyage, & qui y fut enterré. Le pilote André *Heſſelberg* fut envoyé le 30 Août à l'une des plus grandes de ces îles, pour y chercher de l'eau fraîche. Il ne tarda pas d'en apporter deux essais qui avoient été pris dans deux lacs différens; l'eau en fut trouvée plus ou moins saumache. Mais il n'y avoit pas de tems à perdre; On crut qu'il valoit encore mieux prendre de cette eau que d'en manquer tout-à-fait, qu'elle pourroit du moins servir à cuire, & ménager ainsi celle qui restoit encore, jusqu'à ce qu'on fût arrivé à bon port. En conséquence on en remplit tous les tonneaux vuides. Steller attribua à l'usage de cette eau les attaques redoublées du scorbut qui devinrent enfin mortelles à une bonne partie de l'équipage.

Le vaisseau n'étoit pas trop en sûreté dans ces parages; exposé à toute l'impétuosité des vents du sud, il n'avoit devant lui au nord que des brisans & des rochers: c'est ce qui détermina à ne pas rester long-tems à l'ancre dans cette station. Un nouvel incident y arrêta cependant les Russes plus long-tems qu'ils ne se l'étoient proposé. On avoit vu du feu la nuit précédente dans une petite île au nord-nord-est. Le lendemain le maître Chitrow, qui étoit alors l'officier de garde, avoit représenté que tandis que la grande chaloupe seroit occupée à charger de l'eau, on pourroit envoyer le canot pour savoir qui étoient les gens qui avoient fait ce feu. Alors le capitaine-commandeur ne quittoit déja plus sa chambre, & le lieutenant Waxel commandoit le vaisseau. Celui-ci ne voulut point prendre sur lui, dans les circonstances où étoient les Russes, de permettre que le canot s'éloignât du vaisseau. Son sentiment étoit que si le vent augmentoit, on seroit forcé de prendre le large, & qu'en ce cas il étoit douteux si l'on pourroit aller au secours des absens, qu'un vent contraire ou trop impétueux empêcheroit de regagner le vaisseau. Mais Chitrow insistant, & voulant que son avis fût couché sur le Journal, Waxel rendit compte de la proposition au capitaine-commandeur. Béerings décida que si Chitrow avoit envie d'aller à la découverte, on pouvoit le laisser faire, & lui permettre en même tems le choix de ceux qui devroient l'accompagner.

Chitrow qui étoit homme de courage, fut flatté de la permission qu'on venoit de lui accorder. Il prit cinq hommes avec lui, entre lesquels il y avoit un interprete *Tschutschis* ou *Koriaque*. Tous étoient bien armés. On les munit de quelques bagatelles, pour les distribuer aux naturels du pays qu'ils rencontreroient. Ils abordèrent le 30 Août, vers midi, à l'île, éloignée selon leur calcul de trois milles d'Allemagne du vaisseau. On y trouva les restes des feux qu'on y avoit faits & qui n'étoient pas encore éteints, mais pas un homme ; d'ailleurs il n'y avoit rien de remarquable dans l'île. Après midi, Chitrow voulut reprendre le chemin du vaisseau, mais un vent contraire & fort impétueux le força de se réfugier vers une autre île à côté de celle-ci. Les vagues menaçoient alors à tous momens d'engloutir le canot ou d'emporter les hommes qui le montoient. Cet événement tragique seroit arrivé, sans une voile que Chitrow hissa au fort du danger, & avec laquelle il courut droit dans les vagues. Heureusement encore qu'une vague ayant rempli d'eau la chaloupe, une autre vague l'emporta à terre avec ceux qui étoient dedans.

Dès que Chitrow se trouva sur le rivage, il fit allumer un grand feu, non-seulement pour se chauffer & se sécher, mais encore pour servir de signal au vaisseau, afin qu'on vînt à son secours. Mais dans cet intervalle le vent se renforça tellement, que l'équipage crut devoir avant toutes choses travailler à la sûreté du vaisseau. Pour cet effet, les Russes levèrent l'ancre & allèrent se mettre à l'abri derrière une autre île. En attendant que la nuit vînt, & Chitrow qui avoit vu partir le vaisseau, sans savoir où il alloit ni quelle résolution on avoit prise à bord, fut avec ses compagnons dans une grande perplexité.

La tempête dura jusqu'au 2 Septembre qu'elle se rallentit enfin. Comme on ne vit point revenir Chitrow, Waxel envoya le lendemain la chaloupe, avec ordre, si le canot étoit endommagé, de l'abandonner & de revenir tous à bord dans la chaloupe. En effet, le petit canot avoit été trop maltraité lorsque les vagues l'avoient jetté sur le rivage, pour tenir la mer; on le laissa dans l'île, & Chitrow revint avec la grande chaloupe.

Les Russes levèrent aussitôt l'ancre, mais le vent contraire ne permit pas d'avancer beaucoup, vers le soir ils se retirèrent encore entre les îles. Le même contre-tems leur arriva le 4 Septembre; après avoir remis une seconde fois à la voile, ils furent bientôt contraints par la violence du vent de retourner à l'ancrage de la veille. Pendant toute la nuit ils essuyèrent une violente tempête.

Le lendemain, les Russes entendirent des cris d'hommes dans l'une de ces îles, & ils y virent du feu. Bientôt après, deux Américains, chacun dans un canot semblable à ceux du Groenland & du détroit de Davis, s'approchèrent du vaisseau jusqu'à une certaine distance : ils tenoient en main des calumets de paix. Ces Sauvages, par leurs paroles & par leurs gestes, invitoient les Russes à aller à terre; & ceux-ci à leur tour cherchoient par signes & par des présens qu'ils leur jettèrent, à les attirer dans le vaisseau. Mais les Américains ne se laissèrent point persuader, après quelques instans ils s'en retournèrent à l'île.

Béerings & ses officiers résolurent de hasarder une descente à terre. Pour cet effet on mit en mer une grande chaloupe. Le lieutenant Waxel, accompagné de Steller & de neuf hommes bien armés, la monta & se rendit à l'île. Ils trouvèrent de grandes pierres tranchantes disposées le long du rivage. La crainte de s'y briser par le gros tems qu'il faisoit détermina les Russes à ne s'en approcher qu'à trois brasses de distance. Les Américains, au nombre de neuf, se tenoient sur le rivage ; on les invita par signes à venir à la chaloupe. Mais comme ils ne se laissoient tenter ni par les gestes qu'on leur fit, ni par les présens qu'on leur offrit, & qu'ils persistoient toujours à faire signe aux Russes de descendre, Waxel fit mettre à terre trois hommes, parmi lesquels étoit un interprete Tschutschis ou Koriaque ; il amarrèrent la chaloupe à l'une des pierres, ainsi qu'on leur avoit ordonné.

Les débarqués furent bien reçus des Sauvages; mais ils ne purent s'entendre ni les uns ni les autres; on fut contraint de s'entretenir par signes. Les Américains voulurent régaler les Russes, en leur présentant de la chair de baleine, qui étoit la seule provision qu'ils avoient avec eux. Il paroît qu'ils n'étoient arrêtés en cet endroit que pour la pêche des baleines, car on voyoit sur le rivage autant de canots que d'hommes, mais aucune cabane, & pas une femme. Vraisemblablement ils n'avoient de demeures permanentes qu'au continent.

Ces Américains n'avoient ni fleches ni autres armes qui eussent pu donner de l'ombrage aux Russes; aussi ces derniers s'arrêtèrent-ils assez long-tems dans l'île, allant çà & là avec les Sauvages, sans cependant perdre de vue la chaloupe, comme on le leur avoit recommandé.

Pendant ces courses, un des Américains eut le courage d'aller trouver Waxel dans la chaloupe; il paroissoit être le plus ancien & le principal de la troupe. Waxel lui présenta une tasse d'eau-de-vie, mais cette boisson lui parut aussi désagréable qu'étrange; il cracha ce qu'il en avoit dans la bouche, & se mit à crier, comme s'il se plaignoit aux siens qu'on en agissoit mal avec lui. Il n'y eut pas moyen de l'appaiser ; on lui offrit des aiguilles, des verres à collier, un chaudron de fer, des pipes, il refusa tout ; il lui tardoit de retourner dans l'île. Waxel ne jugea pas à propos de le retenir plus long-tems. Il fit rappeler en même tems les débarqués.

Cette démarche ne plut pas aux Américains. Ils voulurent d'abord les retenir tous les trois. Cependant ils laissèrent aller les deux Russes, mais ils gardèrent l'interprete ; quelques-uns vinrent même prendre le cable qui amarroit la chaloupe, & la tirèrent de toute leur force. Ils vouloient apparemment la conduire à terre, la croyant aussi facile à manier que leurs petits canots, ou bien ils espéroient qu'elle se briseroit contre les pierres qui bordoient le rivage. Pour prévenir ce dessein Waxel fit couper le cable. L'interprete crioit de son côté pour qu'on ne l'abandonnât pas. Quelques signes qu'on fît aux Américains de le lâcher, ils n'en voulurent rien faire. Enfin Waxel, pour les effrayer seulement, fit tirer deux coups de mousqueton. Le succès répondit à son attente ; le fracas du coup, redoublé par une montagne voisine, fit tomber de frayeur les Américains par terre, & aussitôt l'interprete s'échappa de leurs mains. Ces Sauvages revinrent assez promptement de l'étonnement qui les avoit saisis, ils témoignèrent même par leurs cris

& par leurs geftes qu'ils fe trouvoient fort offenfés, & firent figne que perfonne ne fe hafardât de venir à terre. Waxel même ne jugea pas devoir s'arrêter plus long-tems en cet endroit. La nuit tomboit, la mer groffiffoit toujours, & le vaiffeau etoit éloigné de deux verftes.

Un feul de ces Américains avoit un couteau pendu à la ceinture, qui parut fort fingulier aux Ruffes par fa forme. Il étoit long de huit pouces, fort épais, & large à l'extrémité où devoit être la pointe. On ne put favoir quel étoit l'ufage de cet outil. Leur habillement étoit fait de boyaux de baleine pour le haut du corps, & de peaux de chien marin pour le bas, leurs bonnets étoient de peau de lion marin, appelés Siwutfcha au Kamtfchatka, & ornés de diverfes plumes d'oifeaux, principalement de faucon. Ils fe bouchoient le nez avec de l'herbe, qu'ils ôtoient de tems-en-tems, & alors il leur fortoit beaucoup d'humidité. Leurs vifages étoient peints en rouge ; plufieurs les avoient bigarrés, & les traits de leurs phyfionomies étoient variés comme celles des Européens ; quelques-uns avoient le nez plat comme les Calmouks ; tous étoient affez hauts de taille. Il eft probable qu'ils fe nourriffent principalement des animaux marins qui fe trouvent dans ces mers, tels que les baleines, les vaches marines, les lions marins, les ours de mer, les caftors ou plutôt loutres de mer, & les chiens marins. On leur vit auffi chercher des racines, ils les mangeoient auffitôt, après en avoir feulement fecoué la terre.

Waxel, le lendemain de fon retour au vaiffeau, étoit occupé à appareiller, lorfque fept Américains du nombre de ceux de la veille, s'approchèrent du vaiffeau dans autant de canots. Deux d'entr'eux fe levèrent, & fe tenant à l'échelle, donnèrent en préfent aux Ruffes deux de leurs bonnets & une figure humaine d'os taillée au couteau, que l'on prit pour une idole. A cette occafion ils préfentèrent encore le calumet en figne de paix. C'étoit un bâton long de cinq pieds, au bout duquel étoient liées fans ordre des plumes de faucon. Waxel répondit à ces démonftrations d'amitié par d'autres préfens. Ces Sauvages s'arrêtèrent quelque tems à les confidérer, & il y a apparence qu'ils feroient montés dans le vaiffeau, fi le vent qui s'étoit renforcé ne les eût obligés de retourner au plus vite à terre. Après y être arrivés, ils fe mirent tous enfemble à pouffer des cris qui durèrent près d'un quart-d'heure. Bientôt après, le Saint-Pierre paffant à pleines voiles devant l'île, les Américains recommencèrent à crier plus haut. On ne favoit fi c'étoit pour fouhaiter un bon voyage aux étrangers, ou s'ils vouloient témoigner par là leur joie de se voir débarrassés d'eux.

Les Russes gouvernèrent au sud pour se dégager de la côte, & il n'y avoit point d'autre cours à tenir, parce que le vent étoit ouest & ouest-sud-ouest. Depuis ce tems jusques fort avant dans l'automne qui mit fin au voyage, le vent ne varia guère qu'entre ouest-sud-ouest & ouest-nord-ouest. C'étoit un grand obstacle au prompt retour de l'équipage. Outre cela, le tems étoit presque toujours couvert de brouillards, ensorte qu'on étoit quelquefois deux ou trois semaines sans voir ni soleil ni étoiles, & par conséquent sans pouvoir prendre hauteur pour corriger l'estime. Il est aisé de concevoir quelle inquiétude cela doit avoir causé parmi des voyageurs, qui erroient ainsi en tâtonnant par une mer inconnue. Un officier qui avoit été du voyage, s'exprime en ces termes dans sa relation : » Je ne sais s'il y a une situation plus disgracieuse » au monde, que celle de naviger par une mer » inconnue. Je parle d'expérience, & je puis dire » avec vérité, que pendant les cinq moins qu'a » duré ce voyage, j'ai eu peu d'heures d'un som- » meil tranquille, sans cesse en danger & en souci, » dans des contrées ignorées jusques-là ».

L'équipage lutta contre les vents contraires & les

tempêtes jufqu'au 24 Septembre que l'on revit terre. Elle eft remarquable par de hautes montagnes & par un grand nombre d'îles qui la précedent dans un affez grand éloignement. On l'eftime à cinquante-un degrés vingt-fept minutes de latitude & vingt-un degrés de longitude d'Awatfcha. Comme c'étoit le jour de Saint-Jean-Baptifte, on donna le nom de ce Saint à l'une des plus hautes montagnes de la côte.

Un vent fort du fud rendoit le voifinage de la côte dangereux, ainfi l'on prit le parti de tenir au vent, qui tournant bientôt à l'ouest, fe changea en une tempête violente, & repouffa le vaiffeau fort loin au fud-eft. La tempête dura dix-fept jours fans difcontinuer; elle fut fi violente que le pilote André Heffelberg avoua que pendant cinquante ans qu'il avoit fervi fur mer dans différentes parties du monde, il n'en avoit jamais vu une pareille. On ferra tant qu'on put de voiles, afin de n'être pas emportés trop loin. Malgré cette précaution on perdit beaucoup de chemin, puifque le 12 Octobre, lorfque la tempête s'appaifa, on fe trouva à quarante-huit degrés dix-huit minutes de latitude: ce qui cependant ne doit être entendu que de l'eftime; car il n'y eut pas moyen de prendre hauteur, à caufe que le tems étoit toujours couvert.

Les maladies qui régnoient déja parmi l'équipage ne firent qu'augmenter, & le scorbut les désola de plus-en-plus. Il ne se passa presque plus de jours sans que quelqu'un en mourût, & à peine resta-t-il assez d'hommes en santé pour la manœuvre du vaisseau.

Dans ces tristes circonstances on ne savoit si l'on devoit s'efforcer de retourner au Kamtschatka, ou si l'on chercheroit quelque port sur la côte d'Amérique pour y hiverner. Le besoin commun, la saison avancée, le manque d'eau fraîche, & l'éloignement où l'on étoit encore du port de Pétropawlowska, paroissoient rendre indispensable le dernier parti. Cependant le premier fut résolu dans un conseil tenu à bord. Dès que le vent fut favorable, on remit le cap au nord, & après le 15 Octobre on le porta à l'ouest. On passa devant une île, qu'on eût dû voir déja en allant, à juger du cours du vaisseau tel qu'il est marqué sur la carte. Il y a apparence que les brouillards avoient dérobé cette île aux yeux du pilote. Elle reçut le nom de Saint-Macaire, comme les autres qui suivent à l'ouest furent appelées de ceux de Saint-Etienne, de Saint-Théodore, & de Saint-Abraham.

Deux autres îles qu'on apperçut successivement, le 29 & le 30 Octobre, restèrent sans nom, parce qu'à leur situation, grandeur & figure, on les prit pour les deux premières des îles Kurilles. Ce préjugé

DES NAUFRAGES. 273

jugé fit qu'on porta le cap au nord. En continuant encore deux jours feulement à courir oueft, on feroit arrivé au port d'Awatfcha. On les appela à caufe de cette erreur les Isles de la Séduction.

Cette manœuvre eut les fuites les plus funeftes. Envain on reprit le cours à l'oueft, la côte du Kamtfchatka fut toujours invifible, & il ne refta aucune efpérance d'atteindre un port dans une faifon déja fi avancée. Cependant l'équipage Ruffe, expofé au froid le plus piquant & à une pluie continuelle, travailloit fans relâche. Le fcorbut avoit déja fait de fi grands progrès, que le matelot dont on avoit befoin auprès du gouvernail y étoit conduit fous les bras par deux autres malades, à qui il reftoit encore affez de force pour fe foutenir fur leurs jambes. Lorfque celui-ci ne pouvoit plus ni fe tenir affis ni gouverner, on le remplaçoit par un autre qui n'étoit guère plus en état de remplir cette fonction que le premier. On n'ofoit forcer de voiles, parce qu'en cas de befoin on n'auroit eu perfonne pour amener celles qui auroient été de trop. Ces voiles mêmes étoient déja fi ufées, que le premier vent un peu fort les auroit mifes en pieces; & il n'y avoit point affez de matelots, pour pouvoir leur fubftituer celles qu'on avoit de rechange.

A la pluie continuelle qu'il avoit fait jufques-là,

Tome I. S

succédèrent la grêle & la neige. Les nuits devenoient toujours plus longues & plus obscures, & par là même le danger plus éminent, parce qu'à tout moment on avoit le naufrage à craindre. En même tems l'eau douce alloit manquer tout-à-fait. Le travail excessif devint insupportable au peu d'hommes qui restoient encore sur pied; ils crioient à l'impossible, lorsqu'on les sommoit de faire leur devoir. La mort qui leur paroissoit inévitable tardoit trop à leur gré de venir les délivrer de leurs maux.

Pendant quelques jours le vaisseau demeura sur l'eau sans être gouverné, & comme immobile; ou s'il avoit quelque mouvement, il ne le recevoit que des vents & des flots dont il étoit le jouet. Envain eût-on employé la rigueur avec un équipage réduit au désespoir. Dans cette extrémité Waxel prit un parti plus sage, en parlant avec bonté aux matelots, & en les exhortant à ne pas désespérer tout-à-fait du secours de Dieu, & à faire plutôt un dernier effort pour aller au-devant de leur délivrance commune, qui peut-être étoit plus prochaine qu'ils ne s'y attendoient. Avec ces paroles modérées, il en persuada quelques-uns à se tenir sur le pont pour y faire la manœuvre aussi long-tems encore qu'il leur seroit possible.

L'équipage étoit dans cette situation affreuse,

lorsque le 4 Novembre au matin on recommença à faire voile à l'ouest, sans savoir à quelle latitude on étoit ni à quelle distance du Kamtschatka. Cependant ce cours à l'ouest étoit le seul par lequel on pouvoit encore espérer de parvenir enfin au Kamtschatka. Quelle fut la joie de tous les Russes, lorsque bientôt après ils virent terre. Il pouvoit être huit heures du matin.

Le peu de forces qui restoit aux matelots fut bientôt ranimé à la vue de cette terre desirée. On tâcha de s'en approcher, mais elle étoit encore éloignée, car on n'appercevoit que des sommets de montagnes couvertes de neige; & lorsqu'on en fut près, la nuit tomba. Les officiers jugèrent qu'il étoit de la prudence de tenir la mer, afin de ne pas exposer le vaisseau. On manœuvra à cet effet pendant l'obscurité; mais le lendemain on trouva que la plupart des cordages du côté droit du vaisseau étoient rompus. Il n'en fallut pas davantage pour rendre l'infortune complette.

Waxel, sur le rapport qu'il fit de ce nouveau désastre au capitaine-commandeur, reçut ordre d'assembler tous les officiers, & de consulter avec eux sur ce qu'il y avoit à faire. En conséquence on tint conseil. On y considéra le danger où ils se trouvoient tous, dans un vaisseau désagrée & hors d'état par-conséquent de naviger. On savoit que les cordages qui reſtoient entiers n'étoient pas moins uſés que ceux qui étoient rompus, puiſqu'à tout moment, & même pendant qu'on délibéroit, on apprenoit qu'il s'en caſſoit. L'eau diminuoit tous les jours & les maladies augmentoient ; on avoit été incommodé auparavant de l'humidité, mais on l'étoit bien plus alors du froid, qui loin de ſe rallentir devenoit inſupportable à meſure que la ſaiſon avançoit. Cet expoſé ne ſe trouvant que trop vrai, on ſe décida d'aborder à la terre qu'on avoit vue ; le motif de cette réſolution fut qu'on auroit du moins la vie ſauve, peut-être auſſi qu'il y auroit moyen d'y mettre le vaiſſeau en ſûreté.

NAUFRAGE

Du Vaiſſeau Ruſſe LE SAINT-PIERRE,

Le 5 Novembre 1741.

Auſſitôt la déciſion du conſeil, les Ruſſes portèrent le cap ſur la terre, mais à petites voiles ſeulement, à cauſe de la foibleſſe de la mâture. Le vent étoit nord, & ils gouvernoient oueſt-ſud-oueſt, & ſud-oueſt. La ſonde indiqua trente-ſept braſſes & fond de ſable. Deux heures après, ſavoir à cinq heures du ſoir, on trouva douze braſſes

& toujours même fond. Alors on jetta une ancre & l'on fila les trois quarts du cable. A six heures le cable se rompit. Les vagues qui étoient monstrueuses poussèrent le vaisseau sur un rocher où il heurta deux fois; cependant la sonde indiquoit encore cinq brasses de profondeur. En même tems les vages donnèrent avec tant de furie sur le vaisseau, qu'elles le firent trembler jusqu'à la quille. On jetta une seconde ancre, mais le cable se rompit avant même qu'il parût que l'ancre eût mordu. Heureusement celle qui restoit n'étoit point préparée; dans l'extrême danger où ils se trouvoient ils l'auroient jettée, & par-conséquent perdu toutes leurs ancres. Dans le tems même qu'on étoit occupé à mettre cette troisième ancre sur les bossoirs pour la jetter, une forte vague souleva le vaisseau & le jetta par-dessus le rocher.

Tout-à-coup les Russes se trouvèrent dans une eau calme, & l'on mouilla sur quatre brasses & demie fond de sable, à environ trois cens brasses de terre. Le lendemain ils virent quel séjour leur étoit tombé en partage. La divine Providence les avoit conduits comme par miracle à un endroit, qui tout périlleux qu'il paroissoit étoit cependant le seul où ils pouvoient trouver leur salut. Par-tout ailleurs le rivage étoit inaccessible, par de grands rochers qui s'étendoient fort avant dans la mer. Environ vingt braffes plus au nord ou plus au fud, le vaiffeau étoit en pieces, & tout périffoit dans l'obfcurité.

Cependant l'hiver s'avançoit à grand pas. Le premier foin des naufragés fut de vifiter le pays dans les environs du débarquement, & de choifir l'endroit le plus commode pour y établir leurs quartiers. L'équipage atténué de maladie & de fatigue, après s'être repofé jufqu'à midi, defcendit la chaloupe, mais avec beaucoup de peine. Le 6 Novembre, à une heure après midi, le lieutenant Waxel & l'adjoint Steller allèrent à terre. Ils la trouvèrent ftérile & couverte de neige. Un torrent qui venoit des montagnes & fe jettoit dans la mer près de là, n'étoit pas encore gelé, il rouloit une eau claire & très-bonne. De toutes parts on n'appercevoit point d'arbres, ni même de petit bois à brûler; cependant la mer en avoit apporté & jetté fur le rivage, mais il étoit difficile à trouver fous la neige qui le couvroit. Cette reconnoiffance du lieu du débarquement & de fes environs fit naître dans le premier moment les plus accablantes réflexions. Où prendre les matériaux néceffaires à la conftruction des maifons & des cafernes? où mettre en sûreté les malades? comment fe garantir du froid?... Mais il ne faut jamais défefpérer de fon falut; plus on eft dans le malheur, plus la néceffité est ingénieuse. Entre les collines de sable qui bordoient le torrent il y avoit des fosses assez profondes ; on se proposa de les nettoyer par le bas, & de les couvrir de voiles pour s'y mettre à couvert, en attendant qu'on eût amassé assez de bois flotté pour en construire de mauvaises cabanes. Vers le soir, Waxel & Steller revinrent au vaisseau faire leur rapport au capitaine - commandeur.

Le conseil s'assembla aussitôt leur retour ; il fut résolu que dès le lendemain on enverroit à terre tous ceux de l'équipage qui étoient encore sur pied, afin de préparer d'abord quelques-unes de ces fosses pour les malades. L'ordre fut exécuté, & le 8 Novembre on s'occupa à descendre à terre les plus foibles. Quelques-uns expirèrent dès qu'ils eurent été exposés au grand air, dans le tems même qu'on les sortoit d'entre les ponts ; quelques-uns pendant qu'ils étoient sur le tillac, d'autres dans la chalouppe, plusieurs enfin après avoir été mis à terre.

Le pays fourmilloit de cette espece de renards, nommés *Pestzi* en langue Russe. Ils se jettèrent sur les corps morts avec une avidité surprenante. Selon toute apparence, c'étoit pour la première fois que des hommes avoient abordé à cette terre, car ces animaux ne s'effarouchèrent point à leur vue ; au contraire, ils s'en laiffoient approcher fans fuir. Ce ne fut pas fans peine qu'on éloigna ces animaux des cadavres, quelques-uns de ceux-ci eurent les pieds & les mains rongés avant qu'on pût les enterrer. Cette voracité donna lieu de conjecturer que l'on étoit dans une île, & cette conjecture fe changea dans la fuite en certitude.

Le 9 Novembre, quatre hommes portèrent le capitaine-commandant à terre, bien couvert contre l'air extérieur, fur un brancard fait de deux perches entrelacées de cordes ; on lui avoit préparé une foffe à part. Tous les jours on continua le tranfport des malades ; mais auffi tous les jours il en mourut quelques-uns qu'il fallut enterrer. Aucun de ceux qui avoient gardé le lit fur le vaiffeau n'en réchappa, c'étoit principalement ceux qui par indifférence pour la vie, ou plutôt par pufillanimité, avoient laiffé prendre le deffus à la maladie.

Ce mal commence par une extrême laffitude qui s'empare de tout le corps, rend l'homme pareffeux, le dégoûte de tout, abat entièrement l'efprit, & forme peu-à-peu une forte d'afthme qui fe fait fentir au moindre mouvement. Il arrive ordinairement que le malade aime mieux refter couché que de fe promener ; mais c'eft là précifément ce qui le perd. Bientôt tous les membres font affectés de douleurs aiguës, les pieds s'enflent, le teint devient jaune, le corps se couvre de taches livides, la bouche & les gencives saignent, & les dents s'ébranlent. Alors le malade ne veut plus se remuer, & il lui est indifférent de vivre ou de mourir. On observa successivement dans le vaisseau ces divers degrés de la maladie, & leurs effets. On remarqua encore que quelques malades étoient saisis d'une terreur panique qui leur faisoit prendre l'allarme au moindre bruit & à chaque cri qu'on faisoit dans le vaisseau. D'autres mangeoient avec beaucoup d'appétit, & ne s'imaginoient pas être en danger. Ceux-ci n'oüirent pas plutôt l'ordre donné pour le transport des malades, qu'ils quittèrent leur branle & s'habillèrent, ne doutant point de leur prompt rétablissement. Mais en sortant du fond-de-cale, rempli de moîteur & d'un air corrompu, ils trouvèrent la mort au grand air qu'ils respirèrent sur le tillac.

Ceux-là seuls furent sauvés, qui ne succombèrent point à la maladie jusqu'à garder toujours le lit, qui se tinrent tant qu'ils purent sur pied & en mouvement; ils furent redevables à leur vivacité & à leur gaité naturelle, de ne s'être point laissés abattre comme les autres. Un homme de cette humeur servoit en même tems d'exemple à ses semblables, & les encourageoit par ses discours.

Ces bons effets furent remarqués fur-tout parmi les officiers, qui étoient continuellement occupés à diftribuer les ordres, & obligés la plupart du tems à fe tenir fur le tillac pour avoir l'œil fur tout. Ils étoient toujours en action, & ils ne pouvoient perdre courage, car ils avoient Steller avec eux. Steller étoit un médecin pour l'ame ainfi que pour le corps, il portoit la joie avec lui, & la communiquoit à tout ce qui étoit autour de lui.

Il n'y eut que le capitaine-commandeur qui céda au mal; fon âge & fa conftitution lui donnoient plus de penchant au repos qu'à l'activité. A la fin il devint fi méfiant, & regarda tellement chacun pour ennemi, que Steller qu'il avoit tant aimé jufques-là, n'ofa plus paroître à fes yeux.

Waxel & Chitrow fe portèrent affez bien pendant qu'ils furent en mer. Ils demeurèrent le plus long-tems de tous fur le vaiffeau, parce qu'ils avoient réfolu que tout l'équipage feroit mis à terre avant que de s'y rendre eux-mêmes; ils fe trouvoient auffi mieux logés à bord. Mais cette fituation penfa leur devenir funefte, foit parce qu'ils ne fe donnoient plus tant de mouvement, foit parce qu'ils étoient expofés aux vapeurs malignes qui fortoient du fond-de-cale. En peu de jours ils fe trouvèrent fi mal, que le 21 Novembre on fut obligé de les tranfporter du vaiffeau à terre. On avoit appris par expérience comment il falloit faire passer les malades du vaisseau au grand air ; ainsi Waxel & Chitrow furent enveloppés soigneusement, & on ne leur laissa respirer l'air que peu-à-peu & par degrés, jusqu'à ce qu'ils y fussent accoutumés. Dans la suite ils revinrent en parfaite santé, mais Chitrow plus lentement que Waxel.

Béerings mourut le 8 Décembre 1741. On lui fit l'honneur d'appeler l'île de son nom. Il étoit Danois de naissance. Dès sa plus tendre jeunesse il s'étoit montré passionné pour les voyages de long cours. Il revenoit même des Indes orientales & occidentales lorsqu'il se présenta au czar Pierre qui créoit alors une marine. En 1707 il fut nommé lieutenant, & en 1710, capitaine-lieutenant dans la flotte de ce prince. Béerings ayant ainsi servi dans la marine Russe dès son berceau, & assisté depuis à toutes les expéditions maritimes pendant la guerre de Suede, il avoit acquis, outre l'habileté nécessaire à un officier de mer, une longue expérience. Aussi parut-il digne du choix qu'on fit de lui pour conduire les deux expéditions si importantes du Kamtschatka. Cependant quelle destinée pour un homme si célébre ! On peut dire qu'il fut presque enterré vif. Béerings avoit été transporté à terre avec les plus grandes précautions, le lendemain du jour du débarquement; la foffe où il avoit été placé étoit la plus grande & la moins incommode, on l'avoit auffi couverte foigneufement en forme de tente. Dès les premiers jours il fe détachoit continuellement du fable des parois de la foffe où il étoit couché, & fes pieds en étoient à tout inftant couverts; ceux qui avoient foin de lui les dégageoient auffitôt, mais il ne voulut plus permettre à la fin qu'on l'ôtat, il croyoit en reffentir encore quelque chaleur, tandis qu'elle l'abandonnoit dans toutes les autres parties du corps. Peu-à-peu ce fable s'accumula jufqu'au bas ventre, & lorfqu'il eut rendu le dernier foupir on fut obligé de le déterrer pour l'inhumer convenablement.

Quelque défaftreufe que fût la fituation de l'équipage du Saint-Pierre, celle de l'autre vaiffeau que montoit Tfchirikow ne le fut pas moins. On a vu plus haut que le 27 Juillet ce capitaine avoit fait voile des côtes de l'Amérique pour revenir à Awatfcha. Ce retour fut accompagné des mêmes contretems que celui du capitaine-commandeur. Toujours vents contraires, toujours une côte ou des îles qui barroient le chemin, & que l'on regretta de n'avoir pas découvertes en allant. Tfchirikow avoit encore cette incommodité de plus, que la perte de fes deux chaloupes l'empêchoit de fe pourvoir d'eau fraîche.

Le 20 Septembre, il arriva sous les cinquante degrés douze minutes, à une côté, qui ne peut être que la même que le capitaine-commandeur découvrit quatre jours après. Cette côte étoit tellement bordée de rochers à fleur d'eau, que les Russes eurent beaucoup de peine à éviter un danger aussi grand. On fut obligé de mouiller à deux cens brasses de la terre. Les naturels du pays vinrent au nombre de vingt-un, chacun dans un canot de cuir; ils se montrèrent fort civils aux étrangers, & disposés à les aider. Mais ils étoient si étonnés de la forme & de la grandeur du vaisseau, qu'ils ne pouvoient se lasser de l'examiner & de le regarder. Personne ne put entendre leur langage. Les Russes satisfaits de l'accueil de ces Sauvages, desiroient faire quelque séjour avec eux sur la côte; mais il ne fut pas possible de s'arrêter là plus longtems, le cable se rompit à la pointe des rochers, & l'on se trouva heureux de regagner le large, quelque défavorable que fût le vent.

L'eau fraîche diminuoit considérablement : pour y suppléer on s'occupa à distiller de l'eau de mer. Cette opération lui ôta sa salure, mais l'amertume resta. Cependant il fallut bien prendre le parti de s'en servir, en la mêlant par moitié avec l'eau douce qui restoit, & en distribuant ce mélange par petites portions. Quelle joie dans une telle difette, lorfqu'il pleuvoit! Chacun à l'envi fe défaltéroit de l'eau du ciel, fans être dégoûté de la boire exprimée des voiles fales qui la recevoient.

Cette circonftance aggrava beaucoup la trifte fituation de l'équipage du Saint-Paul; le fcorbut fit le même ravage dans ce vaiffeau que dans l'autre; Tfchirikow même en fut attaqué dès le 20 Septembre. Le 26, mourut le canonnier Jofeph *Catfchikow*; le 6 Octobre, le lieutenant *Tfchichatfchew*; & le 7 Octobre, le lieutenant *Plautin*. Enfin on apperçut la côte du Kamtfchatka le 8 Octobre, & le 9 on entra dans le golfe d'Awatfcha. Le profeffeur de la Croyère, qui avoit auffi gardé la chambre depuis long-tems, voulut fe faire mettre à terre le 10; mais lorfqu'il fut fur le tillac il tomba mort. De foixante-dix hommes dont l'équipage étoit compofé, il y en eut vingt-un qui moururent. Le pilote Jelagin, le feul de tous les officiers qui fût refté en fanté, conduifit le vaiffeau le 11 Octobre dans le port de Petropowlowska, après un voyage de plus de quatre mois.

Au primtems fuivant, Tfchirikow, qui s'étoit rétabli de fa maladie fortit du golfe & croifa fur le capitaine-commandeur. Ne le voyant point paroître après quelques jours, il fit voile pour Ochotzk, enfuite il fe tranfporta à Jakuftk. De cette ville il donna avis de son retour à l'amirauté. Il ne tarda point à recevoir l'ordre de faire halte à Jeniseisk. Il y resta jusqu'en 1745, qu'il reçut un nouvel ordre du sénat de se rendre à Pétersbourg. A son arrivée il fut nommé, en récompense de ses services, capitaine-commandeur; mais il ne jouit pas long-tems de ce grade, étant mort dans la même année, avec la réputation bien établie d'avoir été un officier également habile & actif. On lui doit aussi l'éloge de s'être toujours montré franc, droit & très-réglé dans ses mœurs. Il fut beaucoup regretté de la cour de Russie & de tous ceux qui l'avoient connu.

Nous revenons à l'île de Béerings. Quelques jours avant la mort du capitaine-commandeur, les Russes eurent encore le malheur de perdre leur vaisseau; c'étoit l'unique ressource qui pouvoit les tirer de cette terre d'exil. Il étoit à l'ancre, comme on l'a vu plus haut, & exposé à toute l'impétuosité de la mer, lorsque la nuit du 28 au 29 une violente tempête s'étant élevée de l'est au sud-est, le cable se rompit & le vaisseau échoua près de l'endroit où les Russes étoient couchés dans leurs fosses. On le trouva le matin ensablé de 8 à 10 pieds. Par la visite qu'on en fit on reconnut qu'il étoit presque entièrement fracassé à la quille

& aux côtés. L'eau qui y entroit & fortoit par le bas, avoit fait couler à la mer ou gâté la plus grande partie des provisions qui y restoient, & qui consistoient en farine, en gruau & en sel.

Cette perte étoit accablante dans les circonstances où se trouvoient les malheureux débarqués ; mais elle diminua bientôt à leurs yeux, lorsqu'ils eurent réfléchi que le vaisseau, quoique brisé avoit été jetté à leurs pieds sur le sable, au lieu d'être emporté en pleine mer ; il leur restoit au moins l'espérance, s'il ne pouvoit être remis à flot, d'en construire avec les débris un qui fût suffisant pour regagner le Kamtschatka.

Ce qui s'étoit passé depuis le naufrage avoit distrait les Russes sur deux objets importans dans leur situation ; le premier, de reconnoître le terrain où ils avoient abordé ; & le second de pourvoir à leur subsistance. Ce soin ne pouvoit être plus pressant ; ils s'en occupèrent aussitôt après la dernière tempête. Ils ignoroient encore s'ils étoient débarqués dans une île ou sur un continent, si la contrée étoit habitée, mais sur-tout quelles étoient ses productions animales & végétales. Après avoir délibéré sur ces objets, le résultat fut de commencer par la reconnoissance du pays, en envoyant de la côte orientale où ils avoient débarqué & s'étoient établis, un certain nombre choisi d'entre les plus
vigoureux

vigoureux de l'équipage, vers le nord & le fud. Ces envoyés allèrent auffi loin que les rochers qui avançoient dans la mer le leur permirent ; les uns revinrent le troifième jour de leur départ, & les autres le quatrième.

Ils rapportèrent unanimement qu'ils n'avoient pas trouvé la moindre trace d'hommes, mais qu'ils avoient vu fur le rivage beaucoup de loutres appelées au Kamtfchatka caftors marins. Ils avoient auffi remarqué vers l'intérieur du pays une grande quantité de renards bleus & blancs, qui ne s'étoient point enfuis à leur approche. On conclut avec raifon, d'après cet expofé, que le pays n'étoit point fréquenté ni habité par des hommes. Cependant, comme les envoyés n'avoient point affez parcouru l'intérieur, & qu'on n'avoit point encore pénétré jufqu'à la côte oppofée à celle du débarquement, on réfolut d'en faire partir de nouveaux. Ceux-ci montèrent fur une montagne très-élevée, à trois ou quatre lieues du rivage, de fon fommet ils découvrirent la mer à l'oueft & à l'eft, & dès-lors ils ne doutèrent plus que ce ne fût dans une île qu'ils avoient abordé. On n'y trouva aucune forêt, mais feulement quelques buiffons de faule fur le bord des ruiffeaux.

Après la reconnoiffance de l'île, on procéda à l'examen des provifions échappées au naufrage &

à la tempête. D'abord il fut prélevé & mis en réserve la quantité d'environ huit cens livres de farine, pour la provision lors du trajet qu'on espéroit faire de l'île au Kamtschatka ; ensuite on régla les portions journalières. Quoique modiques, & qu'il mourût environ trente Russes jusqu'au moment du départ des naufragés, elles n'auroient point été suffisantes si les animaux marins n'y avoient suppléé fort à-propos.

Les premiers qui servirent à leur nourriture furent les loutres. La chair en étoit dure & coriace, mais il fallut bien s'en contenter jusqu'à ce qu'on pût la remplacer par une autre moins désagréable. Cependant les Russes en tuèrent encore beaucoup, à cause de leurs belles fourrures, lors même que ces animaux ne leur servirent plus d'aliment. Ces peaux sont si estimées, que les Chinois les achetent des Russes à Kiachta, jusqu'à quatrevingt & cent roubles chacune. Les naufragés en rassemblèrent neuf cens pendant leur séjour dans l'île. Elles furent distribuées également entre tous. Steller fut cependant le mieux pourvu ; en qualité de médecin, il reçut plusieurs de ces peaux en présent, & d'autres lui furent vendues ou échangées par ceux qui ne prisoient que médiocrement ces fourrures, dans l'incertitude qu'ils avoient de revoir leur patrie.

On assure qu'il en avoit trois cens lorsqu'il repassa en Sibérie.

Au mois de Mars, les loutres disparurent. Elles furent d'abord remplacées par un autre animal appelé au Kamtschatka chat marin (*Kotymorskie*), à cause de ses longues moustaches, & ensuite par les chiens de mer. Les animaux de ces deux especes se trouvoient en grand nombre sur les côtes de l'île, & principalement les chats marins sur la côte occidentale ; les plus gros pésoient jusqu'à huit cens livres. Leur chair désagréable au goût répugnoit aux Russes : heureusement que de tems-en-tems ils surprenoient les jeunes lions marins, connus par les Kamtschadales sous le nom de *Siwuttcha* ; lorsqu'ils ont atteint leur grosseur, ils pesent jusqu'à seize cens livres. Le lion marin est redoutable aux autres animaux, & même à l'homme, son inclination belliqueuse se fait remarquer dans son aspect terrible & dans ses yeux pleins de feu. Les Russes ne se hasardoient à les attaquer que pendant leur sommeil. Leur chair est excellente.

La vache marine, appelée par les Espagnols *Manti*, & par les François *Lamentin*, fut aussi très-utile aux Russes. On en prit qui pésoient huit mille livres. Un seul de cette grosseur suffisoit pour la nourriture de quinze jours. Leur chair est comparable à celle du bœuf, & celle des jeunes n'est pas inférieure à celle du veau. La graisse qui couvre de trois à quatre pouces la chair de ces animaux, est assez semblable au lard du porc. Les naufragés en fondirent & en firent usage au lieu de beurre. Ils remplirent aussi quelques tonneaux de sa chair qu'ils avoient salée, & on les réunit à la provision mise à part pour le retour au Kamtschatka.

Les amateurs d'histoire naturelle trouveront un détail ample & satisfaisant sur les animaux marins dont on vient de parler, dans l'ouvrage intitulé : *Voyages & Découvertes faites par les Russes sur l'Océan oriental*, par M. MULLER, premier volume, pages 308 & suivantes.

L'auteur du Journal a encore observé comme une faveur de la Providence, dans la triste situation où les Russes se trouvoient dans l'île de Béerings, que dès le commencement de l'hiver une baleine morte échoua assez près de leur quartier. Elle avoit huit brasses de long. C'étoit la ressource des naufragés quand les animaux marins leur manquoient ; aussi l'appeloient-ils le magasin des vivres. On en coupoit la graisse en morceaux quarrés que l'on faisoit bouillir à grand feu pour en séparer l'huile ; ce qui restoit, quoique coriace, se mangeoit comme la viande. Dans les premiers jours du printems suivant, une autre baleine morte fut encore jettée sur cette côte par la mer. Celle-ci plus fraîche fit abandonner la première.

On trouve dans le même Journal une remarque que l'on aura occasion de voir dans quelques autres relations de ce recueil, c'est que les Russes passèrent tout le tems de leur séjour à l'île Béerings dans l'état d'égalité & de liberté si naturel à l'homme. A peine eurent-ils gagné le rivage, que toutes distinctions & prérogatives disparurent. L'officier, le soldat & le matelot, confondus dans les mêmes fosses, se plaçoient sans rang, & étoient réduits à la même portion. Waxel, lieutenant de Béerings, lui avoit cependant, aussitôt après sa mort, succédé de droit dans le commandement; mais il n'en avoit que le titre, & il n'osa s'en prévaloir qu'au retour de l'équipage au Kamtschatka.

Retour des Russes au Kamtschatka.

A la fonte des neiges, vers la fin du mois de Mars 1742, les Russes s'occupèrent sérieusement de leur retour. Tous étant assemblés au nombre de quarante-cinq, on mit en délibération les moyens de gagner le Kamtschatka. L'état d'égalité où ils vivoient produisit une diversité d'opinions qui étoient appuyées avec chaleur par ceux qui les produisoient. Waxel expérimenté se conduisit avec beaucoup de prudence & d'art dans cette circonstance. Sans heurter de front les auteurs de ces avis différens, il les opposoit l'un à l'autre, & les détruisoit par un troisième qu'il faisoit rejetter ensuite par des objections qui paroissoient sans réplique. Enfin lui & Chitrow, qui s'étoient concertés ensemble, proposèrent leur sentiment, qui fut de mettre en pieces le paquebot, & d'en construire un qui fût moins considérable, mais assez spacieux pour renfermer tout l'équipage & les provisions. En le discutant, ils firent beaucoup valoir que tous ceux qui avoient souffert ensemble ne seroient point séparés, qu'il n'en resteroit point en arrière, que s'il arrivoit un nouveau malheur, ils seroient les uns avec les autres, & que personne n'en seroit exempt. Cet avis ayant passé unanimement, on en dressa un acte qui fut signé par tout l'équipage. Le tems favorable qu'il fit dans les premiers jours du mois d'Avril permit de le mettre à exécution. Tout le mois fut employé à déplacer les agrêts & à démonter la carcasse du bâtiment. Les officiers, les premiers à l'ouvrage, donnoient l'exemple aux autres par leur assiduité au travail.

Lorsque Béerings monta le Saint-Pierre, il se trouvoit dans l'équipage Russe trois charpentiers, qui moururent successivement dans l'île. Heureusement un Cosaque, natif de Krasnojarsk en Sibérie, nommé *Sawa Starodubzow*, qui avoit servi comme ouvrier dans le chantier d'Ochostka, s'offrit pour diriger la construction du nouveau paquebot, si on vouloit lui en donner les proportions. Ses offres furent acceptées, & il tint exactement parole. Un service de cette importance rendu aux compagnons de son infortune ne resta pas sans récompense, aussitôt l'arrivée de l'équipage à Jeniseisk, il fut élevé par la cour de Russie au rang de Sinbojarskoy, c'est le dernier degré de noblesse en Sibérie.

Le 6 Mai, on commença la construction du bâtiment ; on lui donna quarante pieds de longueur sur treize de largeur. A la fin du même mois, l'étrave, l'étambord, les varangues & les fourçats étoient posés. Dès les premiers jours de Juin, on le revêtit en planches tant en dedans qu'en dehors. Il n'avoit qu'un mât & un pont, mais il portoit une chambre de pouppe & une cuisine sur le devant, & de chaque côté quatre rames. Dans le dénuement où étoient les Russes de beaucoup de choses, ils parvinrent néanmoins à le calfater. Enfin on construisit aussi en même-tems un canot pour neuf à dix personnes.

Tout le corps du bâtiment étant achevé, on le lança à l'eau le 10 Août suivant ; il fut nommé *le Saint-Pierre*, comme le paquebot des débris duquel il avoit été conſtruit. On pouvoit auſſi l'appeler une hourque à un mât; car de la manière dont il étoit funé, il approchoit plus de ces ſortes de bâtimens. Les boulets & ce qui reſtoit de la ferraille du premier vaiſſeau ſervit à le leſter. Un calme conſtant qu'il fit pendant ſix jours fut employé à placer le mât, le gouvernail, les voiles, & à le charger de proviſions; il prenoit cinq pieds d'eau.

Chacun s'étant rendu à bord, on mit à la mer le 16; les rochers & les bas-fonds furent eſquivés à l'aide des rames, juſqu'à la diſtance de deux milles d'Allemagne. Enſuite on déploya les voiles pour ſe ſervir d'un petit vent frais du nord qui s'étoit levé. Le vaiſſeau étoit auſſi bon voilier & & manœuvroit auſſi facilement que s'il avoit été travaillé par un habile conſtructeur. Le 18 Août, ils eſſuyèrent un gros vent contraire du ſud-oueſt. La crainte d'une tempête leur fit prendre la réſolution d'alléger le vaiſſeau en jettant à la mer une partie de ce qui le leſtoit. Le 25 Août, ils apperçurent le Kamtſchatka. Le lendemain ils entrèrent heureuſement dans le golfe d'Awatſcha, & le 27, ils jettèrent l'ancre au port Petropawlowska.

On ne pourroit exprimer que très-difficilement

la satisfaction qu'éprouvèrent les Russes après avoir pris terre. Ils eurent bientôt oublié leurs malheurs & la disette où ils s'étoient trouvés, à la vue d'un magasin abondamment pourvu de vivres, que le capitaine Tschirikow y avoit laissés. Des casernes spacieuses & commodes les attendoient, ils y passèrent l'hiver. Au mois de Mai ils se rembarquèrent & arrivèrent à Ochostka. Waxel se rendit ensuite à Jakutsk & y resta tout l'hiver. Au mois d'Octobre 1744, il parvint à Jeniseisk, & y trouva le capitaine Tschirikow qui avoit reçu, comme nous l'avons vu plus haut, ordre du sénat d'y rester jusqu'à ce que la cour de Russie eût pris une résolution définitive sur les expéditions du Kamtschatka. Waxel crut devoir aussi attendre les ordres du sénat dans cette ville.

Enfin Tschirikow ayant été mandé en 1745 à Pétersbourg, Waxel lui succéda dans le commandement des deux équipages réunis; il se rendit avec eux dans cette même ville au mois de Janvier 1749. C'est son arrivée à Pétersbourg qui est le terme de la seconde expédition du Kamtschatka, après avoir duré seize ans.

L'académicien Steller survécut le capitaine Béerings, mais son sort fut assez malheureux. Il étoit resté au Kamtschatka lors du départ de Waxel, pour y faire quelques recherches & obfervations fur l'hiftoire naturelle. Il fe mêla imprudemment, quoiqu'avec la meilleure intention, de chofes qui ne le concernoient point ; à fon arrivée à Irkutsk (6), la chancellerie provinciale l'entreprit fur cet objet, & envoya fon rapport au fénat. Dans l'intervalle, Steller fe juftifia fi bien auprès du gouverneur de cette ville, qu'il lui permit de continuer fa route; mais la procédure faite par la chancellerie étant arrivée à Pétersbourg plutôt que le mémoire pour fa juftification, le fénat lui envoya ordre de retourner à Irkutsk. Steller reprenoit le chemin de cette ville, lorfqu'un fecond courrier lui apporta la révocation du premier ordre. Il le reçut avec joie, mais le chagrin avoit fait trop d'impreffion fur fa fanté, il n'arriva point à Pétersbourg, une fievre chaude l'emporta à Tumen, le 12 Novembre 1745. La république des lettres perdit en lui un favant actif & un bon obfervateur.

Depuis les expéditions de Béerings, de Tfchirikow & Spanberg, il s'eft encore fait des voyages du Kamtfchatka aux côtes de l'Amérique, & auffi des découvertes dans l'Océan oriental ; mais c'eft principalement fous le regne de l'impératrice Catherine II, que l'émulation des Ruffes pour des entreprifes dans ces parages s'eft beaucoup accrue.

En 1764, de riches marchands Ruſſes de Moſcow, de Wologda, &c. s'aſſocièrent au nombre de vingt, pour faire le commerce, tant au Kamtſchatka qu'à l'île Béerings, & dans les contrées nouvelles. Les navigateurs de cette Compagnie ont découvert dans le cours des voyages réglés qu'ils ont faits, & qu'ils continuent encore à ce ſujet, les îles Oloutorsky & Olcouſtky ; ces îles avec celles d'Anadir vues par Béerings & Tſchirikow, forment le nouvel Archipel du nord, entre l'Amérique & le Kamtſchatka.

Les Ruſſes n'ont point encore communiqué au public les relations de ces dernières découvertes, ſoit qu'ils craignent que les autres nations ne les ſuivent à la trace, ou peut-être qu'on ne leur reproche les brillantes impoſtures des premiers navigateurs.

NOTES.

(1) KAMTSCHATKA. C'eſt à regret que nous nous abſtenons de faire ſuivre la relation du Naufrage de Béerings par le précis hiſtorique ſur le KAMTSCHATKA, que nous avions promis. *M. de la Peyrouſe*, dans le cours de ſon voyage, doit

toucher à cette presqu'ile, suivant les lettres du 17 Septembre 1785, reçues de Monterey en Californie ; il y fera certainement des observations : nous en profiterons pour rendre le précis plus intéressant & d'une exactitude plus constatée.

(2) *OKHOSTKA*, ville de la Tartarie Russienne, dans le pays des Tunguses : elle est nouvellement construite, & située à cinquante-cinq degrés trente minutes de latitude, entre les deux embouchures de la rivière d'Okhostk, presque sur le bord de la mer. Cette ville qui s'aggrandit tous les jours, est l'entrepôt du commerce Russe au Kamtschatka & en Amérique. On vient d'y construire une forteresse pour sa défense. Les maisons & les édifices publics son mieux bâtis & plus réguliers à Okhostka que dans les autres ostorgs ou bourgs Russes. Le Kamtschatka & les côtes de la mer de Pingina, jusqu'aux frontières de la Chine, sont de la dépendance du gouvernement & de la chancellerie d'Okhostka. C'est à la douane de cette ville que se perçoivent les droits de toutes les marchandises qui s'exportent du Kamtschatka, de ses Archipels & de l'Amérique, ou qui s'y importent de Russie. Il n'y a point de pâturages aux environs d'Okhostka, & le sol y est aussi stérile qu'au Kamtschatka ; cependant on y trouve en

abondance & à un prix modéré, le grain, le bétail & toutes les provisions de bouche qu'on y conduit de Jakutzk.

(3) *JAKUTZK* ou *JAKUTZKOY*, ville de l'empire Russe en Sibérie, dans la Tartarie, sur la rivière de Léna au pays des Jakutes, qu'elle tient dans le respect & dont elle prend le nom. Cette ville est éloignée d'Okhostka de deux cent cinquante lieues environ. La traversée pour arriver de cette dernière ville au midi du Kamtschatka, est d'environ trois cens lieues de mer. C'est d'Okhostka qu'il part en été des barques pour se rendre le long des côtes & par les ouvertures du cap, à Sabatzia, à Anadirskoy, & au Kamtschatka. Elles y prennent du Narval & de l'huile de baleine. Les barques qui servent aux Tartares pour ces voyages, sont de cuir & d'une légèreté extraordinaire.

(4) *L'OBY*, l'un des plus considérables fleuves de l'Asie, dans la Tartarie Russienne. Il prend sa source au midi de cette contrée, & la traverse du sud-est au nord-est. Il reçoit l'Irtisc & le Tobol, deux rivières considérables, & se jette ensuite dans l'Océan, près du détroit de Weigats & de la Nouvelle-Zemble. L'Oby abonde en excellens poissons.

Le *JÉNISCA* & le *LÉNA* sont aussi deux grands

fleuves de l'Afie, dans la Tartarie Ruffienne; ils coulent du midi au feptentrion, & fe jettent dans la Mer Glaciale.

(5) *Baie d'AWATSCKA*, à l'extrémité de l'Afie, fur la côte orientale de la pointe du Kamtfchatka. Elle tire fon nom de la rivière d'Awatfcka, qui s'y décharge. La Baie d'Awatfcka eft prefque fous la même latitude, quoiqu'un peu plus bas que la rivière de Bolchaïa-Reka. De hautes montagnes environnent cette baie & la défendent de la violence des vents; fa forme eft de figure ronde, de cinq lieues environ de diamètre. On y trouve trois ports différens pour la grandeur, mais également bons; le premier eft celui de Hiakina, appelé maitenant le port de Saint-Pierre & Saint-Paul. Rakovina eft le fecond, & le troifième, Tareina. Depuis l'expédition de Béerings pour aborder en Amérique, il s'y eft formé un oftorg Ruffe, qui a fait abandonner prefque tous ceux qui étoient dans les environs; il s'augmente même encore tous les jours, par fa fituation avantageufe, la falubrité de l'eau de la rivière d'Awatfcka, & fur-tout par l'abord de ceux qui commercent fur les côtes de l'Amérique & dans les archipels voifins. L'amirauté a fait conftruire près du port de Saint-Pierre & Saint-Paul, des maifons pour les officiers, des cafernes, des magafins & d'autres bâtimens publics.

Au nord de la Baie d'Awatfcka, il y a deux hautes montagnes, dont l'une qui est un volcan jette sans cesse de la fumée depuis long-tems, mais il n'en sort des flammes que par intervalle.

(6) *IRKUTSK*, ou *IRKUTSKOI*, ville de la Tartarie Russienne dans la Sibérie. Elle est située dans la contrée des Kumi-Tongoi, sur la rivière d'Angura qui a sa source dans le lac de Baikal, à huit lieues de distance environ. Cette ville, qui est bâtie depuis peu d'années, est flanquée de bonnes tours; elle a plusieurs fauxbourgs qui sont très-grands. Le bled, le sel, la viande & le poisson y sont à bas prix. Le territoire de cette ville, qui se prolonge jusqu'à Wergolenskoi, est très-fertile & abondant en grains. Les Russes occupent cent villages environ autour d'Irkursk, & y cultivent la terre avec soin.

N.º 9.

RELATION

Du Naufrage d'un Brigantin Anglois, sur les côtes de l'Isle Royale, à l'entrée du golfe de Saint-Laurent, dans l'Amérique septentrionale, en 1780 (*).

L'Homme de courage trouve toujours dans les situations les plus désespérées, des ressources en lui-même. Le Journal de M. *S. W. Prenties*, officier dans le quatre-vingt-quatrième régiment Anglois, infanterie, en offre au lecteur un exemple frappant. Nous le laisserons parler lui-même.

(*) Cette Relation a été publiée pour la première fois à Londres en 1782, & y a été réimprimée cinq fois en dix-huit mois. La traduction françoise a paru en 1785 à *Paris*, chez *Froullé*.

» Chargé

» Chargé des dépêches que le général Haldimand, commandant en chef du Canada, m'avoit confiées pour le général Clinton, je m'embarquai, le 17 Novembre 1780, sur un petit brigantin qui faisoit voile de Quebec pour New-Yorck. Nous allions de conserve avec une goëlette destinée pour le même endroit, & qui portoit un duplicata des dépêches. Après avoir descendu le fleuve Saint-Laurent, jusqu'au havre appelé le Trou de Saint-Patrice, dans l'île d'Orléans, nous fûmes retenus dans ce port par un vent contraire qui dura six jours. L'hiver faisoit déja sentir ses premiers frimats, & la glace se forma bientôt à une grande épaisseur sur tous les bords du fleuve, par l'âpreté d'un froid rigoureux. Plût au Ciel qu'il eût duré quelques jours de plus ! En fermant absolument notre marche, il nous auroit sauvés des malheurs dont le récit va commencer avec celui de notre navigation.

» Avant de parvenir à l'embouchure du fleuve, on s'étoit apperçu que le brigantin faisoit une légère voie d'eau. A peine fûmes-nous entrés dans le golfe, que cette voie devint plus considérable; & les deux pompes, malgré leur travail continuel, laissoient toujours deux pieds d'eau dans la cale. D'un autre côté, le froid avoit augmenté sa rigueur, & les glaces s'amonceloient autour du vais-

Tome I. V

feau, jufqu'à nous faire craindre d'en être entièrement environnés. Nous n'avions à bord que dix-neuf perfonnes, dont fix paffagers, & les autres mauvais matelots. Quant au capitaine, de qui nous devions attendre des fecours dans une pofition fi fâcheufe, au lieu de veiller à la confervation du navire, il paffoit le tems à s'enivrer dans fa chambre, fans s'occuper un moment de notre sûreté.

» Le vent continuant de fouffler avec la même violence, & l'eau s'étant élevée dans la cale jufqu'à la hauteur de quatre pieds, le froid & la laffitude jettèrent le découragement parmi les gens de l'équipage. Tous les matelots de concert prirent la réfolution de ne plus manœuvrer. Ils abandonnèrent les pompes, en témoignant une profonde indifférence fur leur deftin, aimant mieux, difoient-ils, couler à fond avec le vaiffeau que de s'épuifer par un travail inutile dans une fituation défefpérée. Il faut convenir que depuis plufieurs jours leurs fatigues avoient été exceffives & fans aucun intervalle de délaffement. L'inaction du capitaine achevoit encore de les abattre. Cependant, à force d'encouragemens & de promeffes, & par une diftribution de vin que j'ordonnai fort à-propos pour les réchauffer, je parvins à vaincre leur répugnance. L'interruption du travail avoit fait entrer un pied d'eau de plus dans la cale ; mais leur activité se ranimant par la chaleur de la boisson que je leur faisois donner toutes les demi-heures, ils soutinrent avec tant de constance l'effort de la manœuvre, que l'eau fut bientôt réduite à moins de trois pieds.

» Nous étions au 3 Décembre. Le vent sembloit de jour en jour s'irriter au lieu de s'adoucir. Les fentes du vaisseau alloient toujours en s'aggrandissant, tandis que les glaçons attachés à ses côtés augmentoient son poids & gênoient sa marche. Il falloit continuellement casser cette croûte de glace qui menaçoit de l'enveloper. La goëlette qui nous suivoit, loin de pouvoir nous prêter aucune assistance, se trouvoit dans un état encore plus déplorable, ayant donné sur des rochers devant l'île de Coudres, par l'ignorance du pilote. Une neige épaisse qui vint alors à tomber nous déroba sa vue. Un coup de canon que nous tirions tour-à-tour, de demi-heure en demi-heure, formoit toute notre correspondance. Bientôt nous eûmes la douleur de ne l'entendre plus répondre à ce signal. Elle périt avec les seize personnes de son équipage, sans qu'il nous fût même possible d'appercevoir leur désastre pour chercher à les recueillir.

» La pitié que nous inspiroit un sort si funeste, fut bientôt détournée sur nous-mêmes par l'appréhenfion d'un nouveau danger. La mer étoit fort groffe, la neige très-épaiffe, le froid infupportable, & tout l'équipage abattu. C'eft dans cet état que le contre-maître s'écria que nous ne devions pas être éloignés des Isles - Madeleine, amas confus de rochers, dont les uns élevent leur tête fur la mer, & dont les autres cachent fous fa furface des pointes déja fatales à plufieurs vaiffeaux En moins de deux heures, nous entendîmes les vagues fe brifer à grand bruit fur ces rochers; & bientôt après nous découvrîmes l'île principale, appelée l'Homme mort, qu'une manœuvre pénible nous fit éviter. Le fentiment du péril n'en devint que plus vif au milieu d'une foule d'écueils dont il y avoit peu d'apparence que nous puffions échapper avec le même bonheur, l'épaiffeur redoublée de la neige nous permettant à peine d'étendre notre vue d'un bout à l'autre du vaiffeau. Il feroit difficile de peindre la confternation & l'effroi dont nous fûmes faifis dans toute la longueur de ce paffage. Mais lorfque nous l'eûmes franchi, un rayon d'efpoir rentra dans le cœur des matelots, qui ne doutèrent plus que la Providence ne s'intéreffât à leur falut, en confidérant le danger dont ils venoient de fortir; & ils redoublèrent leurs efforts avec une ardeur nouvelle.

" La mer devint plus agitée pendant la nuit;

& le lendemain, vers cinq heures du matin, une grosse houle fondit sur le vaisseau, enfonça nos faux-sabords, & remplit d'eau la cabane. L'impétuosité des vagues ayant écarté l'étambord, nous cherchâmes à boucher les ouvertures avec du bœuf coupé par tranches; mais ce foible expédient demeura sans effet, & l'eau continua de nous gagner plus rapidement que jamais. L'équipage effrayé avoit suspendu un moment l'exercice des pompes; lorsqu'il voulut le reprendre, il les trouva si fortement gelées qu'il étoit désormais impossible de les faire jouer.

» Nous perdîmes dès ce moment l'espérance de conserver long-tems le navire; & tous nos vœux se bornèrent à ce qu'il n'enfonçât pas, du moins jusqu'à ce que nous fussions à la portée de l'île Saint-Jean ou de quelque autre île dans le golfe, où nous pourrions aborder à l'aide de notre chaloupe. Abandonnés à la merci du vent, nous n'osions entreprendre aucune manœuvre, de peur de causer au vaisseau quelque effort dangereux. Le nouveau poids d'eau qu'il prenoit de minute en minute, rallentissoit sa marche, & les vagues plus rapides dont il brisoit la course, se redressoient furieuses & venoient se déborder sur le tillac. La cabane où nous nous étions refugiés, ne nous présentoit qu'un bien foible abri contre le souffle du vent, & nous garantiſſoit à peine de la violence des houles glacées. A chaque inſtant nous craignions de voir emporter notre gouvernail & notre mât ſe briſer. Les mouettes & les canards ſauvages que nous entendions voltiger autour de nous, témoignoient, il eſt vrai, que la côte ne devoit pas être éloignée ; mais ſes approches mêmes étoient un nouveau ſujet de terreur. Comment échapper aux briſans dont elle pouvoit être entourée, dans l'impuiſſance où nous étions de les éviter par aucune manœuvre, & même de les apperçevoir à travers le voile de neige dont nous étions envelopés? Telle étoit depuis quelques heures notre déplorable ſituation, lorſque le Ciel s'étant tout-à-coup éclairci, nous découvrîmes enfin la terre à trois lieues de diſtance.

» Le ſentiment d'alégreſſe dont nous pénétra ſon premier aſpect, fut bien modéré par une vue plus diſtincte de rochers énormes qui paroiſſoient s'élever à pic le long de la côte pour nous en repouſſer. Le vaiſſeau venoit encore d'eſſuyer des lames violentes, qui l'auroient ſubmergé ſi ſa charge eût été moins légère. Chaque nouvelle ſecouſſe nous faiſoit craindre de le voir s'entr'ouvrir. Notre chaloupe étoit trop petite pour contenir tout l'équipage, & la mer d'ailleurs trop furieuſe pour lui confier un ſi foible bâtiment. Il ſembloit que nous n'étions parvenus devant cette terre fatale, que pour la rendre témoin de notre perte.

» Cependant nous approchions toujours de plus près. Nous n'en étions plus éloignés que d'un mille, lorsque nous découvrîmes avec transport, au détour de ces roches menaçantes, une plage sablonneuse vers laquelle notre cours se dirigeoit, sans que l'eau perdît assez sensiblement de sa profondeur pour nous défendre d'en approcher de cinquante à soixante verges avant d'échouer. Le sort de nos vies alloit se décider dans quelques minutes.

» Enfin le navire donna sur le sable avec une violente secousse. Le premier choc fit sauter le grand mât, mais sans aucun accident, & le gouvernail fut démonté avec une telle rudesse, que la barre faillit tuer un des matelots. Les vagues mutinées qui battoient de tous côtés le navire, forcèrent la pouppe; ensorte que n'ayant plus d'abri dans la cabane, nous fûmes obligés de monter sur le pont, & de nous tenir accrochés aux haubans, de peur d'être renversés dans la mer. Au bout de quelques instans, le vaisseau se releva tant-soit-peu, mais la quille étoit brisée & la carcasse sembloit prête à se disperser. Ainsi toutes nos espérances furent réduites à la chaloupe, que j'eus une peine infinie à faire mettre à la mer, tant elle étoit hériffée au dedans & au dehors de larges glaçons dont il falloit la débarraffer. La plupart des gens de l'équipage s'étant pris de vin pour tâcher de fe délivrer de l'effroi dont ils étoient faifis, je fis avaler un verre d'eau-de-vie à ceux qui étoient reftés fobres, & je leur demandai s'ils vouloient s'embarquer avec moi dans la chaloupe pour gagner la terre. La mer étoit fi houleufe qu'il paroiffoit impoffible que notre frêle efquif pût la tenir un moment fans être englouti. Il n'y eut que le contremaître, deux matelots & un jeune paffager, qui réfolurent d'en courir le hafard.

» Dès le premier inftant de péril, j'avois mis mes dépêches dans un mouchoir noué autour de ma ceinture. Sans m'occuper alors de mes autres effets, je faifis une hache & une fcie, & me jettai dans le canot, fuivi du contre-maître & de mon domeftique, qui, plus avifé que moi, fauvoit de mes coffres une bourfe de cent quatre-vingt guinées. Le paffager ne s'étant pas élancé affez loin, tomba dans la mer, & peu s'en fallut que nos mains engourdies par le froid ne fuffent incapables de lui prêter le moindre fecours. Lorfque les deux matelots furent defcendus, ceux qui avoient le plus obftinément refufé de tenter la même fortune, nous fupplièrent de les recevoir; mais le poids d'un fi grand nombre de perfonnes & le tumulte de leurs mouvens me faifant craindre de chavirer, je donnai ordre de s'éloigner du bord du vaiffeau. Je ne tardai pas à m'applaudir d'avoir étouffé un fentiment de pitié qui leur auroit été funefte à eux-mêmes. Quoique la terre ne fût éloignée que d'environ cinquante verges, nous fûmes accueillis à moitié chemin, d'une groffe lame qui remplit à-demi le canot, & qui l'auroit infailliblement renverfé fi la charge eût été plus péfante. Une feconde vague nous jetta violemment fur le rivage.

» La joie de nous trouver enfin à l'abri des périls qui nous avoient tenu fi long-tems en de cruelles alarmes, nous fit oublier un moment que nous n'étions échappés d'un genre de mort que pour en fouffrir probablement un autre plus terrible & plus douloureux. En nous tenant embraffés dans nos premiers tranfports, pour nous féliciter fur notre falut, nous ne pouvions être infenfibles à la détreffe de nos compagnons que nous avions laiffés fur le navire, & dont les cris lamentables fe faifoient entendre au milieu du bruit fourd des flots. Ce qui redoubloit la douleur où nous plongeoit ce fentiment, étoit de ne pouvoir leur prêter aucune efpece de fecours. Notre canot jetté fur le fable par les vagues courroucées, témoignoit affez l'impoffibilité de rompre leur impulsion pour retourner au vaisseau.

» La nuit s'approchoit à grands pas, & nous n'eûmes pas resté long-tems sur cette plage glaciale, avant de sentir que nous allions être engourdis par le froid. Il fallut nous traîner à travers la neige qui s'enfonçoit sous nos pieds, jusqu'à l'entrée d'un petit bois, environ à deux cens verges du rivage, dont l'abri nous défendit un peu du souffle perçant du nord-ouest. Cependant il nous manquoit du feu pour réchauffer nos membres transis, & nous n'avions aucun moyen d'en allumer. La boîte d'amadou que nous avions eu la précaution de prendre dans la chaloupe, avoit été baignée par la dernière houle que nous venions d'essuyer. Il n'y avoit que l'exercice qui pût nous garantir de la gelée, en tenant notre sang en circulation.

» Mieux instruit que mes compagnons de la nature de ces âpres climats, je leur recommandai de se livrer à un grand mouvent pour repousser le sommeil. Mais le jeune passager, dont les habits trempés des eaux de la mer s'étoient roidis en glaçons sur son corps, ne put résister à la sensation assoupissante que donne toujours le froid extrême qu'il éprouvoit. Vainement j'employois tour-à-tour la persuasion & la force pour le faire tenir sur ses pieds. Je fus obligé de l'abandonner à son assoupissement. Après avoir marché pendant une demi-heure, saisi moi-même d'une si forte envie de dormir que je me sentois prêt à chaque instant de me laisser couler à terre pour la satisfaire, je revins à l'endroit où ce jeune homme étoit couché. Je mis la main sur son visage, & le sentant tout froid, je le fis toucher au contre-maître. Nous crûmes l'un & l'autre qu'il étoit mort. Il nous répondit d'une voix foible qu'il ne l'étoit pas, mais qu'il sentoit sa fin s'approcher; & il me supplia, si je lui survivois, d'écrire à son père à New-York, & de l'instruire de son malheur. Au bout de dix minutes nous le vîmes expirer, sans aucune souffrance ou du moins sans de vives convulsions. J'ai rapporté cet incident, pour montrer l'effet d'un froid violent sur le corps humain pendant le sommeil, & pour faire voir que cette mort n'est pas toujours accompagnée d'un sentiment de douleur aussi vif qu'on a coutume de le supposer.

» Cette leçon effrayante ne fut pas capable d'engager les autres à combattre le penchant qui les entraînoit au sommeil. Trois d'entr'eux se couchèrent en dépit de mes exhortations. Voyant qu'il étoit impossible de les faire tenir debout, j'allai couper deux branches d'arbres, dont je donnai l'une au contre-maître; & toute mon occupation, pendant le reste de la nuit, fut d'empêcher nos compagnons de dormir, en les frappant aussitôt qu'ils fermoient la paupière. Cet exercice ne nous fut pas inutile à nous-mêmes, en même tems qu'il préservoit les autres du danger presque certain de mourir.

» La lumière du jour, que nous attendions avec une si vive impatience, parut enfin. Je courus avec le contre-maître sur le rivage, pour tâcher de découvrir quelques traces du vaisseau, quoiqu'il nous en restât à peine une foible espérance. Qu'elle fut notre surprise & notre satisfaction, de voir qu'il s'étoit conservé, malgré la violence du vent qui sembloit avoir dû le briser en mille pieces pendant la nuit ! Mon premier soin fut de chercher comment je pourrois faire venir à terre le reste de l'équipage. Le vaisseau, depuis que nous l'avions quitté, avoit été poussé par les vagues beaucoup plus près de la côte, & l'espace qui l'en séparoit devoit encore se trouver plus petit à la basse marée. Lorsqu'elle fut venue, je criai aux gens du vaisseau d'attacher une corde à son bord pour s'y glisser tout du long l'un après l'autre. Ils adoptèrent cet expédient. En veillant d'un œil attentif le mouvement de la mer, & saisissant bien le tems de glisser au moment où la vague se retiroit, ils descendirent tous sans péril, à l'exception du charpentier. Celui-ci ne jugea pas à propos de se hasarder de cette manière, ou peut-être se trouvoit-il incapable d'aucun mouvement, ayant usé un peu trop librement de sa bouteille pendant la nuit. Le salut général étoit attaché à celui de chacun de nous en particulier, & je me réjouis doublement de voir autour de moi un si grand nombre de mes compagnons d'infortune, que je croyois tous engloutis dans les ondes peu d'heures auparavant.

» Le capitaine, avant de descendre, s'étoit heureusement chargé de tous les matériaux nécessaires pour allumer du feu. La troupe se mit alors en marche vers la forêt, les uns s'employèrent à couper du bois, & les autres à ramasser des branches seches dispersées à terre ; bientôt une flamme brillante qui s'éleva d'un large bûcher nous fit pousser mille cris joyeux. Si l'on considère le froid extrême que nous avions souffert long-tems, aucune jouissance ne pouvoit être égale à celle de la chaleur d'un bon brasier. C'étoit à qui s'en approcheroit de plus près pour ranimer ses membres engourdis. Mais cette jouissance fut suivie, pour la plupart, des douleurs les plus cruelles, aussitôt que l'ardeur de la flamme pénétra les parties de leurs corps mordues par la gelée. Le contre-maître & moi étions leus seuls qu'elle eût respectés, à cause de l'exercice que nous avions fait dans la nuit. Tous les autres en avoient été plus ou moins attaqués, soit dans le vaisseau, soit à terre. Les mouvemens convulsifs qu'arrachoit à ces malheureux la violence des tortures qu'ils éprouvoient, seroient trop horribles à exprimer.

» Lorsque nous vînmes à faire la revue de notre troupe, j'observai qu'il manquoit un passager, nommé le capitaine Green. J'appris qu'il s'étoit endormi à bord du vaisseau, & qu'il avoit été gelé mortellement. Nos inquiétudes se renouvellèrent au sujet du charpentier resté sur le navire. La mer roulant toujours avec la même fureur, il étoit impossible d'envoyer la chaloupe à son secours. Nous fûmes obligés d'attendre le retour de la marée basse, & nous lui persuadâmes enfin de venir à terre de la même manière que les autres ; ce qu'il ne put faire qu'avec une extrême difficulté, réduit comme il étoit à la plus grande foiblesse, & gelé dans presque toutes les parties de son corps.

» La nuit vint, & nous la passâmes un peu mieux que la précédente. Cependant, malgré le soin que nous prenions d'entretenir toujours un grand feu, nous avions beaucoup à souffrir de la rigueur du vent qui souffloit à découvert sur nous. L'épaisseur des arbres pouvoit à peine nous défendre de la neige qui sembloit se précipiter à grands flots sur notre feu pour l'éteindre. En pénétrant nos habits d'humidité du côté exposé à la flamme, elle nous formoit sur le dos une couche épaisse qu'il falloit continuellement secouer avant qu'elle se durcît en glaçons. Le sentiment aigu de la faim, nouvelle misère que nous avions jusqu'alors ignorée, vint encore se joindre à celui du froid que nous avions tant de peine à soutenir.

» Deux jours s'écoulèrent, pendant lesquels chaque instant ajoutoit au souvenir cruel de nos maux passés la terreur d'un avenir plus affreux. Enfin le vent & la mer qui s'étoient accordés pour nous interdire l'approche du vaisseau, redoublèrent leurs efforts réunis pour le briser. Nous en fûmes avertis par le bruit qu'il fit en éclatant. Nous courûmes vers le rivage, & nous vîmes déja flotter une partie de la cargaison que l'impétuosité des ondes entraînoit hors de ses flancs entr'ouverts. Par bonheur, la marée portoit une partie des débris sur la plage. Armés de longues perches & des rames de notre canot, nous allions le long du sable, attirant tout ce qui s'offroit de plus utile à notre portée. C'est ainsi que nous parvînmes à sauver quelques barrils de bœuf salé, & une quantité condérable d'oignons que le capitaine avoit pris à bord pour les vendre. Nos soins se portèrent aussi sur les planches qui fe détachoient du vaiffeau & qui pouvoient fervir à nous conftruire une cabane. On en recueillit un grand nombre qui furent traînées dans le bois pour être auffitôt employées à leur deftination. Cette entreprife n'étoit pas aifée, peu d'entre nous étoient en état d'y travailler. Cependant l'heureux fuccès de la journée animoit notre courage, & la nourriture que nous avions prife foutenant nos forces, l'ouvrage fe trouva fort avancé à la chûte du jour. La lueur de notre feu nous mit en état de le continuer dans les ténebres, & vers les dix heures du foir nous eûmes une cabane longue d'environ vingt pieds & large de dix, affez folide, graces aux arbres qui la foutenoient de diftance en diftance, pour réfifter à la force du vent; mais pas affez clofe pour nous mettre entièrement à l'abri de la froidure.

» La journée fuivante & celle du furlendemain furent employées, foit à perfectionner notre édifice, foit à recueillir pendant la haute marée ce qu'elle nous apportoit du vaiffeau, foit à dreffer l'inventaire de nos provifions pour en répartir l'ufage entre nous fur une jufte mefure. Il n'avoit pas été poffible de fauver du bifcuit, entièrement détrempé dans l'eau de la mer. Il fut décidé que chaque perfonne, en fanté ou malade, feroit réduite à un quart de livre de bœuf & à quatre oignons

gnons par jour, auffi long-tems que ceux-ci pourroient durer. Cette foible ration, à peine fuffifante pour s'empêcher de mourir de faim, étoit tout ce que l'on pouvoit fe permettre, dans l'incertitude du tems qu'il faudroit peut-être paffer fur cette côte déferte.

» Le 11 Décembre, fixième jour de notre naufrage, le vent s'adoucit & nous laiffa la liberté de mettre notre chaloupe à flot pour aller chercher ce qui pouvoit refter dans le navire. Une grande partie de la journée fut perdue à brifer à coups de hache la glace épaiffe qui couvroit le pont & qui fermoit les écoutilles. Le lendemain, nous réufsîmes à retirer un petit barril contenant cent-vingt livres de bœuf falé, deux caiffes d'oignons, trois de bouteilles de baume de Canada, une de patates, une bouteille d'huile qui nous devint très-utile pour les plaies des matelots, une feconde hache, un grand pot de fer, deux marmites, & environ douze livres de chandelles. Ce renfort précieux nous mit en état d'ajouter le jour fuivant, quatre oignons de plus à notre ration journalière.

» Nous retournâmes encore à bord le 14, pour chercher les voiles, dont une partie nous fervit à couvrir notre cabane & à la rendre impénétrable à la neige. Ce même jour, les plaies de ceux qui avoient le plus fouffert de la gelée, & qui avoient négligé de se frotter de neige, commencèrent à se mortifier. Leurs jambes, leurs mains, & toutes les autres parties de leurs membres affectées de la gelée, se dépouillèrent de leur peau, avec des douleurs intolérables. Le charpentier qui étoit descendu le dernier à terre, avoit perdu la plus grande partie de ses pieds, & dans la nuit du 14 le délire le prit; il resta dans le même état jusqu'au lendemain, où la mort le délivra de sa misérable existence. Trois jours après, notre second contre-maître mourut de la même manière, ayant été en délire quelques heures avant d'expirer; ce qui arriva également le surlendemain à un matelot. Nous couvrîmes leurs cadavres de neige & de branches d'arbres, n'ayant ni pioche ni bêche pour leur creuser une fosse; & quand nous en aurions été pourvus, la terre étoit durcie à une trop grande profondeur pour céder à ces instrumens.

» Toutes ces pertes qui réduisoient notre troupe à quatorze personnes, nous causèrent un médiocre chagrin, soit pour eux, soit pour nous-mêmes. En considérant notre affreuse condition, la mort nous paroissoit un bienfait plutôt qu'une disgrace; & lorsqu'un sentiment naturel nous ramenoit à l'amour de la vie, chacun de nous en particulier ne pouvoit regarder ses compagnons que comme autant d'ennemis armés par la faim pour lui ravir sa subsistance. En effet, si quelques-uns n'avoient payé le tribut à la nature, nous aurions été bientôt dans l'horrible nécessité de périr de faim ou de nous égorger & de nous dévorer les uns les autres. Sans en être encore réduits à cette affreuse alternative, notre situation étoit si misérable qu'il sembloit impossible qu'aucune nouvelle calamité pût en accroître l'horreur. Le sentiment continuel d'un froid rigoureux & d'une faim pressante, la douleur des plaies de la gelée irritées par le feu, les plaintes des souffrants, le désordre & la mal-propreté qui nous rendoient un objet de dégoût pour nous-mêmes autant que pour les autres, toutes les images du désespoir rassemblées autour de nous, & dans la perspective une mort lente & cruelle, au milieu d'une région désolée, loin des consolations du sang & de l'amitié : telle est la foible peinture des maux que notre cœur ressentoit, à chaque instant des longs jours & des éternelles nuits.

» Nous étions souvent sortis, le contre-maître & moi, pour voir si nous pourrions découvrir quelques vestiges d'habitations dans la contrée. Nos courses ne pouvoient être longues, & n'avoient jamais été suivies d'aucun succès. Nous résolûmes un jour de nous engager plus avant dans le pays, en remontant les bords d'une rivière glacée. Il s'offroit de tems-en-tems à nos yeux des traces d'orignal & d'autres animaux, qui nous faisoient sentir vivement le regret d'être dépourvus d'armes & de poudre pour les chasser. Un léger espoir vint flatter un moment nos esprits. En suivant la direction de quelques arbres entamés du même côté par la hache, nous arrivâmes dans un endroit où des Indiens devoient avoir passé depuis peu, puisque leur wigwam y restoit encore, & que l'écorce qu'on y avoit employée paroissoit toute fraîche; une peau d'orignal que nous trouvâmes tout près suspendue au bout d'une perche, confirmoit nos conjectures. Nous parcourûmes avec empressement tous les environs; mais, hélas! sans aucun fruit. Il nous resta cependant quelque satisfaction de penser que cet endroit avoit eu ses habitans ou ses voyageurs, & qu'ils pourroient bientôt y revenir. Frappé de cette idée, je coupai une longue perche, & l'enfonçant sur le bord de la rivière, j'y attachai un morceau d'écorce de bouleau, après l'avoir taillé en forme de main, avec le doigt indicateur étendu & tourné vers notre cabane. Je crus aussi devoir emporter la peau d'orignal, afin que les Sauvages à leur retour pussent comprendre que quelques personnes étoient passées en cet endroit depuis qu'ils l'avoient quitté, & démêler à la faveur de notre signal la route qu'elles avoient suivie. L'approche de la nuit nous força de reprendre le chemin de notre habitation, & nous redoublâmes le pas pour communiquer plutôt à nos compagnons d'aussi agréables nouvelles. Quelques foibles que fussent les espérances qu'il étoit raisonnablement permis de concevoir de cette découverte, je vis que mon récit leur donnoit une vive consolation : tant un instinct bienfaisant de la nature porte les malheureux à saisir tout ce qui peut adoucir le sentiment de leurs peines !

» Plusieurs jours s'écoulèrent dans l'attente de voir à chaque instant paroître les Indiens devant notre cabane. Peu-à-peu ces douces idées s'affoiblirent; elles ne tardèrent pas même bientôt à s'évanouir. Quelques-uns de nos malades, entr'autres le capitaine, avoient commencé dans cet intervalle à recouvrer leurs forces, & nos provisions diminuoient à vue d'œil. Je proposai le dessein où j'étois de quitter l'habitation avec tous ceux qui seroient en état de manœuvrer dans la chaloupe, pour aller à la découverte le long de la côte. Ce projet reçut une approbation générale ; mais lorsqu'il fallut s'occuper des moyens de l'exécuter, une nouvelle difficulté se présenta. C'étoit de pouvoir réparer le canot, battu par la mer contre le sable avec une telle furie que toutes les jointures s'étoient écartées. On avoit bien affez d'étoupe pour boucher les fentes, malheureufement le goudron manquoit pour les recouvrir. Et le moyen d'y fuppléer ! Il ne s'en préfentoit aucun à notre efprit, lorfque j'imaginai tout-à-coup de faire fervir à cet ufage le baume du Canada que nous avions fauvé. L'épreuve étoit facile : j'en verfai quelques bouteilles dans notre pot de fer que j'expofai fur un grand feu ; en la retirant fréquemment pour la laiffer refroidir, j'eus bientôt réduit la liqueur à une jufte confiftance. Mes compagnons pendant ce tems avoient retourné le canot & l'avoient bien débarraffé du fable & des glaçons. Je fis remplir d'étoupe toutes les crevaffes, je les enduifis de mon calfat, & j'eus le plaifir de voir qu'il produifoit à merveille l'effet que j'en avois attendu.

» Ce premier fuccès nous anima d'une ardeur plus vive pour continuer nos préparatifs. Un morceau de toile, ajufté fur une perche dreffée de manière à pouvoir fe lever ou s'abattre à volonté, nous promit une voilure affez forte pour foulager, dans un vent doux & favorable, le travail de nos rameurs. Parmi les gens de l'équipage, il y en avoit peu d'affez bien rétablis pour foutenir les fatigues que nous devions prévoir dans cette expédition. On me choifit pour la conduire, avec le capitaine, le contre-maître, deux matelots & mon domestique. Ce qui restoit de vivres fut divisé selon le nombre de personnes, en quatorze parts égales, sans que l'excès des travaux que nous allions entreprendre pour la cause commune, pût nous faire adjuger une portion plus forte qu'à ceux qui devoient rester paisiblement dans la cabane.

» C'est avec cette misérable ration d'un quart de livre de bœuf par jour pour six semaines, un frêle esquif revêtu d'un enduit incertain, que la moindre vague, le moindre souffle de vent pouvoit renverser, le moindre écueil mettre en pieces; c'est au milieu des masses énormes de glaces flottantes, sur une plage inconnue, semée de rochers, & pendant la saison la plus rigoureuse de l'année, qu'il falloit tenter une entreprise dont un désespoir aveugle avoit pu seul inspirer le projet. Mais nous en étions à ce point, qu'il étoit moins téméraire d'affronter tous les dangers possibles, à la plus foible lueur d'espérance, que de s'exposer par une lâche inaction au danger presque inévitable de périr abandonnés de la nature entière.

» L'année 1781 venoit de s'ouvrir. Notre dessein étoit de partir le jour suivant, 2 Janvier, mais un vent fougueux de nord-ouest nous retint jusqu'à l'après-midi du 4. Son impétuosité s'étant alors abattue, nous embarquâmes nos provifions, avec quelques livres de chandelle ainfi que tous les petits effets qui pouvoient nous être utiles, & nous prîmes congé de nos compagnons, dans l'incertitude cruelle fi ce ne feroit pas notre dernier adieu. Nous n'avions guère couru plus de huit milles, lorfque le vent tournant au fud-eft contraria notre marche, & nous contraignit d'aborder à force de rames dans une large baie qui nous préfentoit un afyle favrable pour la nuit.

» Notre premier foin fut de débarquer nos vivres, & de tranfporter la chaloupe affez avant fur la plage pour que la mer ne pût l'endommager. Il fallut enfuite allumer du feu & couper du bois pour l'entretenir jufqu'au lendemain. Les branches de pin les plus menues furent employées à former notre lit, & les plus groffes à nous conftruire à la hâte une efpece de wigwam pour nous mettre de notre mieux à l'abri des injures de l'air.

» En faifant notre petit repas, je remarquai fur le rivage quelques pieces de bois que le flux y avoit jettées, & qui paroiffoient avoir été taillées par la hache. Je voyois auffi de longues perches façonnées autrefois de main d'homme. Cependant aucune autre marque d'habitation ne fe montroit à nos regards. Il s'élevoit à deux milles de diftance une colline dépouillée d'arbres, avec quelques traces de défrichement. J'engageai deux de mes compagnons à m'y suivre avant la fin du jour, pour pouvoir embrasser de sa hauteur un horison plus étendu. En marchant le long de la baie, nous reconnûmes un bateau de pêcheur de Terre-Neuve, à demi brûlé, dont les restes étoient ensevelis dans le sable. Cet objet nous donna de nouvelles espérances & nous fit redoubler de vîtesse pour gravir la colline. Parvenus au sommet, quelle ne fut pas notre satisfaction d'appercevoir de l'autre côté quelques édifices éloignés d'un mille tout au plus! L'intervalle qui nous en séparoit fut bientôt franchi, malgré notre lassitude. Nous arrivâmes palpitans d'espoir & de joie; mais ces douces émotions furent au même instant dissipées. En vain nous parcourûmes tous les bâtimens; ils étoient déserts. C'étoient des magasins pour la préparation de la morue, qui selon les apparences, avoient été abandonnés plusieurs années auparavant. Le triste fruit de cette course fut cependant de nous confirmer toujours dans l'idée de trouver quelques habitations, en continuant de tourner autour de l'île.

» Le vent qui avoit repassé au nord-ouest, vint le lendemain nous retenir par la crainte du choc des glaçons qu'il poussoit dans les courans. Depuis trois jours il régnoit avec la même fureur. M'étant réveillé dans la nuit, je fus étonné d'entendre fes fifflemens aigus, fans que la mer y joignît, comme à l'ordinaire, le bruit fourd de fes vagues. J'interrompis le fommeil du contre-maître pour lui faire part de ce phénomène. Curieux d'en connoître la caufe, nous courûmes vers le rivage. La lune nous éclairoit de fes rayons. Auffi loin que notre vue put s'étendre, leur funefte clarté nous fit appercevoir la furface des eaux immobile fous les chaînes de la glace, qui s'élevoit en divers endroits en monceaux d'une prodigieufe hauteur. Comment vous peindre le fentiment de triftefle qui s'empara de nos cœurs à cet afpect ? Ne pouvoir pouffer plus loin notre courfe, ni regagner notre première cabane qui nous auroit mieux défendus de l'âpreté redoublée du froid ! Jufqu'à quand devoit durer cette funefte fituation !

» Deux jours s'écoulèrent au milieu de ces réflexions défolantes. Enfin le 9, le vent tomba. Il fe releva le lendemain au fud-eft, & fouffla d'une telle force, que toutes les glaces qui nous bloquoient dans la baie fe brisèrent à grand bruit & furent balayées dans la haute mer, en forte que, vers les quatre heures de l'après midi, il n'en reftoit plus le long de la côte.

» En rompant les chaînes qui nous arrêtoient, le tiran des airs nous en forgeoit d'autres par fa violence. Ce ne fut qu'au bout de deux jours qu'elle se modéra. Une brise légère soufflant alors le long du rivage, notre chaloupe fut mise à la mer, & notre voile dressée. Déja nous nous étions avancés d'un cours assez favorable, lorsque nous apperçûmes à quelques lieues dans le lointain une pointe de terre extrêmement élevée. La côte jusques-là paroissoit ne former qu'une ceinture si continue de rochers escarpés, qu'il étoit impossible de tenter aucun débarquement avant d'avoir atteint ce cap éloigné. Cependant il étoit dangereux de risquer une aussi longue course. La chaloupe venoit de faire une voie d'eau qui occupoit constamment deux hommes à la vuider ; ainsi nous ne pouvions employer que deux rames, encore la foiblesse où nous étions réduits par nos chagrins & par le défaut de nourriture, nous permettoit à peine de soutenir cette légère manœuvre. Qu'allions-nous devenir, si le vent venoit à tourner au nord-ouest ? Il devoit infailliblement nous briser contre les rochers.

» Heureusement le danger n'étoit plus pour nous un objet digne de considération; & le vent seconda si bien notre constance, que nous parvînmes au cap environ à onze heures de la nuit. La place ne s'étant point trouvée commode pour aborder, nous fûmes encore obligés de longer la côte jusqu'à deux heures du matin, alors le vent devenu plus fort nous ôta la liberté de choisir un endroit forable; il fallut descendre, ou plutôt gravir avec mille peines, sur une plage pierreuse, sans qu'il fût possible de mettre notre chaloupe à l'abri des flots qui menaçoient de la briser contre les rochers.

» L'endroit où nous étions débarqués étoit une baie peu profonde, renfermée du côté de la terre par des hauteurs inaccessibles, mais ouverte sur la mer au vent de nord-ouest dont rien ne pouvoit nous garantir. Le vent qui s'éleva le 13 jetta notre chaloupe sur un banc rocailleux, & l'endommagea dans plusieurs parties. Cet accident ne fut qu'un léger prélude à de nouvelles misères. Environnés de rochers insurmontables qui nous empêchoient d'aller chercher un abri dans les bois, réduits pour toute couverture à notre voile hérissée de glaçons, ensevelis durant plusieurs jours sous un déluge de neige qui s'étoit amoncelée autour de nous à la hauteur de trois pieds; nous n'avions pour alimenter notre feu que des branches & des débris de troncs d'arbres qui se trouvoient par hasard jettés sur le rivage. Cette déplorable situation dura jusqu'au 21, où le tems se radoucit; mais il n'étoit plus en notre pouvoir d'en profiter. Comment réparer notre chaloupe ouverte de plusieurs crevasses? Après avoir médité les divers moyens qui se présentèrent à notre esprit, & les avoir rejettés comme impraticables, toutes nos pensées se tournèrent à chercher notre salut d'un autre côté.

» Quiqu'il fût impossible d'escalader le mur de rochers qui nous entouroit de toutes parts, & que nous fussions dans la nécessité de renoncer à l'usage de notre chaloupe, il nous vint dans l'idée que nous pourrions du moins nous avancer le long du rivage, en marchant sur la glace devenue assez forte pour supporter notre poids. Je résolus avec le contre-maître d'en faire l'épreuve. Nous partîmes aussitôt, & au bout de quelques milles nous parvînmes à l'embouchure d'une rivière bordée d'une plage sablonneuse, où nous aurions pu conserver notre chaloupe & vivre avec beaucoup moins de désagrémens, si notre bonne fortune nous y eût d'abord conduits. Cette découverte en faisant naître nos regrets, n'étendoit pas bien loin nos espérances. Il étoit, à la vérité, facile de pénétrer de là dans les bois, mais falloit-il s'enfoncer au hasard en des lieux sauvages pour aller à la recherche d'un canton habité ? Par quels moyens diriger notre course à travers la noire épaisseur de la forêt ? & sur-tout, comment traîner ses pas sur la neige dont la terre étoit chargée à la hauteur de six pieds, & que le moindre dégel pouvoit ramollir ?

» Après avoir tenu conseil à notre retour, il fut décidé que notre seule ressource étoit de charger sur notre dos ce qui nous restoit d'effets utiles & de provisions, & d'aller le long de la côte, où il étoit plus naturel d'espérer qu'il se trouveroit enfin quelques familles de pêcheurs ou de Sauvages. Le tems paroissoit devoir encore tenir à la gelée, & le vent ayant balayé dans la mer la plus grande partie de la neige qui couvroit les glaces de ses bords, nous pouvions nous flatter de faire environ dix milles par jour, même dans l'état de langueur où nos forces étoient tombées.

» Cette résolution ayant été arrêtée d'une voix unanime, nous eûmes bientôt fait nos préparatifs. Notre projet étoit de partir le 24 au matin; mais dans la nuit qui le précéda, le vent tourna tout-à-coup au sud-est, accompagné d'une grosse pluie; ensorte que peu d'heures après, cette croûte de neige, qui la veille paroissoit si solide, fut entièrement fondue, & toute la lisière de glaçons détachée du rivage. Plus de chemins ouverts pour sortir de cette plage désastreuse où nous étions renfermés. Dans ces cruelles réflexions, nos regards se tournoient quelquefois vers la chaloupe que nous avions été souvent tentés de mettre en pieces pour entretenir notre feu, n'osant plus en attendre aucun autre service. Il nous restoit encore assez d'étoupe pour remplir les crevaffes, mais le baume de Canada avoit été tout-à-fait épuifé par nos réparations journalières, & rien ne s'offroit à notre imagination pour le remplacer.

» Cependant le froid revint le furlendemain. Sa rigueur me fit concevoir pendant la nuit une idée que je me hâtai d'effayer auffitôt que le jour parut. C'étoit de répandre de l'eau fur l'étoupe qui bouchoit les fentes, & de l'y laiffer geler en forme d'enduit, à une certaine épaiffeur. Mes compagnons fe mocquoient de mon entreprife, & ne fe prêtoient qu'avec répugnance à me feconder. Un moyen auffi fimple me réuffit cependant au-delà de mon efpoir; toutes les ouvertures fe trouvèrent par là fi bien fermées, qu'on en vint à croire que l'eau ne pourroit y pénétrer, auffi long-tems que la gelée feroit auffi forte que dans ce moment.

» Nous en fîmes une heureufe expérience le lendemain 27. Quoique la chaloupe fût devenue lourde & très-difficile à manier, par la quantité de glace dont elle étoit revêtue, elle avoit fait dans la journée environ douze milles du lieu de notre départ. Ce nouveau fervice nous la rendit plus précieufe, & nous eûmes le foin de la tranfporter fur nos rames dans l'endroit le plus favorable à fa fûreté. Une épaiffe forêt qui s'élevoit dans le voifinage, nous offroit deux biens dont nous avions été privés durant tant de nuits, un léger abri contre le souffle glacial du vent, & du bois en abondance pour entretenir un grand feu qui nous réchauffa dans notre sommeil. Cette double jouissance fut pour nous le comble des voluptés. Notre provision d'amadou étant presque consumée, je fus obligé de la renouveler, en brûlant une partie de ma chemise, la même que j'avois toujours portée depuis la perte de mes équipages.

» Le lendemain, une ondée de pluie fondit malheureusement toute la glace de notre chaloupe, & nous eûmes le chagrin de perdre l'avantage d'une journée favorable qui auroit pu nous avancer de plusieurs milles dans notre course. Il fallut se résoudre à attendre le retour de la gelée; & ce qui augmentoit notre impatience & nos regrets, c'est que nos provisions se trouvoient maintenant réduites à deux livres & demie de bœuf pour chacun.

» La gelée n'ayant repris que dans l'après-midi du 29, la longueur inévitable de nos préparatifs ne nous permit pas de faire plus de sept milles avant la nuit. Un vent très-fort qui nous surprit le jour suivant, dès le commencement de notre route, nous obligea de relâcher, sans avoir fait plus de deux lieues. Le dégel nous retint à terre
jusqu'au

jufqu'au furlendemain, premier Février, où un froid exceffif nous fournit l'occafion de réparer notre chaloupe. Mais les glaçons flottans étoient fi confidérables qu'ils occupoient fans ceffe l'un de nous à les brifer avec une perche ; & ce ne fut que par le travail le plus fatiguant que nous vînmes à bout de faire cinq milles avant la chûte du jour.

» Notre navigation fut plus heureufe le 3. Le vent fouffloit avec une direction auffi favorable que nous aurions pu le defirer. Quoique la chaloupe fît une voie d'eau qui employoit une partie de nos bras à la tarir, nous courûmes d'abord quatre milles par heure avec le fecours de nos rames, & bientôt cinq avec notre feule voile. Vers deux heures de l'après-midi, nous eûmes pleinement en vue un cap très-élevé, qui felon notre eftime ne devoit être éloigné que de trois lieues. Sa prodigieufe hauteur nous trompoit fur fa diftance ; il étoit prefque nuit lorfque nous parvînmes à l'atteindre. En le doublant, notre courfe prenoit une direction différente de ce qu'elle avoit été dans la journée, enforte qu'elle nous obligea de baiffer la voile & de prendre nos rames. Le vent fe trouvoit alors fouffler du côté de la terre. Nos efforts étoient bien foibles pour le combattre, & fans un courant venant du nord-eft, qui nous soutint un peu contre son impulsion, nous courions le risque d'être emportés pour jamais dans la haute mer.

» La côte hérissée de rochers etoit en cet endroit trop dangereuse pour y descendre, il nous fallut ramer avec mille périls dans les ténebres & le long des écueils, jusqu'à cinq heures du matin. Incapables alors, par l'épuisement de nos forces, de soutenir une plus longue manœuvre, nos yeux se fermèrent sur les dangers du débarquement; & le Ciel le fit réussir, sans autre accident que d'avoir notre chaloupe jettée à-demi pleine d'eau sur le rivage. L'entrée des bois n'étoit pas éloignée, cependant nous eûmes beaucoup de peine à nous y traîner & à faire du feu pour nous dégourdir & pour sécher nos habits.

» Tel étoit l'accablement où nous avoient plongés la fatigue & l'insomnie, qu'il nous fut impossible de résister au sommeil lorsque notre feu commençoit à s'allumer. Nous étions obligés de nous éveiller tour-à-tour pour l'entretenir, de peur qu'il ne s'éteignît pendant que nous serions tous endormis à la fois, & que la gelée ne nous frappât de mort dans cet assoupissement.

» A mon réveil, j'eus occasion de me convaincre par les observations que je fis sur le rivage, de ce que j'avois soupçonné pendant la route;

savoir, que cette pointe de terre élevée que nous venions de doubler, étoit le Cap-Nord de l'Isle-Royale (1), qui avec le Cap-Roi sur l'île de Terre-Neuve marque l'entrée du golfe de Saint-Laurent.

» La douce certitude de nous trouver sur une île habitée, nous auroit flattés de l'espérance de rencontrer enfin du secours en continuant notre voyage, si nous avions eu de quoi pourvoir à notre subsistance pendant tout le tems qu'il pouvoit durer. Mais nos provisions étoient prêtes de finir, & cette perspective nous jettoit dans le désespoir. Il ne se présentoit à notre esprit que des idées d'une mort prochaine, ou des moyens affreux pour la reculer. En tournant les yeux les uns sur les autres, il sembloit que chacun fût prêt à marquer la victime qu'il falloit dévouer à la faim de ses bourreaux. Déja même quelques-uns d'entre nous étoient convenus d'en remettre le choix à la décision aveugle du sort. Heureusement l'exécution de cet affreux projet fut remise à la dernière extrémité.

» Pendant que mes compagnons s'occupoient à vuider la chaloupe du sable dont la marée l'avoit remplie, & à boucher ses fentes en versant sur l'étoupe de l'eau qu'ils y laissoient geler, j'allai le long du rivage avec le contre-maître pour chercher des huîtres, dont on appercevoit une quantité d'écailles difperfées. Il ne s'en trouva par malheur aucune pleine. Nous aurions regardé comme une grande fortune la rencontre de quelques cadavres de bêtes fauvages à-demi dévorés par des oifeaux de proie; mais tous ces débris étoient enfevelis fous la neige : rien qui pût nous offrir les plus vils alimens. C'étoit peu que la deftinée nous eût jettés fur une côte déferte, il falloit pour combler notre mifère, qu'elle eût choifi la plus affreufe faifon, lorfque non-feulement la terre refufoit fes productions naturelles à notre fubfiftance, mais encore lorfque les animaux qui peuplent les deux élémens nourriciers de l'homme, s'étoient réfugiés dans leurs grottes ou dans leurs repaires, pour fe préferver du froid rigoureux qui défole ces inhofpitables climats.

» Je craindrois de porter un fentiment trop pénible dans les ames à qui notre fituation a pu infpirer jufqu'à ce moment une tendre pitié, fi je peignois dans toute leur horreur les maux que nous eûmes à fouffrir les jours fuivans. Réduits pour feule nourriture à des fruits fecs d'églantiers déterrés fous la neige, & à quelques chandelles de fuif que nous avions réfervées pour notre dernière reffource; oppreffés de fatigue au moindre effort, contrariés dans notre navigation par les glaces, les pluies ou les vents ; animés quelquefois d'une légère espérance, pour retomber bientôt après dans un plus cruel désespoir ; navrés des sensations douloureuses de toutes ces détresses réunies pour nous accabler de leur poids insupportable, à chaque instant du jour & de la nuit : voilà quel fut notre état jusqu'au 17, où succombant de foiblesse nous descendîmes à terre pour la dernière fois, résolus de périr en cet endroit si le Ciel ne nous envoyoit quelque secours imprévu. Mettre notre chaloupe en sûreté sur la plage, auroit été une entreprise trop au-dessus de notre pouvoir. Elle resta livrée à la fureur des vagues, après que nous en eûmes retiré tristement nos outils & la voile qui nous servoit de couverture. Nos derniers efforts furent employés à balayer la neige de la place que nous avions choisie, à la relever tout au tour en talus, pour y planter des branches de pin destinées à nous former un abri; enfin, à couper & à mettre en pile autant de bois qu'il nous fut possible pour entretenir notre feu, dans la crainte d'être bientôt hors d'état de faire usage de nos instrumens.

» Quelques poignées de fruits d'églantier bouillis dans de la neige fondue, furent pendant les premiers jours l'unique soutien de notre triste vie. Ils vinrent à nous manquer, & nous regardions comme un bonheur de pouvoir y suppléer par des plantes marines qui croiffoient fur le rivage. Après les avoir fait bouillir plufieurs heures de fuite, fans qu'elles euffent perdu beaucoup de leur dureté, je mis fondre dans le jus une des deux feules chandelles qui nous reftoient. Ce bouillon dégoûtant & ces herbes coriaces affouvirent d'abord notre faim ; mais peu d'inftans après nous fûmes faifis d'un vomiffement terrible, fans avoir la force de pouvoir débarraffer notre eftomac. Cette crife dura environ quatre heures, au bout defquelles nous fûmes un peu foulagés, mais pour tomber dans un épuifement abfolu.

» Il fallut cependant recourir le lendemain à la même nourriture, qui opéra comme la veille, feulement avec un peu moins de violence ; nous y avions employé notre dernière chandelle. Nous fûmes réduits pendant trois jours à nous contenter de ces herbes dures & groffières, qui nous caufoient des naufées chaque fois que nous les portions à la bouche. Dans le même tems nos jambes commencèrent à s'enfler. Cette boffiffure s'étendit à tel point fur tout le corps, que malgré le peu de chair que nous avions confervé, nos doigts, par la moindre preffion, s'enfonçoient à la profondeur d'un pouce fur notre peau, & l'empreinte en fubfiftoit encore une heure après. Nos yeux fembloient comme enfevelis dans des cavités profondes. Engourdis par la diffolution intérieure de notre fang, & par les âpres frimats qui nous envelopoient, à peine avions-nous la force de ramper tour-à-tour pour aller attifer notre feu prefque éteint, ou ramaffer quelques branches difperfées fur la neige.

» Ce fut alors que le fouvenir de mon père, qui m'avoit toujours fuivi au milieu des plus preffans dangers, vint s'offrir avec un nouvel attendriffement à mon cœur, en fe mêlant à l'idée de mon trépas. Je me le repréfentois, ce tendre père, inquiet d'abord fur mon compte, dans la première attente de mes nouvelles, accablé enfuite de chagrin, lorfqu'il verroit le tems s'écouler fans lui en apporter; enfin condamné à pleurer la perte de fon fils pendant tous les jours de fa vieilleffe. Je pleurois moi-même de mourir fi loin de fes bras fans recevoir fa dernière bénédiction. A ces touchantes penfées, interrompues par les gémiffemens pouffés autour de moi, fuccédoient des projets barbares que l'inftinct naturel de la vie m'infpiroit pour la foutenir. Ces malheureux compagnons de mon infortune, dont les travaux m'avoient jufqu'alors fecouru, ne me paroiffoient plus qu'une proie pour affouvir ma faim; je lifois les mêmes fentimens dans leurs regards avides.

» Je ne fais où nous auroient conduit ces féroces dispositions, lorsque tout-à-coup les accens d'une voix humaine se firent entendre dans la forêt. Au même instant nous découvrîmes deux Indiens armés de fusils, qui ne sembloient pas nous avoir encore apperçus. Cette apparition subite ranimant notre courage, nous donna la force de nous lever & de nous avancer vers eux, avec toute la promptitude dont nous étions capables.

» Aussitôt que nous fûmes en leur présence, ils s'arrêtèrent comme si leurs pieds eussent été cloués à la terre. Ils nous regardoient fixement, immobiles de surprise & d'horreur. Outre l'étonnement où devoit naturellement les jetter la rencontre imprévue de six étrangers dans ce coin désert de l'île, notre seul aspect étoit bien capable de glacer le plus intrépide. Nos habits traînans en lambeaux, nos yeux éteints sous la bouffissure de nos joues livides, l'enflure monstrueuse de tous nos membres, notre barbe hérissée & crépue, nos cheveux flottans en désordre sur nos épaules; tout devoit nous donner une apparence effrayante. Cependant à mesure que nous avancions, mille sentimens heureux se peignoient sur nos traits; les uns versoient de douces larmes, les autres sourioient de joie. Quoique ces signes paisibles fussent propres à rassurer un peu les Indiens, ils ne témoignoient pas encore la moindre inclination à nous approcher;

Histoire des Naufrages.　　　　　　　　　　　　　　　　　　Tom. 1. pag.

& certes le dégoût répandu sur toutes nos personnes justifioit assez leur froideur. Je pris donc le parti de m'avancer vers celui qui se trouvoit le plus près de moi, en lui tendant une main suppliante. Il la prit & la secoua très-cordialement, façon de saluer employée parmi ces Sauvages.

» Ils commencèrent alors à nous donner quelques marques de compassion. Je leur fis signe de venir vers notre feu ; ils nous accompagnèrent en silence & s'assirent auprès de nous. L'un d'eux qui parloit un françois corrompu, nous pria dans cette langue de l'informer d'où nous venions, & quel hasard nous avoit amenés en cet endroit. Je me hâtai de lui rendre un compte aussi succinct qu'il me fut possible des infortunes & des souffrances que nous avions éprouvées. Comme il me parut assez vivement touché de mon récit, je lui demandai s'il pourroit nous fournir quelques provisions. Il me répondit qu'oui ; mais voyant notre feu prêt à s'éteindre, il se leva brusquement, & saisit notre hache qu'il fut un moment à considérer, en souriant, j'imagine, du mauvais état où elle se trouvoit. Il la rejetta d'un air de mépris, pour prendre celle qui étoit à son côté. En un clin-d'œil il eut abattu une grande quantité de branches qu'il jetta sur notre feu ; puis il ramassa son fusil, & sans dire un seul mot il s'en alla avec son compagnon.

» Une retraite si soudaine auroit pu donner de l'inquiétude à ceux qui ne connoîtroient pas l'humeur des Indiens : mais je savois que ces peuples parlent rarement lorsqu'ils n'y voient point une nécessité absolue. Ainsi je ne doutai point qu'ils ne fussent allés nous chercher des provisions, & j'assurai ma troupe alarmée que nous ne tarderions guère à les revoir. Malgré le besoin que nous devions avoir de nourriture, la faim n'étoit pas, du moins pour moi, le plus pressant. Le bon feu que nous avoient fait les Sauvages remplissoit en ce moment tous mes desirs, ayant passé tant de jours à souffrir d'un froid rigoureux, auprès de la flamme languissante de notre misérable foyer.

» Trois heures s'étoient écoulées depuis le départ des Indiens, & mes compagnons désolés commençoient à perdre l'espérance de les revoir, lorsqu'enfin nous les apperçûmes au détour d'une pointe de terre avancée, qui ramoient vers nous dans un canot d'écorce. Bientôt ils descendirent sur le rivage, chargés d'une grosse piece de venaison fumée & d'une vessie pleine d'huile de poisson. Ils firent bouillir la viande dans notre pot de fer avec de la neige fondue ; & lorsqu'elle fut cuite, ils eurent l'attention de ne nous en donner qu'en très-petite quantité, avec un peu d'huile, pour prévenir les suites dangereuses qu'auroit pu avoir notre voracité, dans l'état de foiblesse où notre estomac se trouvoit réduit.

„ Ce léger repas étant fini, ils me firent embarquer avec deux de mes compagnons dans leur pirogue, trop petite pour nous emmener tous à la fois. Leur habitation n'étoit éloignée que de cinq milles. Nous fûmes reçus tous en débarquant, par trois Indiens & une douzaine de femmes ou enfans qui nous attendoient sur le bord de la mer. Tandis que ceux de la pirogue retournoient chercher le reste de notre troupe, les autres nous conduisirent vers leurs cabanes, ou wigwams, qui s'élevoient au nombre de trois, pour le même nombre de familles, à l'entrée de la forêt. Nous fûmes traités par ces bonnes gens avec la plus douce hospitalité; ils nous firent avaler d'une espece de bouillon, mais sans vouloir nous permettre, malgré nos prières, de manger de la viande ou de prendre aucun autre aliment trop substantiel.

„ Je ressentis une joie bien vive lorsque la pirogue revint & nous ramena nos trois compagnons. Nous goûtions à nous trouver réunis parmi ces Sauvages, même après une séparation si courte, les sentimens qu'éprouvent des amis de l'enfance, qui après avoir long-tems gémi éloignés l'un de l'autre, se retrouvent enfin au sein de leur patrie : cette hutte nous paroissoit un lieu de délices. Les transports que nous faisions éclater, intéressèrent en notre faveur une femme très-âgée, qui témoigna beaucoup de curiosité d'apprendre nos aventures. J'en fis un détail plus circonstancié que le premier, à l'Indien qui pouvoit entendre le françois ; il le rendit aux autres dans son langage. Pendant le cours de mon récit, j'eus occasion d'observer que les femmes en étoient vivement affectées, & je fondai sur cette impression l'espoir d'un traitement favorable pendant notre séjour.

» Après avoir satisfait aux premiers besoins, nos pensées se tournèrent vers les malheureux que nous avions laissés à l'endroit de notre naufrage. La détresse sous laquelle nous avions été près de succomber, me faisoit craindre pour eux un sort plus funeste. Cependant, quand un seul d'entr'eux auroit survécu, j'étois résolu de n'omettre aucune tentative pour son salut. Je tâchai de bien désigner aux Sauvages le quartier de l'île où nous avions été jettés, & je leur demandai s'il ne seroit pas possible d'y porter des secours.

» Sur la description que je leur fis du cours de la rivière la plus voisine, & d'une petite île que l'on découvroit à peu de distance de son embouchure, ils répondirent qu'ils connoissoient à merveille cette place, qu'elle étoit éloignée d'environ cent milles, par des routes très-difficiles dans les bois ; qu'il y avoit des rivières & des montagnes à franchir pour y pénétrer, & que s'ils entreprenoient le voyage ils devoient s'attendre à quelque récompense pour leurs fatigues. Il n'étoit pas raisonnable d'exiger qu'ils suspendissent leur chasse, le seul moyen qu'ils ont de faire subsister leurs femmes & leurs enfans, pour entreprendre une course pénible, par un pur motif de bienveillance envers des inconnus. Quant à ce qu'ils disoient de la distance du lieu de notre naufrage, elle ne me paroissoit pas exagérée, puisque j'estimois par mes propres calculs, que nos courses le long des rivages n'avoient été guère au-dessous de cent-cinquante milles.

» Je leur dis alors, ce dont il ne m'étoit pas encore venu dans l'esprit de leur parler, que j'avois de l'argent, & que s'il étoit de quelque prix à leurs yeux, j'en emploierois une partie à les payer de leurs peines. Ils semblèrent fort contens de cette proposition, & me demandèrent à voir ma bourse ; je la pris des mains de mon domestique, pour leur montrer les cent-quatre-vingt guinées qu'elle contenoit. J'observai sur leurs traits, à la vue de cet or, des sentimens que j'étois bien loin d'attendre d'un peuple sauvage ; les femmes sur-tout le regardoient avec une extrême avidité; & lorsque je leur eus fait présent d'une guinée à chacune, je les vis pousser un grand éclat de rire; ce qui est le signe dont les Indiens expriment les mouvemens extraordinaires de leur joie.

» Quelqu'exhorbitantes que pussent être leurs prétentions, je n'avois rien à ménager pour sauver mes compatriotes, s'il en restoit quelqu'un en vie. Nous conclûmes donc un accord par lequel ils s'engageoient à se mettre en route dès le jour suivant, & moi à leur donner vingt-cinq guinées à leur départ, & la même somme à leur retour. Ils s'occupèrent aussitôt à faire des souliers propres à marcher sur la neige, soit pour nos matelots qu'ils devoient ramener, soit pour eux-mêmes ; & le lendemain ils partirent de bonne heure, après avoir reçu l'argent dont nous étions convenus.

» Dès le moment où les Sauvages eurent vu de l'or dans mes mains, ma situation perdit tous les charmes qu'elle devoit à leur hospitalité. Ils devinrent aussi avides qu'ils avoient été jusqu'alors généreux, exigeant dix fois la valeur des moindres choses qu'ils fournissoient à mes compagnons ou à moi. Je tremblois d'ailleurs que cette passion excessive pour l'argent, qu'ils avoient prise dans leur commerce avec les Européens, ne les portât à nous dépouiller & à nous laisser dans la déplorable situation dont nous étions sortis par leur secours. Le seul motif sur lequel je fondois l'espérance d'un traitement plus humain, étoit la religion qu'ils avoient embrassée, ayant été convertis au christianisme par les Jésuites françois, avant que cette île nous fût cédée avec le Canada. Ils témoignoient l'attachement le plus vif pour leur foi nouvelle, & souvent ils nous étourdissoient dans la soirée par leur triste psalmodie. C'étoit sur mon domestique qu'ils avoient réuni toutes leurs affections, parce qu'il étoit catholique Irlandois & qu'il se joignoit à leurs prières quoiqu'il n'en entendît pas un seul mot. Je doute fort s'ils étoient en état de s'entendre eux-mêmes, car leurs chants, ou pour mieux dire leurs hurlemens, étoient dans un jargon confus mêlé de mauvais françois & de leur idiôme sauvage, avec quelques bouts de phrases latines qu'ils avoient retenues de la bouche de leurs missionnaires.

» Ces Insulaires ont dans la figure & dans les mœurs, des traits généraux de ressemblance avec les Sauvages du continent de l'Amérique. Cependant leur langage est très-différent de celui de toutes les nations ou tribus que j'ai connues; ils en diffèrent aussi dans l'usage de laisser croître leur chevelure, ce qui est particulier aux femmes seules parmi les Indiens du continent. Ils ont d'ailleurs pour les liqueurs spiritueuses ce goût violent si universel parmi les Sauvages.

» Nous passâmes bien des jours encore avant de recouvrer nos forces & de pouvoir digérer quelque nourriture substantielle. La seule que les Indiens fussent en état de nous procurer, étoit de la chair d'orignal & de l'huile de veau marin, dont ils vivent uniquement pendant la saison de la chasse.

» Quoique le souvenir de tant de misères passées dût nous faire bénir le changement de notre situation, & prêter des agrémens à notre séjour parmi les Sauvages, je me sentois fort empressé de les quitter, à cause des dépêches que l'on m'avoit confiées, & qui pouvoient être de la plus grande importance pour le service de l'Etat; d'autant plus que je ne pouvois ignorer que le duplicata avoit été perdu dans le naufrage de la goëlette. Cependant j'étois encore dans une telle langueur, qu'il me fut impossible pendant quelque tems de faire le moindre exercice, & j'éprouvai, ainsi que les compagnons de mes disgraces, combien une atteinte si rude à la constitution étoit difficile à réparer.

» Après une absence d'environ quinze jours,

les

les Indiens revinrent avec trois de nos gens, les seuls que la mort eût épargnés des huit personnes que j'avois laissées dans la cabane. Ils nous apprirent qu'après avoir consommé toutes leurs provisions, ils avoient subsisté pendant quelques jours de la peau d'orignal que nous avions dédaigné de partager avec eux ; que cette dernière ressource étant épuisée, trois étoient morts de faim, & que les autres avoient été dans l'horrible nécessité de se nourrir de leurs cadavres jusqu'à l'arrivée des Indiens ; que l'un des cinq qui restoient, s'étoit livré avec tant d'imprudence à sa voracité, qu'il étoit mort au bout de quelques heures dans des tourmens inexprimables ; qu'un autre enfin s'étoit tué par accident, en maniant les armes d'un Sauvage. Ainsi notre troupe, composée d'abord de dix-neuf personnes, se trouvoit alors réduite à neuf ; & j'admire, toutes les fois que j'y pense, qu'une seule en eût pu réchapper, après avoir eu à combattre pendant l'espace de trois mois, toutes les misères combinées du froid, de la fatigue & de la faim.

» Le délâbrement de nos forces nous retint en ce triste lieu quinze jours encore, pendant lesquels je fus contraint comme auparavant de payer le prix le plus excessif pour notre nourriture & pour nos moindres besoins. Au bout de ce tems, ma santé se trouvant un peu rétablie & ma bourse presqu'épuisée, je me crus obligé de sacrifier mes convenances personnelles au devoir de mon service, & je résolus de porter mes dépêches au général Clinton, avec toute la diligence dont j'étois capable, quoique ce fût la saison de l'année la moins propre à voyager. En conséquence, j'engageai deux Indiens à me conduire dans Hallifax, moyennant quarante guinées que je leur paierois en y arrivant. Je me chargeois de plus de leur fournir sur la route toutes les provisions & tous les rafraîchissemens convenables, dans chaque partie habitée où nous pourrions passer. D'autres Indiens devoient conduire le reste de notre troupe à un établissement sur la rivière Espagnole, où ils resteroient jusqu'au printems pour attendre une occasion de gagner par mer Hallifax. Je fournis au capitaine tout l'argent nécessaire à sa subsistance & à celle de ses matelots, pour une lettre de change qu'il me donna sur son armateur à New-York. Celui-ci ne rougit point dans la suite de m'en refuser le paiement, sous prétexte que le navire étant perdu, ni le capitaine ni l'équipage n'avoient plus rien à prétendre.

Je partis le 2 Avril, accompagné de deux Indiens, de mon domestique & de M. *Winslow*, jeune passager de notre vaisseau, l'un des trois qui avoient survécu dans la cabane. Nous emportions chacun quatre paires de souliers Indiens, une paire de souliers à neige, & des provisions pour quinze jours. Nous arrivâmes le soir dans un endroit que les Anglois nomment Broad-Oar, où une chûte orageuse de neige nous retint tout le jour suivant. Nous repartîmes le 4, & après une marche d'environ quinze milles, nous parvînmes sur les bords d'un très-beau lac salé, nommé le Lac Saint-Pierre, dont l'extrémité va communiquer en pointe avec la mer. En cet endroit nous fîmes la rencontre de deux familles Indiennes qui alloient à la chasse. Je leur achetai pour quatre guinées un canot d'écorce, mes guides m'ayant prévenu qu'il nous seroit souvent nécessaire pour traverser quelques parties du lac qui ne gelent jamais. Comme nous devions en d'autres parties voyager sur la glace, je fus obligé d'acheter aussi deux traîneaux pour y placer le canot & le traîner après nous.

» Après avoir goûté deux jours de repos & nous être munis de nouvelles provisions, nous reprîmes notre marche le 7, en la dirigeant pendant quelques milles le long des bords du lac; mais la glace étant mauvaise, il nous fallut quitter cette route pour en prendre une dans les bois. La neige s'y trouvoit élevée de fix pieds ; un dégel mêlé de pluie, qui furvint le lendemain, la rendit fi molle qu'il nous fut impoffible de marcher plus long-tems fur fa furface. Nous fûmes donc obligés de nous arrêter. Un grand feu, un wigwam commode & des provifions abondantes nous aidèrent à fupporter ce contretems fâcheux, fans diffiper toutefois nos inquiétudes. L'hiver étoit trop avancé pour efpérer de voyager long-tems fur la neige, fans le retour fortuit de la gelée ; & fi elle ne devoit plus revenir, le feul parti qui nous reftoit étoit d'attendre que le lac fût entièrement débarraffé de fes glaçons, ce qu' pouvoit nous retenir encore quinze jours ou trois femaines. Notre fituation, dans ce cas, devenoit auffi malheureufe que celle où nous avions été réduits par notre naufrage, excepté que la faifon étoit moins rude, que nous étions un peu mieux pourvus de munitions & que nous avions au moins des armes pour les renouveller.

» Heureufement la gelée revint le 12, & nous crûmes devoir profiter de cette faveur dès le lendemain. Notre marche fut ce jour là de fix lieues, tantôt fur les glaces flottantes & tantôt dans notre pirogue. Le 14, nos provifions étant prefque toutes confommées, je propofai d'aller à la pourfuite du gibier, qui me paroiffoit abonder en ce canton.

Les Sauvages en général ne songent guère qu'aux besoins du jour, sans se mettre en peine de ceux du lendemain. Cette prévoyance pouvoit cependant être bien essentielle, puisqu'une fonte soudaine de la neige nous eût empêchés de sortir. J'allai dans les bois avec un de mes guides, & nous fûmes bientôt sur les traces d'un orignal, que mon Indien atteignit au bout d'une heure de chasse. Il l'ouvrit avec beaucoup d'adresse, recueillit le sang de la vessie, & dépeça le corps en grands quartiers dont une partie fut portée sur nos épaules jusqu'à la pirogue ; nous envoyâmes chercher le reste par l'autre Indien, mon domestique & M. Winslow. Cette expédition nous valut un renfort de provisions assez considérable pour n'avoir plus la crainte d'en manquer, dans le cas où un dégel subit nous eût empêchés de continuer notre route sur le lac ou dans les bois.

» Le 15 au matin nous partîmes de très-bonne heure, & nous fîmes six lieues dans la journée, ce qui abattit tellement nos forces déja épuisées par de longues souffrances, qu'il nous fut impossible de nous remettre en marche le lendemain. La fatigue nous retint encore jusqu'au 18, où nous reprîmes notre voyage de la même manière, c'est-à-dire, partie sur les glaces flottantes & partie sur la pirogue, dans les endroits où le lac n'étoit pas gelé.

» J'eus alors occasion d'observer les beautés de ce lac, l'un des plus beaux qui j'aie vus en Amérique, quoique cette saison de l'année ne fût pas propre à le faire paroître avec tous ses avantages. Il est couvert d'un nombre infini de petites îles, répandues çà & là sur sa surface, qui lui donnent un air de ressemblance avec le célebre lac de Killarnez, & d'autres lacs d'eau douce en Irlande. On n'a jamais formé d'établissement sur ces îles; cependant le sol en paroît très-fertile, & leur séjour devroit être délicieux en été, si l'on pouvoit s'y procurer de l'eau douce, dont elles manquent absolument; c'est sans doute la raison pour laquelle elles ne sont pas habitées.

» Si les glaces du lac eussent été continues & plus solides, nous aurions pu nous épargner bien du tems & des peines, en marchant directement d'une pointe à une pointe, d'une île à l'autre, au lieu que presque à chaque baie nous étions obligés de nous enfoncer en de longs détours.

» Le 20, nous arrivâmes à un endroit appelé Saint-Pierre, où se trouve un établissement de quelques familles Angloises & Françoises. Je dois à la reconnoissance de faire ici mention de M. *Cavanaugh*, négociant Anglois, dont nous fûmes reçus avec toutes sortes de politesses, & qui, sur le récit de mes malheurs, eut la confiance de m'avancer deux cens livres sterlings, pour une lettre de change que je lui donnai sur mon père, quoique notre nom lui fut entièrement étranger.

» J'aurois pris à Saint-Pierre un bâtiment de pêcheur pour me rendre à Hallifax, sans la crainte de tomber entre les mains des corsaires Américains dont ces parages étoient alors infestés. Le lac en cet endroit n'étant séparé de la mer que par une forêt d'environ un mille de largeur, il ne fut question que de traîner notre pirogue à travers cet espace, pour gagner le rivage & nous embarquer. Après nous être arrêtés les jours suivans en divers endroits peu remarquables, nous arrivâmes le 25 à Narrashoc, où nous fûmes accueillis avec la même hospitalité qu'à Saint-Pierre. Nous en partîmes le 26 dans notre pirogue, pour nous rendre à l'Isle-Madame, située presqu'au milieu du passage du Canceau, par lequel l'île du Cap-Breton est séparée de l'Acadie, ou Nouvelle-Ecosse ; mais à la pointe de cette île nous découvrîmes une si grande quantité de glaces flottantes, qu'il eût été de la dernière imprudence d'y hasarder notre fragile nacelle. Nous retournâmes donc à Narrashoc, où je frettai un bâtiment plus capable de leur résister. Je fis mettre à bord la pirogue ; & le 27, à l'aide du vent le plus favorable, nous franchîmes le paſſage en trois heures, & nous débarquâmes au Canceau, qui lui donne ſon nom. Enſuite, après une navigation de dix jours le long des côtes, notre pirogue nous porta juſques dans le port d'Hallifax.

» Les Indiens ayant reçu le prix dont nous étions convenus, & les préſens par leſquels je crus devoir ſatisfaire ma reconnoiſſance envers ceux à qui j'étois redevable du ſalut de ma vie, nous quittèrent au bout de quelques jours pour s'en retourner dans leur île. Comme il me fallut attendre encore long-tems l'occaſion d'un vaiſſeau, j'eus pendant cet intervalle la ſatisfaction de voir arriver mes compagnons d'infortune, que les autres Indiens s'étoient chargés de conduire par la rivière Eſpagnole. Enfin, après deux mois d'attente, je m'embarquai ſur le vaiſſeau nommé le Chêne Royal, & j'arrivai à New-Yorck, où je remis au général Clinton mes dépêches tardives, dans l'état le plus délâbré.

Le lecteur ſenſible apprendra ſans doute avec plaiſir, que ſur les témoignages du lord Dalrymphe, aide-de-camp du général Clinton, & par les bons offices de M. Fiſcher, alors ſous-ſecrétaire du département de l'Amérique, M. *Prenties* a obtenu tous les dédommagemens qu'il pouvoit defirer pour les fouffrances & les pertes qu'il a effuyées.

(1) DESCRIPTION

*Et Précis hiftorique de l'*ISLE-ROYALE *ou* CAP-BRETON (*).

L'ISLE-ROYALE ou CAP-BRETON étoit, avant la guerre de 1756, l'un des principaux établiffemens françois dans l'Amérique feptentrionale, & la clef du Canada. Cette île eft fituée à l'entrée du golfe Saint-Laurent, à dix-huit lieues au fud-oueft de Terre-Neuve. Sa longueur eft d'environ quarante-cinq lieues, mais fa largeur varie de huit à vingt lieues, elle eft coupée par une multitude de baies & de ports. La furface de l'Isle-Royale eft

---

(*) Ce Précis eft extrait de l'Hiftoire générale des voyages, *in*-4°., quatorzième vol., *Paris* 1757; de l'Hiftoire des établiffemens & du commerce des Européens dans les deux Indes, *in*-4°., quatrième volume, *Genève* 1780; de la Géographie de BUSCHING, onzième vol. *in*-8°., comprenant l'Amérique feptentrionale, *Laufanne* 1782, &c. &c.

entrecoupée de lacs & de rivières. Tous ses ports s'ouvrent à l'orient & tournent ensuite au midi ; il en est peu que les rochers qui bordent les côtes ne rendent dangereux. Ses côtes septentrionales sont fort élevées, mais celles au couchant sont presque inaccessibles.

Le port de *Louisbourg* est le plus considérable de l'île ; c'est un des plus beaux de l'Amérique ; il a trois lieues de circuit, & par-tout cinq à six brasses de profondeur. Le *Port-Dauphin* & le *Port-Toulouse* sont aussi considérables. Ces ports offrent un asyle sûr aux vaisseaux battus par la tourmente dans la mer inconstante & orageuse qui environne l'île.

Le sol du Cap-Breton est assez fertile ; on y voit des chênes d'une grandeur extraordinaire, des pins & toutes sortes de bois de construction. On y trouve aussi plusieurs arbres à fruit, sur-tout des pommiers. Les légumes, le froment & tous les autres grains nécessaires à la vie se cultivent aisément dans cette île. Le lin & le chanvre y sont d'aussi bonne qualité qu'en Canada, mais moins abondans. Tous les animaux domestiques, les chevaux, les bœufs, les porcs, les moutons, les chevres & la volaille trouvent suffisamment de quoi vivre sur le terrein de l'île. La chasse & la pêche y peuvent nourrir les habitans une bonne partie de l'année. Le principal avantage qu'on attribue à l'Isle-Royale, c'est qu'il n'y a point de côtes où l'on pêche plus de morues excellentes, ni d'endroit plus commode pour les faire sécher. L'île a aussi des mines de charbon-de-terre & des carrières de plâtre.

La ville de *Louisbourg* est la seule ville de l'Isle-Royale. Cette ville, de médiocre grandeur, étoit, au rapport de dom Antoine d'Ulloa, qui s'y trouvoit en 1745, bien bâtie & fortifiée sur un beau plan, on y comptoit quatre mille habitans ; mais actuellement qu'elle présente plus de ruines que de maisons habitées, à peine s'en trouve-t-il cinq à six cens, occupés à la pêche & à la contrebande.

Les François étoient en possession de l'Isle-Royale depuis 1714. Les Anglois s'en emparèrent en 1745; mais elle fut rendue à la France par la paix d'Aix-la-Chapelle. Elle fut de nouveau attaquée & prise en 1758 par le général Amherst & l'amiral Boscawen. Le siege de Louisbourg fut long & la défense vigoureuse, elle fit honneur à la garnison & à son chef. Les bornes que nous nous sommes prescrites, ne nous permettent qu'un exposé très-succinct à ce sujet.

Ce fut le 2 de Juin 1758, qu'une flotte Angloife compofée de vingt-trois vaiffeaux de ligne & de dix-huit frégates, qui portoient feize mille hommes de troupes aguerries, jetta l'ancre dans la *Baie de Gabarus*, à une demi-lieue de Louisbourg. Une partie des fortifications de la place étoit écroulée; il n'y avoit qu'une cafemate & un petit magafin à l'abri des bombes; la garnifon n'étoit que de deux mille neuf cens hommes.

Malgré tant de défavantage, les affiégés s'étoient déterminés à la plus opiniâtre réfiftance. Dès qu'ils virent l'affaillant folidement établi fur le rivage, ils prirent l'unique parti qui leur reftoit, celui de s'enfermer dans Louisbourg. M. le baron *de Drucourt*, capitaine de vaiffeau, en étoit gouverneur; il fe défendit avec beaucoup de bravoure & d'intelligence, ce qu'on devoit attendre de lui. Mais une anecdote qui nous a été tranfmife par l'hiftorien Anglois du Cap-Breton, & par deux écrivains François très-véridiques, c'eft que Mde de *Drucourt* (*), de la famille des *Courferacs*, fi diftinguée

___

(*) Femme en premières noces du fieur *Beguin de Savigny*, lieutenant de vaiffeau, qui périt fi glorieufement le 24 Avril 1741, à la hauteur de la Corogne, fur le vaiffeau de Roi le Bourbon, commandé par le marquis de Boulainvilliers.

dans les faftes de la Marine Françoife, fecondoit fon mari par fon courage. Continuellement fur les remparts, la bourfe à la main, tirant elle-même trois coups de canon chaque jour, elle fembloit lui difputer la gloire de fes fonctions. L'effet de cette réfiftance auroit dû fauver la colonie, fi les fecours promis du Canada fuffent arrivés, ou qu'il en fût furvenu d'Europe. Les affiégés fe défendoient avec vigueur depuis fept femaines, & rien ne les décourageoit, ni le mauvais fuccès des forties qu'ils tentèrent à plufieurs reprifes, ni l'habileté des opérations concertées par le général Amherft & l'amiral Bofcawen. Ce ne fut qu'au moment d'un affaut, impoffible à foutenir dans une ville incendiée & ouverte de toutes parts, qu'on ofa parler de remettre la place. Le gouverneur déterminé à fe défendre jufqu'à la dernière extrémité, refufoit conftamment d'écouter aucune propofition; fa réponfe étoit portée aux généraux ennemis, lorfque vaincu par les inftances du commiffaire ordonnateur & par les larmes des habitans, il accepta la capitulation, qui fut fignée le 27 Juillet : elle fut honorable. » Le vainqueur, dit l'abbé *Raynal*, » fut affez eftimer fon ennemi, s'eftimer affez lui-
» même, pour ne pas fouiller fa gloire par aucun
» trait de férocité ni d'avarice ».

L'Isle du Cap-Breton eſt reſtée à l'Angleterre par la paix de 1763. Les fortifications de la ville de Louisbourg ont été abattues; elle n'eſt plus aujourd'hui qu'un lieu ouvert. L'île entière dépend de celle de Saint-Jean.

FIN du premier Volume.

TABLE

Des Numéros des Relations renfermées dans ce premier Volume.

AVERTISSEMENT DE L'ÉDITEUR. Page v

PRÉFACE.   xj

N°. 1. *NAUFRAGE d'un vaisseau Hollandois, & hivernement de l'Equipage sur la côte orientale de la Nouvelle-Zemble en 1596 & 1597.*   1

N°. 2. *DÉLAISSEMENT de huit matelots Anglois sur la côte du Groenland, en 1630.*   80

N°. 3. *HIVERNEMENT de l'équipage d'un vaisseau Anglois, commandé par le capitaine* Thomas James, *dans l'Isle de Charlton, au fond de la Baie d'Hudson, en 1631 & 1632.*   100

N°. 4. *DÉLAISSEMENT volontaire de sept Hollandois, qui ont passé l'hiver dans l'Isle Saint-Maurice au Groenland, où ils moururent au commencement du mois de Mai 1634.*   160

N°. 5. DÉLAISSEMENT volontaire de sept Hollandois, qui ont passé l'hiver au Spitzberg, où ils moururent sur la fin de Février 1635. 187

N°. 6. NAUFRAGE de la frégate Angloise le Speedwell, sur la côte orientale de la Nouvelle-Zemble, à la pointe de Speedill, en 1676. 198

N°. 7. RELATION du délaissement de quatre matelots Russes, dans l'île déserte du Est-Spitzberg, en 1743. 220

N°. 8. NAUFRAGE du vaisseau Russe le Saint-Pierre, sur les côtes de l'Isle-Béerings, mer du Kamtschatka, en 1741. 234

N°. 9. NAUFRAGE d'un brigantin Anglois sur les côtes de l'Isle-Royale, à l'entrée du golfe Saint-Laurent, dans l'Amérique septentrionale, en 1780. 304

FIN de la Table du premier Volume.

www.ingramcontent.com/pod-product-compliance
Lightning Source LLC
Chambersburg PA
CBHW060346190426
43201CB00043B/842